# PERSONAS ALTAMENTE SENSIBLES

Karina Zegers de Beijl

# Personas altamente sensibles

*Descubre si lo eres y aprende a gestionar el día a día en tus relaciones, el trabajo, con tus hijos…*

la esfera de los libros

Primera edición: septiembre de 2016


Avenida de Alfonso XIII, 1, bajos
28002 Madrid
Tel.: 91 296 02 00
*www.esferalibros.com*

ISBN: 978-84-9060-781-7
Depósito legal: M. 24.625-2016
Composición: J. A. Diseño Editorial, S. L.
Impresión: Huertas
Encuadernación: Huertas
Impreso en España-*Printed in Spain*

# ÍNDICE

*Dedicado a Elaine Aron,*
*con gratitud.*

# INTRODUCCIÓN

Hay un antes y un después. Descubrir el rasgo de la alta sensibilidad significa para muchos un cambio radical en la manera de percibirse, en la capacidad de entender su propia postura en relación con los demás y el mundo que les rodea. Todas las piezas del puzle que es tu vida, todas aquellas cosas que no entendías y que no podías explicar, empiezan a encajar, una tras otra. De repente dejas de sentirte un bicho raro, un solitario incomprendido y puedes empezar a abrazar a la persona nada rara, aunque diferente, que eres.

El día en que, por «casualidad», descubrí que mi forma de ver la vida y reflexionar sobre ella, de experimentar cualquier tipo de emoción de manera profunda, de registrar tan intensamente los estímulos sensoriales y ciertas sutilezas que escapaban por completo a la atención de los demás, de estresarme con una enorme facilidad y muchas particularidades mías más..., que todo esto no significaba que estaba loca, sino que eran facetas de un rasgo que tiene nombre legítimo —la alta sensibilidad—, ese día volví a nacer. Realmente significó el principio de una nueva etapa en mi vida;

tan nueva, de hecho, que podría calificarla como nada menos que un renacimiento.

Desde mi infancia me había sentido un bicho raro, alguien que no encaja al cien por cien en ningún lugar, patita fea, siempre añorando pertenecer, sin encontrar nunca a gente como yo, gente que percibe y vive el mundo de la misma manera en que yo lo hago. Luego, los intentos de adaptarme a las «reglas» de los otros solo sirvieron para que me sintiera todavía más sola y más aislada, y con el tiempo simplemente agotada. Está claro: no se puede pretender ser lo que no se es; vivir una mentira es vivir una vida que no es tuya y se llega a pagar un precio por ello.

El trabajo de la doctora Elaine Aron, la psicóloga americana que descubrió que de cada diez personas hay dos que son considerablemente más sensibles que las demás, me ayudó a entenderme y a hacerme ver que mis sensibilidades (o «susceptibilidades», como mucha gente las quiere llamar) son manejables, se pueden encauzar. La sensibilidad se canaliza, no se suprime. No vale intentar suprimir el llanto, no vale intentar suprimir un miedo, un ataque de pánico, los bloqueos, el estrés... Suprimir no es el camino, ya que todo lo que intentas suprimir busca y encuentra otras maneras de salir, otras vías de escape. No. El camino, tal como yo lo anduve y lo sigo andando, es la senda del entendimiento, del autoconocimiento y del cambio consciente. Una vez que entiendes qué es lo que te pasa y cuál es el motivo por el que sucede, puedes empezar a reconducir la —excesiva— sensibilidad y emocionalidad. Llegas a ser observador de ti mismo y empiezas a introducir, poco a poco, cambios en tu manera de pensar, cambios en tu manera de sentir y, cómo no, cambios en tu manera de actuar.

Asumir la responsabilidad de la propia emocionalidad, de nuestros pensamientos y de nuestros actos es algo que tenemos que aprender, también os digo que no es tan difícil como a primera vista parece. Eso sí, este aprendizaje requiere perseverancia. Es como si tuviéramos que entrenarnos en una nueva forma de ser, en nuestro verdadero ser. Es como ir al gimnasio o como seguir una dieta: sabes que no hay que abandonar, tener la meta siempre presente y dar lo mejor de ti hasta que, poco a poco, llegas al resultado que buscabas... Me encanta compartir mi camino, mis aprendizajes y sus frutos contigo.

# 1

# ¿ERES PAS? ¿CÓMO SABERLO?

Para saber si eres una persona altamente sensible o sensitiva (PAS), primero conviene definir qué entendemos por la alta sensibilidad.

En los años setenta del siglo pasado, la psicóloga americana Elaine Aron llegó a la sorprendente conclusión de que dos de cada diez personas son considerablemente más sensibles que las otras ocho. Estamos hablando de un 20 por ciento, que no es poco. El dato puede extrañar, ya que una queja bastante común de las personas muy sensibles es que no conocen a nadie como ellas. Muchas de las PAS, antes de descubrir ese rasgo, están convencidas de que no hay nadie tan raro como ellas. Lo habitual es que pasen gran parte de su vida sin saber que pertenecen a ese gran grupo «PAS», creyendo que son las únicas extrañas y de las muy pocas que sufren por tener la emocionalidad a flor de piel, por sentirse más vulnerables y más abiertas de cara al sufrimiento presente en el mundo. La gran mayoría, antes de saber que ser muy sensible es bastante normal y que encima tiene un nombre —el rasgo de la alta sensibilidad—, sufre por lo mencionado, se siente profundamente incomprendida, lo cual le puede generar una intensa soledad. Muchos, por no llamar la atención, procuran adaptarse, fingiendo que son como la gran mayoría, siempre comparándose con aquellos que aparentan ser más fuertes y menos sensibles.

No todas las personas con una elevada sensibilidad sufren, no todas fingen o sienten la necesidad de esconderse. Existe un grupo de personas altamente sensibles que no se atormentan de esa manera. Se reconocen en cierto modo en el concepto de la alta sensibilidad, pero no lo viven como algo molesto. Quien, en la infancia, recibe el mensaje de su entorno de que ser sensible, ser como uno es, está bien, en lugar de ser algo que conviene corregir, en general llega a aceptarse tal como es. Se siente valorado y reconocido, aunque, eso sí, diferente. Sin embargo, el niño sensible que recibe de sus padres, hermanos, maestros y amigos mensajes de que es un llorón, que ser tan sensible es un «defecto» y no sirve para nada, muy probablemente llegará percibirse como raro, como deficiente, como débil y hasta no deseado o culpable. Lógicamente, su autoestima se verá severamente afectada.

## Cómo se valora la sensibilidad

Es interesante remarcar que la cultura y la educación pueden jugar un papel importante en cuanto a la valoración de la sensibilidad. La doctora Elaine Aron realizó un estudio sobre la manera de reaccionar en niños con un comportamiento que se puede caracterizar como tímido en Estados Unidos y en China. Resulta que en el país asiático los niños sensibles, tranquilos y tímidos son mucho mejor valorados que en Estados Unidos. Ser valorado tiene una relación directa con el desarrollo positivo de la sensibilidad. Un niño que recibe el mensaje de que su manera de reaccionar es buena se verá reforzado en esa conducta y tendrá una sana imagen de sí mismo. Si percibe que su comportamiento es aceptado y apreciado tal como es, el niño no sentirá ninguna necesidad de cambiar, de intentar «encajar» como sea.

## Imagen general

¿Qué rasgos de carácter tiene esa persona a la que llamamos PAS? ¿Cómo se manifiesta esa sensibilidad? ¿Cómo se vive el hecho de ser mucho más sensible que la gran mayoría de la gente que forma parte de su día a día? ¿Existen grados de sensibilidad, incluso en la misma persona, en circunstancias diferentes y ante distintos niveles de estrés?

Cuando utilizamos las palabras «sensible» y «sensitivo», evidentemente nos referimos a sentir, y ese sentir tiene que ver con los sentidos. En general se reconocen cinco sentidos, y un sexto que viene a ser una especie de saco muy grande en el cual se puede meter todo aquello que no tiene una explicación fácil. Todos estamos familiarizados con el olfato, la vista, el oído, el tacto y el gusto. Algunos hablan del sentido kinestésico, el del movimiento y el de la temperatura, los tres relacionados con el tacto, pero sin ser exactamente lo mismo.

¿Qué se puede pensar de los chakras? ¿Y de los puntos donde se cruzan los meridianos de la medicina china? Todos estos sentidos —y más— están presentes en cada ser humano, en cada persona. Cuantos más sentidos vamos descubriendo y reconociendo, más fácil se nos hace comprender la enorme capacidad que cada cuerpo humano posee en teoría para captar información de todo tipo. Lo que pasa es que no todos los seres humanos tienen sus sentidos desarrollados o afinados de la misma manera. Si miramos a la humanidad en general, es bien sabido que, por ejemplo, unos tienen el oído más desarrollado que la vista mientras que otros se distinguen por un olfato agudo, y todo esto sin que las personas necesariamente sean PAS. Todos hemos escuchado decir de algunas personas que son «muy visuales» o «muy auditivas», refiriéndose a la manera «preferida» en que estas reciben y almacenan los datos recibidos. Está claro que alguien con una memoria fotográfica no tiene por qué ser PAS; puede serlo o no.

Lo que nos interesa aquí es la diferencia entre la manera de percibir el entorno, el mundo, entre alguien con una sensibilidad, digamos, normal o mediana y otro con elevada sensibilidad.

¿Qué pasa cuando uno percibe el mundo como un lugar hostil, como «el enemigo» lleno de «espinas» que hacen daño? Esto es algo que muchas PAS se preguntan, ya que cada dos por tres se dan cuenta de que para la gran mayoría de la gente el mundo solamente es lo que es. Los otros no entienden que tú, siendo PAS, percibes tu entorno de otra manera. Cada vez que expresas el dolor que sientes, más de uno te mira como si fueras un extraterrestre, con lo cual es más que entendible que puedas llegar a sentirte como si no encajaras en una sociedad, la nuestra, que parece dura y extremamente materialista.

Pero ¿de dónde viene esa sensación de dolor, de no encajar, de sentirse como un bicho raro? ¿Es posible que haya gente que no experimente las mismas sensaciones que tú? ¿De verdad son tan insensibles? Y si no son insensibles, ¿cómo consiguen no sentir tanto? ¿Cuál es su secreto? ¿Realmente no nos entiende la gente, o son imaginaciones nuestras? Es lógico que empieces a cuestionarte, a cuestionar tu entorno. Al principio puede asombrarte comprobar que no todo el mundo percibe el mundo tan intensamente como tú lo haces. Con el tiempo empiezas a dudar de tus propias percepciones, y es más que probable que, poco a poco, empieces a callarte según con quien estés, que vayas dejando de compartir lo que sientes. Más de uno llega a la conclusión de que este mundo no es para él y acaba aislándose. ¿Puede ser que nuestro cuerpo, nuestro cerebro sean diferentes? ¿Es posible que una persona PAS procese la información recibida de una manera más intensa que otra que no lo es? Y si resulta que es algo fisiológico, algo que es demostrable y por lo tanto no es un mera «imaginación» de la persona que vive todo tan intensamente, ¿es algo que nos ha tocado al azar, es un rasgo genético de personalidad?

Cuenta Josefa:

> Mi marido es un buen cocinero y le encanta ir a mercados y supermercados para ver lo que hay, para investigar y comprar. Dice que ver los productos inspira su creatividad. Muchas veces he intentado acompañarle, ya que en principio es algo que también me llama... Pararte ante un puesto de verduras es precioso; la variedad de productos, los colores, los perfumes... En el fondo lo vivo como una fiesta y no hay detalle que se me escape. Sin embargo, después de haber visitado tres, cuatro puestos, me empieza a doler la cabeza y puedo llegar a marearme. No registro ya lo que mis ojos ven, y parece como si las voces de la gente que está a mi alrededor subieran de volumen... empiezan a irritarme profundamente. Si llega este momento, tengo que irme. Pero mi marido no lo entiende y se mosquea conmigo...

Josefa es PAS. Su marido no lo es. Ella disfruta de los colores y de los aromas de un puesto de frutas y verduras. Lo ve todo, la manera en que los productos están expuestos, las distintas variedades de manzanas y de peras, cuáles están más maduras y cuáles más verdes, si entre las fresas hay alguna un poco podrida, si las coliflores son muy blancas o si tienen manchitas, el estado de las lechugas... Y también ve el vestido que lleva la señora que tiene el turno delante de ella y el cordón suelto de la zapatilla del hijo de aquella señora. Anda, ¡una pequeña costura rota! Josefa lo absorbe todo, sus ojos captan cada detalle de los productos en el puesto, de los otros clientes y del vendedor, su nariz registra los aromas de la fruta y de la verdura, pero también del *after shave* del verdulero y el perfume de la señora que está a su lado. Sus oídos captan conversaciones aquí y allá y la música del bar de la esquina... No se le escapa nada. Y no es porque conscientemente busque esa información, no. Le llega de una manera inconsciente. Su cerebro lo asimila todo sin que ella sepa qué le pasa, y posiblemente no entienda por qué, después de un rato, empieza a sentirse agotada e incluso mareada.

Una PAS, con sus sentidos muy sensibilizados y afinados, capta una enorme cantidad de información. Las personas altamente sensitivas se caracterizan, entre otras muchas cosas, por una mayor receptividad ante estímulos de todo tipo, desde los más obvios hasta los más sutiles. Hay muy poca cosa que escape a la atención de una PAS. No tiene que hacer ningún esfuerzo para registrar todo lo que se presenta ante su campo visual, auditivo y olfativo. Ve todo, oye todos los sonidos y huele todos los aromas, hasta los olores menos agradables si es que los hay. La información le llega indiscriminadamente.

«Es como si estuviera totalmente desprotegida», me ha dicho alguna vez una paciente. Y todo eso, esa avalancha de estímulos que va percibiendo la PAS, influye en su emocionalidad; se puede decir que es más reactivo frente a los estímulos, tanto si son positivos como negativos. Si una PAS no es consciente de que esto le pasa, de que le llega, recibe, de la enorme cantidad de estímulos sensoriales que influyen directamente en su estado emocional, difícilmente puede entender por qué se cansa más rápido que una no PAS. Llega a saturarse y estresarse por un exceso de estímulos y como consecuencia de esto puede incluso bloquearse.

La intensa percepción sensorial de una PAS le proporciona una inmensa cantidad de detalles, ya lo hemos dicho, desde lo más obvio hasta lo más sutil. En su entorno registrará todo tipo de sonidos y ruidos, la intensidad de la luz, aromas y olores, sabores e información táctil. Una fuerte luz repentina o ruidos inesperados, como portazos o petardos, le pueden asustar o producir un gran sobresalto, mientras que cierta información sutil, como por ejemplo detectar un «mal rollo» en determinado lugar, puede confundirla.

Pero no solo la capacidad sensitiva caracteriza a las PAS. ¿Cómo experimentan reacciones físicas, por ejemplo la sensación de dolor? La gran mayoría de las PAS tiene el umbral del dolor más bien bajo, incluso muy bajo; aquello que a la mayoría de la gente le causa una leve molestia, las PAS pueden percibirlo como dolor. Hace falta relativamente poco para que una PAS se sienta indispuesta o molesta. Es como si los estímulos del exterior les llegasen a través de una lente de aumento. Para ellas la vivencia, la experiencia, se intensifica.

Muchas PAS se han dado cuenta de que son sensibles al efecto de la cafeína; algo en principio bien entendible, porque todo el mundo sabe que esta es un estimulante, sin embargo muchas PAS reaccionan de manera mucho más fuerte de lo esperado. Les ocurre con todo tipo de sustancias y pueden llegar a presentar intolerancias y alergias alimentarias. Evidentemente no hace falta ser PAS para tener este tipo de reacciones, pero lo que sí está claro es que un gran número de personas altamente sensibles también son más vulnerables ante lo que ingieren.

## Nada se me escapa

Se puede decir que la manera en que la PAS llega a percibir, a registrar su entorno, es completa. La percepción no se queda en un simple detectar, sino que la persona llega a conectarse emocionalmente con lo percibido: captan y dirigen su atención a lo que perciben, dicho de otra manera, lo interiorizan para procesarlo, en general de una manera muy profunda. De hecho, dar muchas vueltas a las cosas, rumiarlas, es una de las características principales de la alta sensibilidad.

> Voy por la calle y no se me escapa ningún detalle. No es que quiera verlo, no, es más bien como si todo me llamara la atención y tengo que verlo, llegando a formar pensamientos y sentimientos sobre... lo que sea. Sobre los colores de los coches, por ejemplo: cuál sería la ventaja/desventaja de tener un coche rojo, negro o blanco. O sobre las papeleras: si hay pocas o muchas, de qué están llenas, por qué están vacías o por qué no las vacían... Acabo pensando en el funcionamiento del departamento del Ayuntamiento responsable de la limpieza de la ciudad, y enseguida se me ocurren maneras de trabajar de una forma mucho más eficaz, más sostenible... Enseguida pienso que ese mismo departamento es responsable del mantenimiento de los parques que hace poco he visto fumigar —¿te lo puedes creer? ¡Es indignante!—... Y ni te cuento los pensamientos que me invaden de manera automática por las personas que se cruzan mi camino.

Cuenta Juan, que ha llegado a mi consulta tras sospechar que su enorme cansancio puede estar relacionado con su elevada sensibilidad.

Una PAS tiene la capacidad (más o menos desarrollada) de percibir el estado emocional o físico de otra persona al entrar en contacto con ella. Al percibir así al otro, aunque sea sin querer, enseguida establece una conexión, que a veces se hace tan intensa que es como si la PAS entrara en el estado físico-emocional de la otra persona, percibiéndolo como si de una experiencia propia se tratara. Es como si absorbiese el estado ajeno. Es una manera de observar que proporciona más información que aquello que es objetivamente visible; se puede decir que es una forma experimental de observar. Esta manera de observar, de experimentar al otro de la PAS tiene que ver con su capacidad empática. Y por empatía entendemos la capacidad del ser humano de meterse en la piel de la otra persona.

La PAS por lo general no es consciente del hecho de que su manera de observar es diferente y más completa que la de la gran mayoría de las personas. No lo hace adrede; simplemente es su manera de ver, de registrar aquello que tiene delante. Justo por no ser consciente de que su manera de captar la información carece de filtros y es energéticamente abierta, le puede pasar que, por ejemplo, de repente se sienta mal sin saber por qué; puede ser que haya absorbido (y que haya hecho suyo) un dolor ajeno o un estado de ánimo de otra persona. Son malestares que se le han «colado», que no le pertenecen.

La manera de ver, de observar y percibir el mundo por parte de una PAS, la forma de percepción sintiente o experimental, tiene aspectos muy positivos, como son la empatía, la intuición y la capacidad de interpretar correctamente el lenguaje no verbal; pero también tiene facetas más difíciles de llevar. Por ejemplo, esa facultad involuntaria de absorber estados de ánimo y el dolor ajeno, y también la saturación o sobreestimulación por un exceso de información. Lo que satura no es la elevada cantidad de información sensorial en sí misma, sino la fuerte conexión interna con lo visto y lo experimentado, que conlleva un «trabajo» adicional en cuanto al procesamiento de todo lo que es percibido. Cuando el cerebro se satura pues ha recibido más información de la que puede procesar, suele bloquearse. Los bloqueos mentales a veces son experimentados como «un cierre total» de la capacidad pensante y la repentina imposibilidad de mantener la concentración, y otras veces como un fuerte nerviosismo que puede conducir a un ataque de pánico. En todo caso, los bloqueos son para las PAS una señal muy seria de que necesitan desconectar y descansar.

## Los cuatro pilares

La saturación, que también podemos llamar *sobreestimulación*, es una de las cuatro características básicas de la alta sensibilidad, junto con la elevada capacidad sensitiva, incluyendo todo tipo de percepciones sutiles, la fuerte emocionalidad y empatía, y, en último lugar, la intensa manera de procesar la información recibida. Estas son las cuatro características básicas de las personas que podemos considerar PAS; más adelante las analizaremos con detenimiento.

Otra consecuencia directa de la «percepción sintiente», el don de captar cosas imperceptibles en la realidad aparente, es que quien la tiene empieza desde muy pronto, incluso antes de la adolescencia, a reflexionar sobre valores como la justicia, la honestidad, la sinceridad, la responsabilidad y el sentido de las cosas.

La PAS suele tener una fuerte conexión interior con la naturaleza en muchas de sus facetas. La mayoría necesita algún tipo de comunión con el mar, el bosque o la montaña para cargar las pilas y regenerar su fuerza interior. Esa profunda conexión es una auténtica vivencia espiritual, y la espiritualidad es algo sin lo que muchas PAS no podrían vivir. No es de extrañar, pues, que las encontremos en grupos y asociaciones de defensa del medio ambiente. Y también, por supuesto, en organizaciones que militan por los derechos humanos y por un mundo mejor. El respeto por la vida y la dignidad humana y animal vive en el corazón de la gran mayoría de las PAS.

La percepción sintiente y la fuerte emocionalidad juegan un papel muy importante en la manera en que una PAS experimenta la belleza en general, especialmente en las artes y, cómo no, en la naturaleza en su sentido más amplio. Emocionarse ante una puesta del sol, el canto de un ruiseñor o de un mirlo, el juego inocente de unos cachorros, todas estas cosas son normales para una PAS, igual que soltar unas lagrimillas al escuchar alguna pieza de música o contemplar un cuadro o una escultura que le llega a lo más profundo de su alma. No hay una PAS a la que no se le empañen los ojos al ser testigo de determinados momentos emotivos de las relaciones humanas, lo mismo da que sea una situación real o la escena de una película.

A las PAS generalmente les suele costar mucho encontrar el lado positivo de su hipersensibilidad. Y es lógico, ya que la persona que no consigue equilibrar su extrema sensibilidad se topa de continuo con las facetas problemáticas, la sombra de su don. Ser sensible, sin embargo, puede ser experimentado como algo bueno, muy positivo. Al fin y al cabo, puede facilitar una vida rica y con sentido en la que es posible aportar algo al mundo, trabajando y teniendo conciencia de problemas que van más allá del interés propio. Por eso hablamos del «don» de la alta sensibilidad.

El lado difícil puede trabajarse. Más adelante repasaremos todo lo que puedes hacer para vivir mejor y sentirte más preparado para formar parte de la sociedad en que vivimos. Podemos desear intensamente que la sociedad, «la gente», cambie para que nos sintamos mejor, pero la cosa no funciona así. Si quieres cambios, tendrás que cambiar tú. Cuanta más conciencia tomes de quién eres y cómo reaccionas ante las situaciones que vas encontrando en tu camino vital, más medidas podrás tomar. Y cuantas más medidas consigas tomar, más florecerá el aspecto positivo de tu lado altamente sensible.

## Investigación científica

Si has leído todo lo anterior y te sientes identificado con ello, probablemente no necesitas pruebas científicas para saber que lo que sientes es verdad: tu verdad. Pero existe la posibilidad de que quieras compartirlo con personas que no son altamente sensibles y que tengan dificultad en aceptar tus palabras. Por fortuna, gracias a la investigación científica llevada a cabo desde hace unos años tenemos pruebas de que, efectivamente, el cerebro de las PAS es un poco diferente del resto. Por ejemplo, presenta una elevada actividad de las neuronas espejo.

En el año 2014 se publicó un interesante estudio realizado por científicos de la Universidad de Stony Brook, la de California, la de Manmouth y el Albert Einstein College of Medicine (todos centros de Estados Unidos) según el cual se ha podido demostrar que, efectivamente, existen diferencias de funcionamiento y de activación en el cerebro de las PAS y las no PAS. Las investigaciones fueron realizadas con la ayuda de la técnica FMRI (Imagen por Resonancia Magnética Funcional), un procedimiento clínico y de investigación que permite mostrar en imágenes las regiones cerebrales que ejecutan una tarea determinada.

Los seis investigadores implicados en el estudio descubrieron que las PAS disponen de un cerebro emocional provisto de una gran capacidad empática. Aunque la gran mayoría de las PAS, entre otras razones por la citada sobresaturación, tiende más bien a aislarse y mantenerse al margen, resulta que justo esos mismos que se retraen son sumamente sociables y buscan conectar de manera profunda con gente como ellos. Aislados y sociables, dos hechos que parecen contradecirse.

Los investigadores han podido comprobar que en situaciones de conexión de este tipo los procesos cerebrales de las PAS muestran una sobreexcitación, una elevada actividad en las áreas neuronales relacionadas con las emociones, como el sistema de las neuronas espejo (fuertemente asociado con la respuesta empática) o áreas vinculadas a la conciencia y el procesamiento de la información sensorial. La región del cerebro que se suele asociar de forma especial con la empatía y la captación de emociones (la ínsula) mostró una activación significativamente mayor en las PAS cuando estas vieron una foto de su pareja sonriendo. En el estudio se han comparado los cerebros de personas con elevada sensibilidad con los cerebros de individuos con un nivel de procesamiento sensitivo y sensorial más bajo. El trabajo fue realizado con dieciocho personas casadas, cuyos cerebros fueron escaneados mientras veían fotos de caras sonrientes o tristes. Algunas fotos mostraban rostros de desconocidos, mientras otras mostraban las caras de sus esposas o esposos.

Arthur Aron, el marido de la doctora Elaine Aron, y uno de los autores del trabajo, explica:

> Encontramos que las áreas del cerebro involucradas en la conciencia y en la emoción, particularmente aquellas relacionadas con los

sentimientos de la empatía, en las PAS presentaban un flujo de sangre sustancialmente mayor, en comparación con lo observado en los individuos de menor sensibilidad, durante el periodo de doce segundos en el que todos ellos veían las fotos. Esta es una evidencia física de que las personas con alta sensibilidad responden de forma mucho más fuerte ante las situaciones sociales que desencadenan las emociones, en este caso ver rostros felices o tristes.

La mayor actividad cerebral se produjo cuando las PAS veían las expresiones felices y sonrientes de sus cónyuges. Cuando se repitió el experimento un año más tarde con la mayoría de los dieciocho participantes, los resultados fueron los mismos. Aron cree que estos resultados son una prueba más de que las personas más sensibles generalmente sintonizan mucho con su entorno, una evidencia de que los altos niveles de conciencia y de capacidad de respuesta emocional son características fundamentales de las PAS.

La empatía, la capacidad cognitiva ligada a una —a veces fuerte— emocionalidad, nos permite percibir lo que el otro individuo siente. Es algo muy presente en las PAS, que les viene de nacimiento y por tanto es inherente al rasgo de la alta sensibilidad.

Sabemos, pues, que las PAS somos más empáticas; sabemos que de cada diez personas hay dos que son más empáticas que las otras ocho. Esto puede ser una idea reconfortante, pero para muchos es justo lo contrario y probablemente solo sirve para confirmar el hecho de que muchas PAS tienen la sensación de no encajar en este mundo. Sin duda, puede ser muy bonito y positivo darte cuenta de cómo está la persona que tienes delante, ya que eso te permite actuar para intentar aliviarle algún dolor o alguna carencia, o simplemente alegrarte con esa persona que está tan feliz, compartiendo su estado luminoso y riendo con ella. Pero no pocas veces, al sentir lo mismo que quienes le rodean, la PAS se siente abrumada, horriblemente impotente y triste porque piensa en todo el sufrimiento que hay. Más adelante volveremos a hablar del tema.

## Los test

Con el primer libro de Elaine Aron, *El don de la sensibilidad*, llegó el primer test, que hoy sigue usándose para valorar si una persona es o no altamente sensible. Las 22 preguntas se contestan con un simple «sí» o «no». Tienes que responder afirmativa o negativamente a las preguntas de si has sentido o te ha pasado esto o lo otro. No importa que ya no te ocurra o que ya no lo sientas porque has sabido encauzar tus emociones. Pasó o no pasó, sí o no.

Este test, aunque simple, te da una indicación inicial más o menos segura de si eres PAS o no. Las propias preguntas ya te dan una idea de los puntos que son característicos de la alta sensibilidad. Cuanto más alta sea tu puntuación (cuantas más preguntas hayas contestado con un sí), más sensible eres.

Aunque ese test se considera como el modelo «estándar», yo, para mi trabajo, buscaba otro que cubriera los tonos grises que hay entre el negro del «no» y el blanco del «sí». Por lo tanto, diseñé un test de 55 preguntas, naturalmente, con muchos más matices (*véase* anexo 1). Además de servir para determinar si eres PAS o no, es una herramienta para trabajar los lados negativos de la sensibilidad extremada. Recomiendo hacer este test con lápiz para poder borrar y actualizar respuestas y resultados después de un trabajo de *coaching* o un *training* individual y personal. Así podremos medir nuestro progreso en cuanto al encauzamiento de los problemas que causan dificultades en el día a día. Por supuesto también puedes hacer fotocopias del test y repetirlo las veces que creas oportuno.

## PAS, ¿una etiqueta más?

Alguien me comentó: «¿Que si me interesa saber si soy PAS o no? Es una etiqueta más, y no quiero etiquetas. Prefiero no saber».

¿Para qué sirven las etiquetas? Pones una cuando quieres separar o distinguir algo de otra cosa. Para identificar esto o aquello. Para evitar confusiones. Una PAS sabe perfectamente si es muy sensible o no. No necesita la etiqueta para sí misma, claro que no. Eso sí, necesita saber que es PAS porque, sabiéndolo, puede tomar medidas y puede adaptar su estilo de vida para aprovechar mejor las ventajas y protegerse ante las molestias que se le pueden presentar en su día a día si no tiene en cuenta su sensibilidad.

Hay PAS que, sabiendo que son PAS, se colocan una etiqueta como para avisar a su entorno de que prefieren ser tratados con guantes de seda. Algunos quieren ser vistos y tratados como diferentes. Lo hacen como medida de protección. Con esa actitud puedes despertar todo tipo de reacciones. Te puede tocar la indiferencia, y es posible que tu forma de ser produzca irritación. Lo peor, sin la menor duda, es cuando tu vulnerabilidad llama la atención en sentido negativo y llegas a ser víctima de ataques como el *mobbing* o el *bullying*. Si quieres ponerte una etiqueta, hazlo, pero te aconsejo no hacerlo nunca con la idea de responsabilizar a tu entorno del hecho de que seas más sensible, de que te saturas y te estresas antes que los demás y que no aguantas determinadas situaciones. Son hechos, ya lo sé, pero es tu responsabilidad lidiar con eso y cuidarte. No lo olvides: la gente no PAS de tu alrededor nunca puede comprender o sentir lo que tú experimentas o sientes. Lo máximo a lo que pueden llegar es aceptarte como eres, de la misma manera que tú puedes llegar a aceptar que «el otro» también es como es (posiblemente menos sensible).

Repito: saber que eres PAS es importante. Entender cómo funciona el sistema neurosensorial de una PAS te proporciona una herramienta imprescindible para poder manejar tu forma de ser. Pero eres mucho más que muy sensible, profundo o empático. Por ejemplo, yo soy madrugadora. Soy alguien que funciona muy bien por la mañana y tengo que acostarme temprano. Lo sé y procuro vivir de forma acorde a esa faceta de mi ser. No me hace falta llevar etiqueta para avisar al mundo de que soy así. También sé que soy trabajadora. Tampoco hace falta que me coloque una etiqueta con ese dato. ¿Qué quiero decir con esto? Pues que ser altamente sensible es ser como eres. Y eres muchas cosas más. No significa ser especial. No significa ser mejor. Es un rasgo que no necesita etiqueta. Es algo que tú debes saber de ti, pura cuestión de autoconocimiento y no una excusa. Ponerse etiqueta como justificante puede limitarte.

Como ya hemos dicho varias veces, la alta sensibilidad es un rasgo reconocido que se presenta en un porcentaje de entre el 15 y el 20 por ciento de la gente. Es algo normal, y por lo tanto se considera un rasgo y no un trastorno. Es una faceta de tu personalidad, de tu carácter. Es muy posible que, por el hecho de ser muy sensible, tengas la sensación de no encajar. Lógico, ya que el mundo está hecho por y para la gran mayoría de la gente, los no PAS.

No somos una especie de extraterrestres que necesitan etiquetas para avisar de su rareza. No somos deficientes, inferiores ni superiores. Somos sensibles y, aparte de otras muchas características, también somos profundos, empáticos, idealistas, creativos, detallistas y muchas cosas más. Es así como somos. Sacarle partido depende de ti, trabajarte depende de ti, ser fuerte a pesar ser sensible y vulnerable es posible. En lugar de ponerte una etiqueta, hazte responsable y permite que brille esa bella luz que vive en tu interior.

## Ni etiqueta ni salvoconducto

Entonces, ¿etiqueta sí o etiqueta no? Francamente, no creo que esta sea una pregunta de respuesta binaria sí/no. No es un dilema entre blanco o negro. Aunque, y lo vuelvo a decir, es un hecho que las etiquetas limitan, puedo imaginarme que hay momentos en los que conviene explicar cómo eres (tus puntos positivos y tus puntos negativos). Pienso, por ejemplo, en una entrevista de trabajo o al iniciar una relación sentimental. Pero dar esa explicación no lo considero pegarse una etiqueta, sino más bien comportarse con honestidad. Todo el mundo debería ser honesto y en ese caso da lo mismo si eres PAS o no.

En cualquier caso, es importante vigilar la etiqueta para evitar la tentación de utilizarla como excusa para eludir tu responsabilidad y sentirte víctima o para no tener que salir de tu zona de confort. La etiqueta no protege, sino que limita, y mucho. No te la pegues y no permitas que te la coloquen. Eso sí, intenta explicar que te cansas rápido, que hay lugares donde no te sientes muy bien y que hay situaciones que te cuestan. Si lo dices con una sonrisa y añades algo como «Ya sé que no es así para la mayoría de la gente, pero he aprendido a escuchar mi cuerpo y aceptar mis límites; no tiene que ver contigo, soy yo, soy un poquillo rarito, eso es todo», y lo dejas ahí, la mayoría de las veces los otros se reirán contigo y no pasará nada. Te responsabilizas, eso es todo.

## Las cuatro claves y demás características, con sus luces y sus sombras

«Parece extraño, pero por primera vez empiezo a entender ciertas cosas de mi forma de ser, siempre me han dicho que vivía aislada, en mi mundo», cuenta Marisa

Si eres una persona altamente sensible, es muy importante saberlo, y si lo sabes es igual de importante entender las cosas que te pasan y por qué te pasan. Dicho de otro modo, es importante comprender tu manera de reaccionar ante las situaciones que la vida te pone delante y darte cuenta de que difícilmente podrás ser como una persona que no comparte tu rasgo de la alta sensibilidad. Muy probablemente no vas a reaccionar como ella.

Para saber si eres PAS tienes que reconocerte en un gran número de las características que detallaremos enseguida. Pero antes de repasarlas y comentar un poco cada una de ellas, necesito nombrar las cuatro características clave, las que son determinantes a la hora de saber si eres PAS, o no. Estas claves o pilares forman, digamos, la base o «el bajo continuo» que tiene que estar presente en la persona para considerarla PAS. Estos cuatro puntos, que ya he mencionado antes en un contexto más general, son extremamente importantes, porque la falta de uno o más de uno puede significar que uno no solo no sea PAS, sino que hay otro factor responsable del posible desequilibrio, por ejemplo, una elevada capacidad sensorial. Reconocer la alta sensibilidad, entenderla y darse cuenta de que se trata de un rasgo positivo, proporciona los recursos necesarios para cambiar las distintas facetas de tu vida, adaptándolas a tu carácter sensible.

Los cuatro puntos principales son:

### 1. *Profundidad en la manera de procesar la información recibida*

Rumiar. Dar mil vueltas a un tema, investigando todas las posibles perspectivas y más. La capacidad de combinar grandes cantidades de información, comparándolas con datos y experiencias anteriores. La tendencia a no tomar la información a la ligera, sino más bien a preocuparte y ser consciente de las múltiples soluciones e implicaciones que puede llegar a tener el tema que ha captado tu atención. La PAS es más consciente tanto de lo que está pasando dentro de ella misma como de lo que ocurre en su entorno. Se añade la necesidad de amistades y relaciones personales con una verdadera conexión, la búsqueda del sentido de la vida y, como consecuencia de todo ello, en muchos casos, la necesidad de sentirse unido a algo mayor y transcendental.

### 2. *Sobreestimulación*

Si eres consciente de cada matiz dentro de cada situación, y si se trata de una situación compleja con muchas facetas para remarcar, con mucho ruido y con mucho movimiento, y si todo esto se prolonga durante un tiempo más bien largo, no es difícil comprender que la enorme cantidad de información que te toca procesar llegue a cansarte. Te agotas, mientras que el no PAS puede aguantar mucho más tiempo porque recibe solamente una muy pequeña parte de la información que tú vas captando. Si llevas un día entero conduciendo, luego no te apetece ir a una discoteca, por ejemplo. Todas las PAS presentan la tendencia de saturarse con facilidad, y en relativamente poco tiempo. La sobreestimulación o sobreactivación es, pues, el resultado de recibir más información de la que el cerebro es capaz de procesar. Esto causa estrés y se manifiesta con una serie de síntomas corporales muy desagradables y bien conocidos, como las dificultades para respirar, la taquicardia, el dolor de cabeza, los mareos, la sudoración excesiva, el insomnio, la irritabilidad… Las PAS conocemos muy bien este fenómeno. Posiblemente te ha ocurrido en una fiesta con mucha gente, en un teatro o en un estadio con mucho ruido, viajando en un tren o un autobús repleto de pasajeros... Conoces la sensación de perder el control y bloquearte de una manera u otra. O de ponerte terriblemente nervioso. Un repentino deseo, una fuerte necesidad de escaparte, de huir, porque te sientes del todo abrumado. ¿Quién, siendo PAS, no conoce los ataques de pánico o la hiperventilación?

El rasgo de la alta sensibilidad, sin embargo, no se caracteriza por sentirse molesto ante los niveles altos de estímulos, aunque esto es lo que ocurre cuando recibimos demasiada información. Ese es el síntoma. Las PAS llegamos a sobresaturarnos por la intensa manera en que procesamos la información que nos llega. Es importante no confundir la saturación por intensidad con otro tipo de saturación sensorial, consecuencia de deficiencias en la manera de procesar la información. Esto último puede presentarse en personas con autismo, en personas que, aunque generalmente son conscientes de las sutilezas, tienen dificultad para decidir hacia dónde enfocan su atención y qué desechan. Por ejemplo, si se centran en la cara de la persona con quien están hablando o en el cenicero que se ve cuatro mesas más allá.

### 3. *Fuerte emocionalidad y empatía*

La fuerte emocionalidad es, sin más, una faceta natural de tu forma de ser. Conmoverte con facilidad. Emocionarte ante manifestaciones de belleza, ante algún gesto que te toca el alma. Ante la ternura. En momentos de profunda conexión. Cuando ves realmente feliz a otra persona...

Por otro lado, si eres muy emocional también puedes verlo todo como un drama, una prueba más de que vivimos en un valle de lágrimas, un callejón sin salida. Pero, como ya vimos, la investigación científica ha demostrado que las PAS tienen más actividad cerebral que las no PAS cuando se les enseñan imágenes con contenidos positivos.

Y en cuanto a la empatía, nadie te tiene que enseñar cómo hay que ponerse en el lugar del otro; como PAS, es algo que haces de forma automática, sin cuestionártelo. Solo si eres empático por naturaleza puedes considerarte PAS. No vale que hayas aprendido a ser empático por aquello de que hay que tener buenos modales. Una empatía «sana», desde tu centro, te capacita para prestar ayuda constructiva y adecuada; a veces, sin embargo, puede pasar que la empatía se desborde de tal manera que ya no distingamos entre quiénes somos nosotros y quién es la persona (o el animal) al que estamos acogiendo emocionalmente. En este último caso nuestra ayuda puede ser menos efectiva. Nos vamos perdiendo en un problema ajeno, a veces incluso absorbiéndolo y hundiéndonos, sin que, objetivamente, nos toque. En estos casos la empatía pierde su verdadero sentido.

### 4. *Sensibilidad para matices y sutilezas*

Aunque parece superfluo decirlo, conviene insistir en que para considerarse PAS hay que ser más sensible que la media en cuanto a percepciones sensoriales, captar no solamente todo tipo de datos sensoriales a través de los sentidos conocidos (vista, oído, olfato, tacto y gusto), sino también, y especialmente, la información llamada «sutil», como puede ser el estado anímico de la persona que uno tiene delante, o la energía positiva o negativa entre dos o varias personas («buen rollo» o «mal rollo»).

Las PAS solemos notar cosas tan insignificantes como si un cuadro está un poco torcido, si hay un pelo de gato en el jersey oscuro de nuestro interlocutor, si le falta el último botón de su camisa, si hay un pequeño cambio en el corte de pelo de algún conocido, un aroma de jazmín en la lejanía... un sinfín de detalles de los que los no PAS generalmente no son conscientes. Lo normal es que cuando intentes explicar lo percibido a otra persona, esta te mire como si le estuvieras hablando en chino. Si eres PAS, ya sabes bien a lo que me refiero.

En cuanto a la percepción de sutilidades, no se limita a notar el estado anímico ajeno o un mal físico invisible, como puede ser un dolor de cabeza en alguien que tengamos delante. Hay un alto porcentaje de PAS que capta información tan sutil que cabría calificarla como paranormal. Me refiero a la presencia de difuntos o las auras de las personas. Pero mientras la capacidad de captar las sutilezas energéticas descritas en primer lugar sí es un requisito para poder considerarse PAS, la percepción paranormal no lo es. Quien la posee puede ser altamente sensible o no.

No se puede subestimar la importancia del conjunto de estos cuatro puntos. Han de darse los cuatro. Hay trastornos, por ejemplo los del espectro autista, que se caracterizan por una elevada sensibilidad sensorial y la tendencia a la sobreestimulación, pero la persona afectada no es muy empática o no tiene esa típica tendencia presente en todas las PAS a procesar la información de manera profunda y con mucha intensidad, buscando respuestas a preguntas existenciales y transcendentales. Encajar en dos o tres de los apartados no es confirmación de alta sensibilidad. Volveremos a nombrar estas cuatro características más adelante y en otros contextos. Siendo, como son, los pilares de nuestro rasgo nos los iremos encontrando varias veces y desde distintas perspectivas.

Aparte de estas cuatro características esenciales, una PAS debe presentar también muchas otras, que iremos viendo a continuación y de las cuales un número elevado son experimentadas como algo molesto, muy difícil de sobrellevar. Las hay que tienen un lado complicado, pero al mismo tiempo poseen aspectos positivos, y existen otras que la persona percibe como clara ventaja. Recuerda que, al contrario de lo que ocurre con los cuatro pilares básicos mencionados más arriba, no hace falta presentar todas las características de las que vamos a hablar a continuación para poder considerarse persona de alta sensibilidad.

Elaine Aron lo explica: «El hecho de que todas las personas altamente sensibles dan muchas vueltas a la información que reciben, que la procesan de una manera profunda, está presente en las siguientes características. No es probable que una PAS las reúna todas, pero sí es necesario tener una considerable variedad...». (Aron, 2010)

## Sentirse influido por el estado de ánimo ajeno

No es que la PAS solamente detecte el estado de ánimo de la otra persona, sino que muchas veces puede llegar a tener la sensación de «absorber» la tristeza o el estado deprimido del otro, hasta incluso quedarse con el malestar mientras que el otro empieza a sentirse mejor. Esto es algo que, por ejemplo, les puede pasar a muchos terapeutas PAS, antes de saber que son altamente sensibles y antes de ser conscientes de que se trata de una característica del rasgo. Una vez que uno se hace consciente de que esto es así, puede empezar a tomar medidas y aprender a protegerse.

Rosario es terapeuta de reiki. Aunque también ofrece otros tratamientos, como una técnica especial de masaje y la aromaterapia, tratar a sus clientes con reiki es lo que más le gusta. «Me gusta porque tiene un componente espiritual y resulta ser un canal muy apropiado para esa energía sanadora. Me encanta percibir ese flujo de energía, cómo se me calientan las palmas de las manos para luego notar que algo va cambiando en el cuerpo energético del cliente». Pero últimamente se siente cansada: «Noto que estoy llevando algo como un peso, algo denso, no sé... algo que no estaba antes y no sé qué es. Da igual la cantidad de energía reiki que mando a esa, digamos, «nube»; esa sensación persiste y no se va. No me gusta y no sé qué hacer».

Rosario no sabía nada de la alta sensibilidad y no tenía idea de su propia permeabilidad energética. Dicha permeabilidad hace que pueda ser una buena canalizadora, eso sí, pero no es solo la energía sanadora lo que entra y sale por su cuerpo; en teoría puede entrar todo tipo de energía, sanadora o no. Normalmente, en las iniciaciones de reiki se enseña que el terapeuta tiene que protegerse contra otros tipos de energías, en especial de aquellas que son poco benéficas, pero la realidad es que no siempre se hace.

Si eres terapeuta es probable que tus clientes te visiten porque buscan sanar algo en su cuerpo físico o emocional. Si tú, como terapeuta, te abres energéticamente de cara a tu cliente, pero no te colocas un escudo imaginario contra las energías nocivas o tóxicas, es posible que se te cuelen. Cuanto más cansada estás, mayor es la posibilidad de que vayas «pillando» algo que no te pertenece. Tu cliente se sentirá mejor, pero tú te has quedado con algo que no es tuyo. En realidad esto vale para todos los terapeutas, pero está claro que especialmente en el caso de terapeutas PAS, por el simple motivo de que tienen muchísimos más «poros emocionales» que los no PAS. Menciono a Rosario y a los terapeutas PAS en general, aunque no hace falta que seas terapeuta para recibir y quedarte con alguna energía o malestar ajeno; como personas altamente sensibles nos puede pasar a todos, y en este sentido conviene familiarizarse con las formas de protegerse.

Hay algo que siempre me asombró y cuyo porqué no entendí hasta descubrir la alta sensibilidad y saber de qué manera las emociones me pueden jugar una mala pasada. En el transcurso de mi vida me ha tocado ir a varios entierros. Sepelios de familiares muy cercanos, y también de gente menos cercana, incluso de simples conocidos. En los de personas no cercanas, en varias ocasiones empecé a llorar de repente, sin consuelo, rozando la histeria. No había proporción alguna entre esa reacción y mi relación personal con el difunto. Era un llanto incontrolable que me daba muchísima vergüenza, porque a menudo era la única persona que lloraba. No era capaz de frenarlo. Todas esas veces me tuve que ir sin dar explicaciones y después hube de pedir disculpas. Ahora, conociendo la alta sensibilidad y cómo se manifiesta en mí, me doy cuenta de que en esas ocasiones iba al entierro más bien con una actitud empática hacia la familia del difunto, fijándome mucho en su dolor y, también, en su entereza. Ahora, sabiendo de mi propia permeabilidad, puedo comprender que, de manera inconsciente, iba absorbiendo la pena y la tristeza de los dolientes, acumulando en mi alma un dolor que, en el fondo, no tenía nada que ver conmigo. Contrariamente, en los entierros de las personas cercanas y queridas, no me pasó nada de esto: convivía con mi propio dolor y estaba energéticamente encerrada en mí misma, y por eso no asimilaba el padecimiento ajeno. Se puede decir incluso que estaba centrada en mí, en mi propia emoción, en mi centro, lo contrario a estar fuera de mi centro, con las antenas orientadas hacia afuera, hacia todo que me rodeaba. Cuanto más centrado está uno, menos se abre a las energías y los estímulos del entorno.

La extrema capacidad sensorial es una de las principales características del rasgo de la alta sensibilidad, y dicha sensibilidad incluye la captación de información sutil, como son las energías de las personas con quienes compartimos un espacio. Y también, por ejemplo, las ondas electromagnéticas de la red de telefonía móvil, de los mismos móviles, de los teléfonos inalámbricos y de aparatos como la televisión y el microondas.

Quiero añadir que esa sensibilidad de cara a los estados emocionales de otras personas no tiene por qué ser siempre algo negativo y doloroso. De la misma manera que nos podemos contagiar de algo triste y conflictivo, nos podemos contagiar de la alegría y de la felicidad ajena. ¿Acaso hay cosa mejor que compartir la dicha de otra persona y ser capaces de celebrar sus logros y éxitos con ella?

## Bajo el umbral del dolor

Nos suelen tachar de quejicas y llorones. No exagero si digo que a las PAS les puede dar una sensación desagradable, incluso de dolor, una caricia recibida en un momento inoportuno, por ejemplo, cuando la persona se encuentra bajo máximo estrés o cuando no tiene idea de que la van a tocar y, por tanto, el gesto la coge de improviso. La combinación de sorpresa, susto y una piel sensible hace que sintamos dolor y por lo general nos quejamos antes que los no PAS, quienes, lógicamente, no pueden entender cómo algo que ellos a lo mejor ni sienten nos puede hacer daño. Además en muchos casos ni siquiera hace falta la sorpresa. Un ejemplo clásico para las PAS es cuando te tienen que vacunar o pinchar para sacar sangre. No digo que esto, lo de pinchar, sea algo que solo moleste a la mayoría de las personas de alta sensibilidad. Claro que no: hay muchas otras que se sienten bastante molestas en este tipo de situaciones. Si eres una de ellas, tranquila, no tengas vergüenza, ya que el personal sanitario está muy familiarizado con la sensibilidad y si lo dices incluso te aconsejan tumbarte. Repito: no tengas vergüenza, es bastante común.

Si me pregunto cuándo me noto peor que la mayoría de la gente, concluyo que es cuando voy al dentista. Tengo la boca muy sensible y cualquier cosa que me hagan en ella me produce malestar, hasta dolor. Si cierro los ojos para no ver la jeringuilla de la anestesia o el instrumental que el buen hombre —que lo es— quiere introducir en mi boca, duele menos, a pesar de que así habrá un elemento de relativa sorpresa. Saber que vas a experimentar una situación que en el pasado te ha hecho daño despierta el recuerdo de ese mal momento, y con eso, también el dolor. Por cierto, hace poco le hablé a mi dentista sobre mi boca sensible (no profundicé más). Le dije que prefería mantener los ojos cerrados durante el tratamiento, y le pregunté si él me podía ir diciendo lo que iba a hacer, pasito a paso. Esto a mí me ayuda; me ahorro la sorpresa y no tengo por qué ver los instrumentos que no me gusta ver. A lo mejor te sirve como idea.

Otro ejemplo clásico es el roce desagradable de la etiqueta de la marca de una camiseta o de un jersey. Si tienes la piel muy fina y sensible, como la tiene la mayoría de las PAS, ese roce incluso puede llegar a producir una herida.

Soy consciente de que no aguanto muy bien el dolor de cabeza, ni cualquier dolor físico. Imagino que soy una quejica, pero si me duele, me duele. Ya de niña me hacía daño cualquier pequeño incidente y con el más mínimo golpe me salían (y me siguen saliendo) moretones; me caía con frecuencia porque me gustaba jugar en la calle con los patines y la bici, trepaba a los árboles y hacía patinaje sobre hielo. Las veces que me caía y me hacía daño abundaban, y agradezco a mis padres que nunca me dijeran que era una llorona; siempre me tomaban en serio, curándome con vendas y pomadas. Y menos mal, porque si a ti te duele algo, o a tu hijo, es tu verdad o la suya, y otra persona no puede decir que no duela porque no siente lo que tú.

Lisa me cuenta una escena que seguramente os resulta tan familiar como a mí:

> Estábamos todas en el pasillo con prisas por salir: mi madre, Elenita (su hija de cinco años y PAS), mi otra hija de ocho años y yo. Mi madre le puso la chaqueta a Elenita, y, con las prisas y, la poca luz que hay en el pequeño recibidor, subió la cremallera de la chaqueta sin medir bien sus fuerzas y... pilló un trocito de piel de la barbilla de su nieta, la cual estalló en llanto enseguida. Claro, todos nos asustamos, pero no todos reaccionamos de la misma manera. La abuela, lejos de querer hacer daño a su nieta, intentó calmarla de inmediato: «Tranquila, tranquila, ha sido solo la cremallera, eso no duele, no duele. ¿A que no duele?». Elenita se puso histérica: «¡Duele, duele, duele mucho!». Y yo, de repente, acordándome de las veces que me había pasado exactamente lo que le acababa de pasar a Elena, apenas conseguí reprimir mi enfado, y le grité a mi madre: «¡Sí, mama, sí, esto duele, y duele mucho! ¿Por qué le dices que no duele? ¿Por qué no puedes abra-

zarla y reconocer su dolor? ¿No te das cuenta de que con tu reacción todo se hace mucho peor y el dolor se intensifica? ¿Te das cuenta del daño emocional que le estás haciendo a Elena?».

Lisa está trabajando la relación con su madre, una no PAS, y así va entendiendo muchas cosas de su propia infancia y la manera en que fue educada. Ahora, a través de los ojos de su hija, Elena tiene la oportunidad de revivir escenas de su juventud, lo cual le ayuda a identificar mensajes erróneos y creencias obsoletas que le iban complicando la vida camino de la edad adulta. Qué suerte tiene la pequeña Elena por tener a una madre PAS, quien, gracias a su trabajo personal, ahora es capaz de acoger a su hija como ella se merece y tomándola en serio, mientras que al mismo tiempo tiene la oportunidad de sanar sus propias heridas.

Por supuesto, sufrir más dolor que la gran mayoría de la gente y sentirlo antes no es agradable, claro que no. Sin embargo, también aquí podemos encontrar una faceta positiva: la persona que está muy en contacto con su cuerpo, quien sabe escucharse, sabe exactamente cuándo algo no va bien. Esto, sin llegar a ser un hipocondríaco, le permite detectar un problema a tiempo y tomar medidas para resolverlo. Ser sensible al dolor puede tener una importante función preventiva de cara al descubrimiento de una serie de enfermedades.

## Dificultad para manejar un exceso de información sensorial

Muchas PAS conocen la sensación de experimentar de repente una profunda necesidad de desconectar.

A veces me pasa que, después de una semana con mucho trabajo, noto una irresistible necesidad de retirarme en mi cuarto, cerrar las cortinas y desconectar. Es una sensación extraña, no es que quiera dormir, es más bien que no quiero... nada.

Son las explicaciones de Conxa. Hasta llegó a tener problemas con su pareja, porque él, después de una semana de mucho trabajo, quería salir, o sea, justo lo contrario de lo que deseaba ella. Se sentía mal, incluso culpable, por ser absolutamente incapaz de acompañar a Jordi, aunque, al principio, lo intentaba. Sacaba fuerzas de no se sabe dónde, se vestía y lo acompañaba al bar donde habían quedado con los amigos. «Quería pasármelo bien, divertirme, pero era imposible. Me sentía como envuelta en una nube negra y pesada que me ponía de mal humor. Por mucho que quisiera, era incapaz de esbozar ni siquiera una sonrisa». Conxa no sabía que era PAS, y que ese rasgo incluye un alto riesgo de saturación. Cuando llevas un tiempo con mucho trabajo y pocas pausas, la cantidad de estímulos que recibes llega a superar tu capacidad de procesarlos. Suelo comparar el cerebro con una esponja: todo el mundo sabe que una esponja que está saturada no puede absorber más agua. Lo mismo pasa con nuestro cerebro: una vez que está lleno de la mucha información recibida, o sea, cuando capta una gran cantidad de estímulos y no ha tenido suficiente tiempo para asimilarlos (procesamos durmiendo y desconectando) es incapaz de recibir más, y la persona buscará —muchas veces de manera inconsciente— retirarse en un lugar con mínimos estímulos. Por ejemplo, el dormitorio con las cortinas echadas. Una vez que Conxa supo que es una persona de alta sensibilidad y que necesita cuidar sus niveles de recepción de estímulos de la misma manera que necesita descansar y desconectar más que cualquier no PAS, pudo tomar medidas y organizarse. Ahora es capaz de salir por lo menos una vez al mes acompañando a su marido, sin pasarlo mal y disfrutando con él de la compañía de los amigos. Eso sí, cuando nota que su «cabeza empieza a zumbar», como ella lo describe, se lo dice a su marido, y este la lleva a casa.

Luces fuertes, sirenas de policía o ambulancias, olores desagradables, como el del tabaco o del alcohol, tejidos bastos... Ya lo hemos dicho varias veces, la sensibilidad sensorial es una de las características fundamentales del rasgo de la alta sensibilidad. Todo, literalmente todo, en nuestro entorno, se va acumulando y puede llegar a producirnos una fuerte reacción, desde la irritación sorda hasta, incluso, alguna forma de intolerancia.

¿Qué pasa? Una PAS tiene los sentidos —en general todos, pero por lo menos tres— bastante más desarrollados que la gran mayoría de la gente. Imagínate una malla o un colador de tejido muy fino y agujeros muy grandes, frente a una estructura más sólida, con aberturas más pequeñas. Las PAS somos como los coladores delicados, pero de agujeros muy amplios, lo que viene a significar que toda la información que vamos recibiendo a través de la vista, a través del oído y el olfato, mediante el tacto o probando con la lengua, nos llega de lleno. Cruda y sin filtros. Si sabes que una manera de cuantificar la información es utilizando la medida del bit (una palabra que en inglés significa «poquito»), te darás cuenta de que la cantidad de bits que pasa por cada agujero del colador tipo PAS es muchísimo más elevada que la que pasa por las más reducidas aberturas del colador tipo «estándar», o sea, ese más cerrado que podemos atribuir al 80 por ciento de la humanidad que no es PAS.

Cada cerebro tiene un espacio disponible para acoger información. Algunos comparan el cerebro con un disco duro, otros con un archivador gigantesco que dispone de gran cantidad de huecos y cajones para almacenar todos esos bits que nos van entrando. Tarde o temprano, sin embargo, llega el momento en que dichos huecos y cajones están ocupados. No cabe más. La esponja saturada no puede acoger ni una gota más... y no solo eso, además empieza a gotear, a perder información. Si eres PAS, si recibes grandes cantidades de información a través de esas grandes aberturas de tu colador, como tu cerebro tiene una capacidad de acoger información en principio más o menos igual que la de todo el mundo, comprenderás que te saturas antes. Supongamos que tú, persona de alta sensibilidad, y un amigo tuyo que no tiene ese rasgo vais a pasar dos horas en un centro comercial en hora punta. Es probable que tú no tardes mucho en sentirte incómoda y empieces a notar que te vas saturando de toda la información que te está llegando, mientras que tu amigo no PAS incluso puede aguantar una o dos horas más sin cansarse, sin desarrollar dolor de cabeza y sin necesidad de salir a la calle y buscar un lugar tranquilo. La cantidad de gente que se está moviendo en derredor nuestro, cada uno con su propio campo energético, las luces y los focos, la música (¡parece que siempre tiene que haber música de fondo en los centros comerciales y en los grandes almacenes!) y los diferentes olores y perfumes que nos llegan sin tregua van pasando por las aberturas de nuestro colador y no tardan en saturar la esponja.

Si la PAS vive en un lugar con mucha información sensorial, como una calle con tráfico intenso, vecinos que tienen la tele encendida todo el tiempo y con el volumen muy alto, o un lugar de trabajo con mucho ruido, se saturará antes que su colega no PAS. A lo mejor antes no sabías por qué llegabas a sentirte mal en algunos lugares, pero me imagino que ahora ya no te extraña que tu cuerpo reaccione de la manera que lo hace: se resiste porque no puede más.

«Comparto mi despacho con tres colegas —cuenta Felipe—. Gente muy maja, de verdad. Curiosamente no tengo nada en contra de ellos, pero no obstante me cuesta compartir ese espacio con esas personas».

Me llamó mucho la atención la historia de Felipe, porque está claro que sus sentidos están muy sensibilizados y comprendo perfectamente que le cueste mucho concentrarse en el día a día.

> Carola es fumadora. Claro, no fuma en el despacho, pero lleva consigo siempre ese olor a tabaco. Y si hay algo que no aguanto es, justamente, ¡el olor a tabaco! Jaime es un buen chaval; es serio y muy dedicado al trabajo. Pero es un chico muy nervioso. Siempre está moviendo alguna parte de su cuerpo; un pie, una pierna, un brazo... Dice que lo hace para poder pensar mejor y que sus movimientos le ayudan a concentrarse. Lo tenía en la mesa frente a mí y no se me escapaba ni uno de sus movimientos. Tanto como él estaba obsesionado con moverse, lo estaba yo para registrar sus gestos. Reconozco que me volvían loco. Él se mueve para concentrarse, pero ¡a mí me quita toda la capacidad de concentración! Finalmente decidí hablar con él, y logré hacerle entender que sus movimientos son molestos. Buscando una solución, llegamos a hacer un cambio de mesas de trabajo y ahora le tengo a mi lado. En principio pareció una buena idea, pero la verdad es que lo sigo viendo y me sigue molestando igual. ¡No hay manera! Bueno, ya me entiendes. Y luego la tercera, Laura, ella es la que menos me molesta, pero coge un resfriado cada dos por tres y ya te imaginas los ruidos que hace tosiendo, estornudando, sonándose la nariz... Me encanta mi trabajo, me gustan mis colegas, pero los aguanto cada vez menos.

Nada fácil, la situación de Felipe. Como buen PAS, le cuesta hablar de estos temas —hacerlo con Jaime se le hizo un mundo y se sintió tan culpable después, que ahora ni se le ocurre volver a sacar el tema para confesarle que sus tics le siguen molestando igual—. Y le resulta especialmente difícil hablarlo con las mujeres, quienes le producen una gran inseguridad. Reconoce que no entiende la mente femenina. Aparte de volver a hablar con Jaime y con las chicas, o con su jefe, no veo lo que el buen Felipe podría hacer de manera rápida y sencilla para sentirse más relajado en el trabajo. Quizá ponerse tapones en los oídos para no escuchar a Laura, una pinza en la nariz para no oler el tabaco de Carola y ponerse una gorra con una visera lateral para no ver a su colega de los tics, aunque está claro que, en el fondo, así no solucionaría nada y, además, nunca lo haría por miedo al ridículo.

Me llevó tiempo explicarle a Felipe las metáforas del colador y de la esponja. Me parece fundamental que la gente entienda cómo funciona la alta sensibilidad y así puedan comprender la verdadera causa de su irritación. Felipe se quedó pensativo y se dio cuenta de que cada mañana, antes de ir al trabajo, ya pasa por una serie de circunstancias que, sumadas, bastan para casi llenar su esponja. Concluyó que, tomando ciertas medidas para cambiar su rutina, era posible llegar más despejado al trabajo. Gracias a su nuevo «protocolo» matinal llegó a sentirse bastante menos irritado. Unas semanas más tarde incluso decidió hablar con el jefe, quien propuso una diferente distribución de las mesas de trabajo en la cual Felipe no tenía a Jaime en su campo visual. Esto tampoco fue una solución definitiva, pero algo es algo y entre el control de sus propios niveles de saturación y la nueva posición de las mesas, Felipe está contento.

En un tono más positivo también se puede decir que a las personas de alta sensibilidad nos gusta saborear mucha información. Siempre según en qué circunstancias, claro. Personalmente, y no es la primera vez que lo digo, me encanta un concierto sinfónico y si puede ser prefiero una gran orquesta con todas sus secciones a tope. Realmente disfruto de las sinfonías de Mahler y de Richard Strauss, por ejemplo. Podría decirse que es «mucho ruido», y objetivamente es verdad, pero para mí son experiencias del todo maravillosas. Aunque también es verdad que mi atención es tan intensa y estoy tan concentrada que no aguanto otro sonido o ruido al mismo tiempo, y si en el público hay alguien que tose siento una irritación un tanto exagerada. Soy consciente de ello.

Elaine Aron, cuando habla del lado positivo de la alta sensibilidad y su sombra, lo describe así: «Cuando estamos tranquilos, las personas altamente sensibles podemos disfrutar de la ventaja que supone nuestra gran capacidad para captar los detalles más delicados. Sin embargo, cuando nos sentimos saturados, un estado bastante frecuente en las PAS, somos cualquier cosa menos sensibles y comprensivos. Muy al contrario, nos sentimos desbordados y agotados y necesitamos estar a solas».

## Sensibilidad a todo tipo de sustancias

El café es un estimulante, todos lo sabemos. Todo lo que ingerimos tiene un efecto sobre nuestro organismo. El café es solo un ejemplo, como también lo sería el té negro. Cuando descubrí la existencia de la alta sensibilidad, al principio no me preocupaban esos efectos de las sustancias en nuestro cuerpo. En mis tiempos de estudiante, cuando combinaba las clases y muchas horas de estudio con un trabajo, y en los últimos años de la carrera, con un bebé, bebía muchísimo café, incluso antes de acostarme. Ahora, sin embargo, si tomo un café o un té negro después de mediodía no puedo dormir por la noche. Necesitaba comprender que el cuerpo se acaba acostumbrando a las sustancias. Caí en la cuenta de que llegué a estar tan intoxicada por la cafeína que por eso dejó de hacerme efecto. Muchas PAS no toman nada de café, yo tomo dos (con leche) al día, simplemente porque me gusta.

Si hablamos de sustancias, debemos incluir los medicamentos. Por propia experiencia sé que las cantidades «normales» de medicamentos alopáticos (no homeopáticos o naturales) me resultan demasiado fuertes en sus dosis recomendadas. Si tengo dolor de cabeza, por ejemplo, me bastan 100 mg de paracetamol, y muy de cuando en cuando.

Elaine Aron ha llevado a cabo un estudio entre 69 estudiantes que demuestra que existe una fuerte relación entre la elevada sensibilidad general (digamos, las personas altamente sensibles) y la sensibilidad ante los medicamentos. Si eres PAS es probable que la sustancia que tomas te afecte más de lo que es de esperar, y que notes uno o más de los efectos secundarios que vienen mencionados en el prospecto. Evidentemente no todas la PAS presentan esta sensibilidad a los medicamentos, pero si el médico te prescribe algún remedio y notas que estás reaccionando mal, seguro que no es tu imaginación, como a veces te quieren hacer creer, sino que es real.

Creo que es importante avisar al médico de que eres sensible a sustancias químicas y decirle que prefieres medicamentos naturales o, en todo caso, empezar un tratamiento con dosis más bien bajas. Ello es muy importante si tienes un hijo PAS; si tiene que tomar algún tipo de medicación, lee bien el prospecto y no dejes de observarle y de escucharle de manera atenta.

Conozco a personas altamente sensibles que tienen intolerancia a sustancias como la lactosa o el gluten. Sin embargo, el rasgo de la alta sensibilidad no conlleva en sí mismo tales intolerancias, lo cual surgiere que en la PAS que sufra esto probablemente también existe un componente genético responsable del problema. Dicho de otro modo: una persona con una intolerancia a cierto tipo de alimento o a determinados medicamentos puede ser PAS, pero no todas las personas con intolerancias son necesariamente PAS.

También puede haber elevada sensibilidad a otras sustancias químicas, como a productos de limpieza, perfumes y cremas o polvos cosméticos no naturales y muchos de los populares ambientadores. En resumen, sensibilidad a sustancias más de tipo ambiental. Evidentemente, esta sensibilidad tiene que ver con el olfato, pero la reacción física que muchas PAS experimentan va más lejos. Digamos que es algo más que, por ejemplo, el desagradable olor a tabaco. Estamos hablando de un rechazo a nivel corporal.

Desde mi propia experiencia, puedo además comentar que de joven utilizaba perfumes comerciales, pero hace ya bastantes años que este tipo de producto no solo me produce dolor de cabeza, sino también una desagradable sensación de hinchazón de garganta que a veces acaba en un alto grado de afonía. Por las muchas veces que he comentado esto con otras PAS, sé que no soy la única, pero igualmente conozco a muchas otras PAS que no tienen ningún problema con este tipo de productos. Es interesante hacer notar que con los años la sensibilidad experimenta cambios en muchos aspectos. La persona afectada se hace más sensible en ciertos terrenos. Esto pasa, por un lado, como consecuencia de los cambios hormonales que cada uno experimenta a lo largo de su vida, pero también por el hecho de que generalmente acumulamos más estrés con el tiempo: cuanto más estresante es la vida que llevamos, más sensibles seremos. En general puede decirse que una PAS en la adolescencia demuestra relativamente menos sensibilidad que en etapas posteriores.

## Asustarse con facilidad

«Petardos y portazos siempre me asustan», dice Carla. «Odio la Nochevieja. No entiendo el porqué de los fuegos artificiales. Un ruido inútil y dinero tirado». Lo dice con mucha vehemencia, y aunque me río un poco, asiento con la cabeza y le confieso que tampoco me gustan los petardos de la Nochevieja. Evidentemente los petardos y los portazos son los clásicos ejemplos, pero hay muchos más: estás trabajando con mucha concentración, y de repente suena el teléfono, o alguien deja caer algo. Conduces tranquilamente por una carretera y de pronto ves que quiere entrar un coche de una incorporación a tu derecha. Andas por una calle de noche, con poca gente, y se abre de golpe el portal junto al que estás pasando. En fin, cada uno tendrá su repertorio favorito.

El caso es que las PAS nos asustamos antes y con aparentemente menos motivo que las no PAS. Incluso es posible que nos asustemos cuando los otros ni siquiera llegan a levantar una ceja. ¿Somos exagerados? ¿Somos histéricos? No creo. Ni siquiera pienso que se trate de un rasgo de carácter negativo. Aunque un petardo es solo un petardo, en teoría podría ser mucho más. Con el sonido del petardo, y en especial cuando suena de manera inesperada, cuando no es Nochevieja, a las PAS nos llega una oleada de información de lo que podría significar, más allá de los posibles riesgos y peligros que conlleva hacer explotar un petardo. Como todos, habrás visto películas en las que hay tiroteos; cada disparo suena como un petardo, pero no lo es, y puede ser mortal. Puede ser incluso que hayas vivido una situación real en que se han utilizado armas de fuego, o que familiares tuyos lo hayan experimentado y te contagiaran su susto y su miedo. Las PAS tenemos una imaginación muy fecunda y todas las imágenes que vemos o que creamos en nuestra fantasía van a parar a nuestra memoria, a nuestro «banco de datos», que es muchas veces más amplio que el de una no PAS.

Vuelvo al petardo. Escuchas la explosión y enseguida sale de tu banco de datos una oleada de información. En un instante procesamos una ingente cantidad de datos —de todo lo que teóricamente puede significar el sonido de un petardo, sus riesgos y las medidas a tomar— y nos sobreactivamos. El susto generalmente es la manifestación instantánea de una sobreactivación y, por muy eficiente que sea nuestra capacidad de procesar mucha información en muy poco tiempo, el cuerpo reacciona con una descarga de adrenalina que hace que nos sintamos mal. Por eso reaccionamos huyendo o soltando una bofetada, según el carácter de cada cual.

Si te tomas unos minutos para reflexionar un poco sobre las veces que recuerdas haberte asustado, a lo mejor también descubres una relación entre tu nivel de estrés o de cansancio y la medida en que te afectó el petardo, el portazo o lo que te sobresaltara. Posiblemente verás que la tendencia a bloquearte o sobreactivarte por algo inesperado es mayor cuando estás un poco más estresado o cansado de lo habitual.

Por otro lado, también nos puede asustar una idea, una noticia o un simple pensamiento. No hace falta que sea una acción o un sonido inesperado, como el del petardo. Puede asustar y bloquear por completo una sola palabra. Puede asustar una mirada inesperada, incluso un gesto de alguien. ¿Te ha pasado alguna vez que estás trabajando o meditando y alguien te viene por detrás y pone una mano en tu hombro? Y si esta persona no es PAS y tu reacción es un poco, digamos, intensa, a ver cómo se lo explicas, ¿verdad? Está claro que alguien que no es PAS nunca podrá entenderlo. Da igual que sea un grito, un mal gesto, un bloqueo, un encogimiento o una taquicardia... Seguro que te dirán algo como: «Hombre, no era para tanto», o «Qué exagerado eres». Y tienen razón, objetivamente no era para tanto y, desde su perspectiva, nuestra reacción habrá sido del todo exagerada. No tiene sentido enfadarte, y tampoco es una buena idea empezar a explicar en ese momento que eres PAS y todo lo que ello conlleva. Lo mejor que puedes hacer en casos como estos es, una vez que te hayas calmado, darles la razón y decir algo tan simple como: «Estaba muy concentrado, y es verdad, me he dado cuenta de que generalmente me asusto más rápido que la gran mayoría de la gente». Si ves que procede, podrías añadir algo como que lamentas haber reaccionado de esta manera, dulcificando tu reacción con una pequeña sonrisa.

Me gustaría añadir otro ejemplo: el susto como reacción a una mala noticia. Alicia me cuenta lo siguiente:

> *Taquita*, mi perra, no estaba muy bien. No comía, no quería salir a la calle, y de jugar nada... Después de tres días así la llevé al veterinario, visto que no mejoraba para nada. —Se emociona y empieza a sollozar—. Creo que ya intuía que algo no estaba nada bien, y posiblemente también sabía que se trataba de algo feo y que no había vuelta atrás. No la llevé enseguida, porque en cierta manera sabía que estaba muy enferma y que se estaba muriendo. —Le doy un vaso de agua y se calma un poco—. Pero cuando el veterinario me dijo que tenía un cáncer muy avanzado y que lo mejor era ponerle una inyección, me desmayé. ¿Te lo puedes creer? Por un lado, sabía que me iba a decir algo por el estilo, pero en el momento mismo el susto era tan enorme que perdí la consciencia, como no pudiendo acoger ese mensaje tan horrible e intensamente triste.

Claro que lo puedo creer. Te dicen algo que presientes, ves algo que sabes que vas a ver (a lo mejor eres una de esas muchas personas que se desmayan al contemplar su propia sangre) y la nueva información supera tus fuerzas. Podríamos decir que tu cuerpo emocional no puede asumir el mensaje con calma y se echa para atrás. Eso, energéticamente. En lo físico lo que pasa es que el susto hace que se dilaten los vasos sanguíneos, la sangre baje de la cabeza a las piernas y la persona pierda la consciencia, se desmaye. Por cierto, no hace falta ser PAS para tener este tipo de reacción, pero tengo la impresión de que a las PAS nos pasa más a menudo por el hecho de que en general no manejamos demasiado bien los sustos.

A veces pasa que estos momentos de bloqueo, de quedarse en blanco, de taquicardia o de desmayo por sobreactivación son interpretados como un ataque de ansiedad, aunque no lo es. Es importante saber que en muchos casos se trata de un exceso de información y no de un momento de pánico; el pánico que a lo mejor llegas a sentir es fruto de sentirte mal y no comprender lo que te pasa. No es lo mismo padecer sobreactivación que tener ataques de pánico. Si llegas a tener estos últimos o si sufres ansiedad, a lo mejor necesitas un tratamiento médico, mientras que la sobreactivación se relaciona con algo circunstancial y que no tiene por qué repetirse, dado que es la consecuencia de una combinación puntual de factores estresantes puntuales (un exceso de estímulos, como ocurre al recibir un susto).

## Agobiarse cuando hay que hacer mucho en poco tiempo

Casi todo el mundo se estresa cuando tiene que hacer muchas cosas en un tiempo limitado. Por tanto, para nada es algo exclusivo de la alta sensibilidad. Lo que sí es típico en las PAS es que se estresan antes, cuando, para la mayoría de la gente, el punto estresante aún queda lejos. En comparación con la gran mayoría de la gente, pues, las PAS necesitamos relativamente poco para estresarnos. Y no lo hacemos, por ejemplo, por la cantidad de trabajo en sí, nos estresamos porque nos gusta hacer las cosas bien, no nos gusta hacer algo rápido y de manera superficial. Queremos disponer del tiempo suficiente para dedicar la atención necesaria para que algo quede bien hecho. Como luego veremos, casi todas las PAS somos meticulosas y concienzudas.

Para hacer algo bien necesitas procesar mucha información. Generalmente hay varias maneras de hacer las cosas bien. Elegir la más adecuada para realizar algún proyecto requiere investigación y exploración. Las PAS solemos ser creativas, incluso innovadoras. Cuando, por prisas impuestas, no podemos dar rienda suelta a nuestra creatividad, cuando la inspiración se ve abortada, nos estresamos, y el estrés nos frustra y nos bloquea. La PAS es capaz de muchas cosas, y quien de verdad la conoce valorará su creatividad y su implicación, pero la presión laboral puede hacerle daño.

En los niños podemos percibir este bloqueo cuando, por ejemplo, el pequeño tiene muchos deberes y relativamente poco tiempo para hacer todas las tareas. El niño PAS necesita tiempo y calma para los deberes, mucho más tiempo y calma que los niños no PAS. A la mayoría de estos pequeños les encanta hacer un buen trabajo con una buena presentación, pero normalmente la rutina diaria está cargada de muchísimas actividades y obligaciones y el niño ya está cansado cuando le llega el momento de sentarse para empezar a estudiar. Es importante que los padres del niño PAS se den cuenta de esto, y que busquen soluciones para que pueda tener su propio espacio tranquilo, un poco de tiempo para desconectar entre colegio y deberes, para comer algo sin prisa y, sobre todo, para tener un mínimo de actividad extraescolar. Recuerda siempre que el niño, igual que el adulto PAS, está continuamente sometido a un bombardeo de estímulos de todo tipo, y que a causa de esto su mente se satura y se bloquea mucho antes que la mente de un niño no PAS que no recibe ni una décima parte de la información que le llega al tuyo. ¿Te acuerdas del «colador PAS» que mencionamos antes? Ese colador no es solamente cosa de los adultos, pero también está presente en los niños.

A mí no me va nada bien tener la agenda demasiado llena, con muchas tareas seguidas. He aprendido a dejar un tiempo entre una cosa y otra, no solo porque me gusta desconectar y respirar un poco al terminar una tarea y empezar con la siguiente, sino también porque quiero evitar, siempre que sea posible, que mis tareas se acumulen, ya que llegará ese momento en que veo que no voy a ser capaz de dar abasto y me agobio de tal manera que me bloqueo. He aprendido a medirme y a medir mi tiempo. Con pausas entre una cosa y otra siempre dispongo de un margen por si tal o cual trabajo necesita un poco más de dedicación.

Sé que mi posición en este sentido es privilegiada. No siempre ha sido así. Cuando mis hijos todavía eran pequeños, cuando tenía que acabar una traducción en una fecha que se estaba acercando a gran velocidad y mi marido me pedía que echara una mano en su restaurante porque faltaba personal, no disponía ni de pausas ni de tiempo para respirar. Entonces no sabía que era PAS (el concepto todavía ni siquiera existía) y solía agobiarme con regularidad. Os confieso que en aquellos momentos mi comportamiento quedaba muy lejos de lo que entendemos por conducta amable. Una PAS agobiada pierde el control sobre su pensamiento y su sentir, que al final se bloquearán, por lo menos en parte. El agobio es un estado de mucho estrés, muy desagradable para quien lo sufre, y puede llegar a ser experimentado como insoportable por el entorno.

## Sentir la necesidad de caer bien, agradar

Todo el mundo, PAS o no, quiere causar una buena impresión. No hace falta ser altamente sensible para ser una persona amable, educada y con valores. Claro que no. Pero una cosa es ser amable y saber poner límites cuando algo no te gusta, por ejemplo, y otra ser amable suprimiendo la propia emocionalidad y obviando las propias necesidades para evitar problemas y conflictos a toda costa, traicionando a tu propio yo, a esa esencia divina que vive en ti. Las PAS generalmente somos gente pacífica, amable, abierta y dispuesta a echar un cable. Hasta ahí todo va bien, pero a veces nos podemos pasar a causa de esa necesidad de caer bien. Os daré unos ejemplos.

Muchas PAS, digamos la mayoría, dan mucha relevancia a su imagen. Les importa mucho cómo les ven los otros, qué pensarán de ellos y, sobre todo, qué dirán. Se esfuerzan por dar una buena, por no decir, muy buena impresión. Se visten con mucho cuidado cuando tienen que salir o cuando tienen que recibir a gente en casa. Cuando esperan visitas someterán su hogar a una limpieza profunda, y luego lo repasarán con lupa, si es necesario. Cuando tienen que ir a una entrevista, se repetirán cien veces las preguntas imaginarias, buscando las respuestas más inteligentes y serias, pero también con un toque de humor. Escribiendo esto pienso en María Luisa, una de mis clientas, quien me confesó que, cuando tiene que ir a la peluquería, se lava el pelo antes, aunque se lo vuelvan a lavar allí, para que no piensen que no es una persona limpia. Seguramente tienes tus propios ejemplos de comportamientos que son el resultado del miedo a causar una mala impresión, a que hablen mal de ti, a perder amigos o quedarte sin pareja.

Es muy típico de muchas PAS, chicas y chicos, hacer o decir algo, o dejar de hacer o de decir algo, que en el fondo no refleja cómo son realmente. Ignoran su propia manera de pensar o sentir e intentan amoldarse a lo que creen que la otra persona espera de ellos. Se trata, por decirlo con otras palabras, de una traición a nuestro propio ser. No nos comportamos como somos, sino de acuerdo con la idea que nos hemos fabricado de cómo la otra persona nos ve o nos quiere ver.

Cuando intenté explicar esto a María Luisa, tardó un poco en comprenderme. Claro, es posible que no lo entendiera por mi forma de expresarme en castellano, pero también le costó la segunda. Luego dijo:

> Nunca me había planteado que mi manera de querer causar buena impresión podía ser consecuencia de una imagen inventada, de algo que yo suponía que la otra persona estaría deseando ver o escuchar. Tampoco lo percibí como una traición a la persona que soy. Es curioso. Hacía estas cosas sin pensar de verdad, sin cuestionarme cómo haría algo si solamente escuchara a mi propio interior, y sin preguntarle a la otra persona cosas como qué es lo que necesita de mí o qué es lo que necesitaría para sentirse bien y relajada en general. Fíjate, me fiaba de mi supuesta empatía, hacía algo para agradar, y luego, cuando esa persona me daba la espalda, encima me acusaba...

Le pedí que me explicara lo de la acusación con un ejemplo concreto. Me contestó sin tener que pensarlo.

> Tengo muchos ejemplos. Me pasó con Sol, mi vecina del tercero. Topé con su marido, Toni, en el ascensor y me comentó que habían ingresado a su mujer, a Sol. No tenía una estrecha amistad con ella, pero hablamos de vez en cuando y las niñas van al mismo

colegio. Sol y su marido tienen tres hijas, la mayor de ocho años. El caso es que me contó que Sol estaba ingresada y me quedé helada. ¿Qué va a hacer este hombre solo, con las niñas, durante el tiempo que Sol tendrá que quedarse en el hospital? Toni dijo que podría estar en el hospital una semana mínimo. Pobre hombre, ¿te lo imaginas? Trabaja de mecánico, hace largas jornadas y encima tenía que hacerse cargo de las niñas y de ir a visitar a Sol. Ya me había despedido de él cuando decidí que tenía que ayudarles. Iba a hacer espaguetis para nosotros, y no me importaba nada hacerlos para cuatro personas más. Preparo una fuente para la familia de Sol, y la pongo delante de la puerta de su casa. En la nota le digo que pueden contar conmigo para lo que sea... —Se calla un momento y me mira para ver si la he entendido desde la perspectiva PAS—. Recibo una nota de Toni, dándome las gracias y diciendo que la comida estaba muy rica. Punto. —Se ríe—. Como buena PAS interpreto esta nota como: tu gesto ha sido genial. Nos ha encantado. Sería fantástico si pudieras prepararnos algo cada día mientras Sol siga ingresada. Y también, como buena PAS, me siento útil y valorada, todo lo que necesito para tomar la decisión de prepararles la comida cada día hasta que vuelva Sol. Y tal cual lo hice, aunque Toni no me volvió a dejar ninguna nota más. Diez días más tarde me entero a través de mi hija de que Sol ha vuelto a casa; de hecho, ¡ya hacía casi una semana que le habían dado el alta! Como ya tenía la comida hecha —la nuestra y la de ellos— decido no dejarla delante de su puerta, sino llamar al timbre. Sol me abre y me mira con una cara llena de odio. Ni me deja hablar. Enseguida empieza a insultarme y acusarme... ¿Qué había pensado? ¡Menos mal que su marido la quiere! ¿Cómo me había atrevido a aprovecharme de su enfermedad para intentar robarle a su marido? Vaya, me bloqueé por completo, me sentía como helada, no supe contestarle nada, aunque ella tampoco me dio la oportunidad de hacerlo, porque ya había cerrado la puerta delante de mis narices. ¿Te lo imaginas?

Le digo que sí, que me lo imagino: la escena, su buena intención, su sorpresa y su dolor. Y la creo cuando me dice que en ningún momento su intención había sido la de ligar con Toni, que su propósito realmente no había sido otro que el de ayudar (caer bien y dejarse ver como una mujer buena, simpática, empática...). Además, sé que su ayuda le ha supuesto un esfuerzo en cuanto al tiempo y al dinero, y también sé que ella, aunque es madre divorciada, no tiene interés en empezar ningún tipo de relación con nadie. Ya hace más de medio año que Sol le dio esa ducha fría. Hasta el día de hoy no ha querido hablar con ella. Ha estado hablando a las otras madres del colegio y a otras vecinas sobre María Luisa y sus intenciones, avisándolas de que tienen que tener cuidado porque les quiere robar a sus maridos...

Es un ejemplo muy extremo, pero lo cuento porque no es la primera historia de este tipo que me llega; es más, tengo alguna experiencia personal que también va por ahí.

Mientras, por un lado, nos puede costar mucho decidirnos por un comportamiento u otro y tenemos tendencia a investigar, valorar y sopesar, por otra parte podemos tener este tipo de reacciones impulsivas o reactivas: percibimos una necesidad ajena y pasamos, sin más, a la acción. Esto es genial siempre y cuando esa necesidad lo requiera, por ejemplo, cuando ves que un niño está a punto de cruzar la calle sin mirar o en cualquier otra situación con peligro inminente. Allí donde no se presente un peligro inminente, como en el caso de María Luisa y sus vecinos, la impulsividad puede tener consecuencias menos agradables.

Entiendo que María Luisa haya reaccionado como lo ha hecho. Ha ofrecido ayuda sin pensárselo, e inconscientemente ha visto una oportunidad de caer bien y, a lo mejor, entablar una amistad. Su buena intención se quedó en nada: no ha caído bien y lejos de hacer una amiga se ha ganado una enemiga. En lugar de ser vista como esa «vecina tan maja», ahora es percibida como la «vecina falsa», y eso sin serlo. Es triste, ¿verdad?

¿Qué podía haber hecho para evitar todo este disgusto? Ella, mientras tanto, se ha dado cuenta de que tenía la autoestima bastante baja. Ya de por sí le faltaba seguridad en sí misma, pero como consecuencia del divorcio su inseguridad y la imagen de sí misma cayeron a un punto mínimo, tocaron fondo. Es posible que, si en aquel momento se hubiera sentido más fuerte, hubiera saltado menos rápido y sentido menos necesidad de ganarse una amiga. Ahora se da cuenta de que por aquel entonces se sentía muy sola y muy vulnerable.

Una de las primeras cosas que podemos hacer es ver el estado de nuestra autoestima. Hemos de saber que, cuando la autoestima está baja, la necesidad de caer bien es mayor. Una trampa en toda la regla.

La segunda cosa que puedes hacer es controlar la impulsividad y aplicar un poco de esa tendencia PAS a investigar, valorar y sopesar. Mi abuela siempre me decía que contara hasta diez, y es verdaderamente un buen consejo. En el caso de María Luisa las cosas podían haber sido como sigue. Primero, preguntarle a Toni si necesitaba ayuda, y en caso afirmativo, preguntar qué tipo de ayuda precisaba. Después, valorando su propia disponibilidad, capacidad y posibilidades, ella podía haber ofrecido algo como prepararles la comida dos días a la semana... sabiendo que lo podía haber asumido sin sentirse estresada por el esfuerzo en tiempo y en dinero. ¿Que incluso así Sol se podía haber sentido amenazada? Es posible. Pero seguro que el mensaje que Toni le hubiera dado a su esposa hubiera sido diferente. De la misma manera podía haberse puesto en contacto con Sol, algo que tampoco había hecho.

El deseo de caer bien, y que casi siempre es resultado de la baja autoestima, es una de las facetas más difíciles de manejar del rasgo de la alta sensibilidad. Conviene tener cierto grado de autoconocimiento y también, cómo no, un buen conocimiento de la alta sensibilidad. Cuestionar a través de las gafas PAS tu comportamiento y tus pensamientos es básico si quieres aprender a encauzar ese lado un poco complicado de nuestra forma de ser.

Evidentemente no todas las PAS tienen la autoestima baja, de la misma manera que no hace falta ser PAS para tener la autoestima por los suelos.

## No saber poner límites

Reconocer tus propios límites en función de tus necesidades y luego saber manejarlos es todo un arte para muchas PAS. Si no sabes cuáles son tus necesidades, ¿cómo vas a poder vigilarlas y hacer todo lo posible para satisfacerlas? El control de los límites está estrechamente conectado con la característica anterior, la de querer agradar.

Suelo hablar mucho del espacio personal de cada uno. Cada persona, PAS o no, necesita su propio espacio. En primer lugar, me refiero al ámbito físico, pero de la misma manera necesitamos un terreno propio emocional. La idea del espacio físico no es tan difícil. Puedes pensar, por ejemplo, en un ascensor, un lugar muy reducido. Mientras te encuentras solo en ese cubículo no suele haber problemas, a no ser que sufras claustrofobia. Ahora, imagínate que sube alguien más. ¿Cómo te sientes? ¿Qué haces? Entra una tercera persona, y luego otra y otra más. Con cada persona que va entrando, el espacio disponible se vuele a dividir. Si puedes, haz la prueba y fíjate en tu relación con el espacio que puedes/necesitas ocupar. Observa también a las otras personas y cómo se comportan. Puede ser interesante ver si haces lo que sientes: por ejemplo, sientes que necesitas más espacio en derredor, pero no obstante permites que el codo de la persona que está a tu lado te presione la espalda. ¿Te sientes invadida? ¿Sales del ascensor, aunque no hayas llegado al piso donde tenías que ir?

Me imagino que no te cuesta mucho entender esto del espacio físico. A lo mejor has llegado a darte cuenta de que permites que invadan tu terreno más de lo que te gustaría para sentirte bien, cómodo y respetado. Quizá cedes porque crees que tus palabras generarán un conflicto y tienes dificultades con la gestión de conflictos. O simplemente cedes por miedo a caer mal.

El límite físico es el espacio que necesitas alrededor de tu cuerpo para sentirte a gusto. Puede cambiar según las necesidades de otras personas en tu entorno y tu capacidad de compartir ese espacio a ratos. Si te sitúas en un lugar amplio y lo piensas puedes determinar el radio que mejor te va. Hazlo como si de un experimento se tratara.

Si hablamos de límites, también cabe pensar en la cantidad de tiempo del que dispones. Puedes ofrecer algo de tu tiempo para ayudar a alguien sin que esto te cause un estrés innecesario.

Pensemos en María Luisa, protagonista del caso anterior. Vimos que tendría la posibilidad de ayudar dos veces por semana (haciendo una tarea determinada) de una manera libre y sin sentirse agobiada. Esto es importante para evitar que se sienta, no solo estresada y agobiada, sino también utilizada y no valorada. No te sentirás utilizado si desde un principio has marcado tus propios límites.

Observemos el punto en que el espacio físico se funde con el espacio emocional. Verás cómo el uno está directamente relacionado con el otro: invaden tu espacio físico y te sientes agobiado. Existe una relación similar entre el tiempo que tienes disponible y tu espacio emocional: si piden más de tu tiempo (y energía) de lo que puedes dar, pasa lo mismo. La gente que nos pide algo no sabe dónde está nuestro límite; no pueden mirar en nuestra cabeza, no sienten lo que nosotros sentimos. Por eso es tan importante comunicarse con el entorno, hablar y clarificar las condiciones. «Claro que te ayudo, los martes por la tarde tengo dos horas para hacerte la compra, ¿te parece?». «Encantada de echarte un cable. Mándame ese artículo y lo miro mañana por la tarde, cuando tengo una horita disponible, ¿te va bien?». Así todo el mundo sabe hasta dónde puedes y quieres implicarte y no hay recriminaciones, culpabilidad ni malos sentimientos.

Dice Claudia, una clienta mía que es psicóloga y PAS:

> Me vuelven loca los *wassaps*. La gente no solo los manda sin tener en cuenta la hora que es, sino que muchos mensajes son largos, exponiendo un problema y pidiendo consejos, mientras que otros son superficiales, carecen de importancia alguna. ¿Realmente creen que yo tengo tiempo para contestarlos? Te digo que no dispongo de este tiempo y lo vivo como un abuso. Se supone que la gente que me contacta es PAS, pero, por mucha empatía que tengan las PAS, este comportamiento suyo es invasivo y no demuestra para nada una capacidad empática.

Entiendo perfectamente lo que me está diciendo esta mujer; a mí me pasó igual. Tuve que poner un límite, porque igual que ella, me sentía invadida e incluso hasta cierto punto explotada.

¿Hasta qué punto tienes que contestar a cada uno que decide mandarte un mensaje? WhatsApp es una buena herramienta para poder conectar rápidamente y sin coste con familiares y seres cercanos. Para mí no es una herramienta de trabajo, y no solo porque me vuelvo loca al tener que escribir más de tres palabras en mi pequeño teléfono; reconozco que a mi edad a lo mejor soy un poco torpe, pero... ¡hay límites! «Y si no les contesto, me siento mal. No quiero ofender a nadie, pero primero viene mi trabajo, mis clientes, mi familia y mi vida. A veces ignoro los mensajes, lo que me crea una fuerte culpabilidad, pero no me queda otra», continua Claudia, quien reconoce que, en efecto, es muy necesario poner límites. Investigando un poco sobre el tema ella se da cuenta que sí, que claro que hay otras soluciones. Podría no publicar su número de teléfono, podría desinstalarse WhatsApp… O puede tener un mensaje estándar en un archivo, diciendo que lamenta no poder contestar mensajes de WhatsApp por falta de tiempo, pero que invita a quien sea a mandar un correo electrónico, al cual contestará cuando encuentre un hueco. Con un mensaje de este tipo ya preparado puede hacer un «copiar/pegar» y perder el menor tiempo posible sin quedar mal.

Poner un límite requiere valorar las opciones, pero hagas lo que hagas o cómo lo hagas, es importante tener en cuenta que no eres Superman o Superwoman y que no puedes ayudar a todo el mundo porque sí. Establecer un límite es respetarte. Está claro, no todo el mundo estará contento, y menos si antes no lo habías puesto y tu entorno está acostumbrado a pedir y recibir tu ayuda. Tranquilo, te garantizo que también se acostumbrarán a tu nueva capacidad de poner límites. Y quien se enfade de verdad a lo mejor nunca ha merecido tu tiempo y tu atención pues no sabe valorarte.

## Sentirse afectado por la violencia en la pantalla

La gran mayoría de las PAS se siente muy mal con todo tipo de violencia. Sé de muchos que no quieren ni ver los informativos de televisión. Películas sobre asuntos violentos o con escenas violentas son tabú. Yo tengo tele, pero en un mueble y detrás de puertas cerradas con llave. No suelo verla. A veces veo alguna peli en DVD, aunque es raro. Pero no es solo la violencia lo que me molesta. Generalmente no aguanto muy bien la «levedad», la falta de un verdadero contenido de los programas. Los documentales —y hay algunos muy buenos— los suelo ver *online* en mi portátil.

Pero hablábamos de la violencia. ¿Por qué nos molesta tanto? Creo, en primer lugar, que es por nuestra tendencia a identificarnos con las víctimas, a empatizar con ellas. Si puedes evitarlo, ¿por qué someterte a la contemplación de esas imágenes? Se dice que uno se acostumbra al final a la elevada cantidad de imágenes bélicas, de gente sangrando, de refugiados, de personas malnutridas o niños indefensos con que nos agobian cada día. Se dice que con el tiempo nos habituamos a este tipo de horrores, salvajadas e injusticias. Yo creo que hay pocas personas altamente sensibles que lleguen a acostumbrarse. Y no solo por su propensión a la empatía con las víctimas. Creo que también tiene mucho que ver con la sobreestimulación. Ya sabes, una de las características básicas de la alta sensibilidad es esa fuerte tendencia a sobreestimularse. Como vamos recibiendo tanta información, tantos estímulos, al ver una escena con mucha violencia, o con mucho sufrimiento humano o animal, nos saturamos por la fuerte emocionalidad que este tipo de imágenes dispara, y nos bloqueamos; llegamos a sentirnos mal en muchos sentidos. Mientras que la percepción de una no PAS se limitará (y soy consciente de que estoy generalizando, porque siempre hay grados) a ver la escena tal cual, con sus hechos objetivos, una PAS recibirá la información como si ella misma fuese la víctima de la escena que se está desarrollando delante de sus ojos. En cierto modo llega a sentir los golpes y el dolor en su propio cuerpo, y sus emociones pueden alcanzar niveles muy intensos. Al mismo tiempo también se sentirá indignada por la injusticia de la que se trate, que no concuerda con su escala de valores y le parecerá incomprensible e inadmisible.

La gran mayoría de las PAS que conozco reconocen que no ven telediarios ni películas con imágenes violentas. Les superan. A estas alturas el lector ya sabrá por qué las personas con alta sensibilidad no somos forofas de ciertos programas, series y películas.

Si tu entorno no lo comprende, no te esfuerces intentando explicarlo: quien no siente el horror de la violencia en la pantalla nunca podrá imaginarse tu profundo malestar. ¡Pon tu límite también en este caso! ¿Y si se ríen? Deja que se rían: no se ríen de ti, su risa es la manifestación de su incapacidad de sentir como tú lo haces. Acepta que no te entienden, manteniéndote firme en tu límite. «¡Claro que vamos al cine, pero no me interesa ver cualquier película! Confío en que nos pongamos de acuerdo».

Está claro que es mucho mejor prevenir que curar. Si ahora entiendes por qué ciertas cosas te afectan de tal manera que acabas sintiéndote fatal, es hora de restringirlas o de evitarlas del todo si es posible.

> Entendí muy bien lo que me explicaste —comenta Silvia—. «He luchado siempre contra ese malestar. Mi novio se reía de mí cuando me tapaba los oídos y cerraba los ojos en el cine o viendo alguna película o documental en la televisión. He intentado convencerme de que eran chuminadas mías, que se trataba de mi imaginación. Pero, de verdad, me supera. Ahora que entiendo que es un fenómeno también físico (me encanta la metáfora del tamiz) no solo acepto que esto es lo que me pasa, sino que sé que también tengo la herramienta perfecta para poder explicárselo a

mi novio y a otras personas si hace falta. —Se ríe—. «Siguen sin entenderlo y siguen riéndose de mí, pero no pasa nada, entiendo que desde su perspectiva no puedan comprenderlo, pero lo aceptan y me río con ellos. —Me mira con sus grandes ojos—. ¿Sabes? Eso de saber reírse de uno mismo es muy importante. Tenemos tendencia a dramatizarlo todo, pero eso solo sirve para amargarnos y sentirnos las víctimas. Somos como somos, con nuestras sombras y con nuestras luces. Al final, la alta sensibilidad es un don, es un regalo que nos ha hecho el destino, y cuanto antes lo veamos y lo entendamos, ¡mejor!

Silvia ha hecho los deberes, por decirlo de alguna manera. Entiende las características del rasgo, se ha dado cuenta de cómo se activan en ella las características de la alta sensibilidad, y toma las medidas necesarias para no sufrir sus inconvenientes, para sacar provecho al lado positivo de este «regalo».

## Sentirse abrumado cuando hay mucho ajetreo alrededor

Los centros comerciales, el metro en hora punta, los grandes teatros, los conciertos, los eventos deportivos, el tráfico en hora punta, los parques temáticos, los aeropuertos en la época de vacaciones, las atracciones turísticas... Podría seguir con ejemplos de lugares, circunstancias y actos donde se concentra mucha gente, mucho movimiento, muchos ruidos y, también a veces, muchas luces de todo tipo. Incluso el viento. Viento fuerte, que hace que todo se mueva. Seguro que entiendes de qué hablo, y si has leído los capítulos anteriores comprenderás perfectamente por qué los entornos de ese tipo no van muy bien con nosotros: no es porque seamos débiles (¡que no lo somos!), sino porque nos vemos bombardeados por una gigantesca ola de estímulos que nos llegan de todos los lados, y encima sin parar. Tantos estímulos a la vez son un auténtico ataque a nuestro sistema neurosensorial. Simplemente es más de lo que podemos asumir y digerir a la vez. Si volvemos a la metáfora del colador con muchas aberturas muy grandes por las cuales pasa toda la información sin apenas filtros, comprenderás que tu cerebro puede colapsarse fácilmente. Los no PAS disponen de un colador con muchos agujeritos pequeños, la mayoría de la información ni siquiera puede pasar esa barrera. Está claro que la persona que no tiene una sensibilidad tan elevada aguanta muchísimo más tiempo en un entorno con gran ajetreo del tipo que sea.

Mucha información, demasiados estímulos a la vez en combinación con el deseo de aguantar el tipo por no llamar la atención y mostrar que eres como los demás… La mezcla puede causar un cortocircuito sensorial, por ejemplo, un ataque de ansiedad, o puede tener como consecuencia que la persona sensible se ponga muy nerviosa, que se crispe, que sienta una fuerte necesidad de salir corriendo y que empiece a hiperventilar. Puede llegar a desmayarse. Puede tener un «ataque histérico» que le quite la capacidad de gestionar las intensas emociones que la asaltan, la facultad de pensar con claridad y equilibrio. Digamos que la persona se ha sobreactivado, y ya sabemos que la sobreactivación es una de las cuatro características básicas de la alta sensibilidad.

La situación se complica cuando ciertos síntomas de la alta sensibilidad se confunden con facetas del carácter como pueden ser la timidez, la introversión y la extroversión.

«¿En la infancia, mis padres o mis profesores me solían ver como una persona sensible o tímida?». Esta es una de las preguntas del test clásico de Elaine Aron. Lo que en el fondo sugiere esta pregunta es que las PAS tenemos tendencia a la introversión (que también existen PAS que son extrovertidas lo veremos más adelante), lo cual puede dar la impresión de que el altamente sensible no es tal, sino un tímido o un introvertido, dos talantes, por cierto, que no son iguales. En *Sensitive*, el documental sobre la vida y el trabajo de Elaine Aron, la doctora habla de su sobrina y lo que le pasó cuando la llevaron al jardín de infancia. Dejaron a la niña en el aula esperando que, como suelen hacer «todos» los niños, empezara a jugar con los otros pequeños allí presentes. Pero eso no ocurrió. Al contrario, se mantuvo al margen del grupo. La doctora Aron cuenta cómo la maestra intentaba convencer a la chiquilla de que jugara con los demás, pero no lo consiguió y luego le comentó a la madre que estaba preocupada por el comportamiento de la pequeña.

La sobrina de la doctora no era una niña extrovertida, y a lo mejor ni siquiera era introvertida, era una persona altamente sensible. Muchas PAS recuerdan situaciones de este tipo en su infancia: te llevan a un lugar con otros niños porque dan por hecho que te lo vas a pasar genial jugando con los demás, y ocurre lo contario. ¿Qué le pasó a esta niña, a la sobrina de Elaine Aron? Pues que ella, hija única de padres PAS, nunca había visto a tantos niños juntos en un aula, ni había visto tantos juguetes, tantos dibujos en las paredes. Tampoco estaba acostumbrada a tantas voces, algunas muy estridentes. No era la timidez lo que le impedía entrar en el juego con los otros niños. La pobre, viéndose inmersa en un espacio reducido con tantísima información sensorial, se abrumó y se bloqueó. Iba a necesitar bastante tiempo para poder asimilarlo todo.

Como generalmente es más conocida la timidez que la introversión y la introversión es más conocida que la alta sensibilidad, puede pasar que te tachen de «tímido» sin darse cuenta de que eres una PAS y, además, posiblemente tienes un carácter introvertido.

La diferencia es simple y no cuesta mucho entenderla. Pensemos en la situación de la sobrina de la doctora Aron: si la niña hubiera sido tímida, habría sentido un fuerte deseo de participar en el juego de los otros niños, pero no lo habría hecho por carecer de las herramientas sociales necesarias para dar el paso de introducirse sola; la colaboración de la maestra le hubiera ayudado mucho. Resulta, sin embargo, que la niña de la que estamos hablando no es tímida, es una PAS con tendencia a la introversión y no quiere sumergirse en el juego de los otros niños. Quiere mantenerse al margen, por lo menos un buen rato, para observar y para valorar cuándo, de qué manera y con quién quiere establecer contacto. Primero necesita absorber y digerir la enorme cantidad de información que le está llegando.

Es posible, pues, que de pequeño hayas vivido una experiencia similar, o si tienes hijos PAS, que ellos hayan pasado por algo parecido. Puede ocurrir en la guardería, en clases de natación (especialmente en piscinas cubiertas, donde el ruido se multiplica), en actividades deportivas, en fiestas de cumpleaños, en reuniones familiares... Donde haya un exceso de información nueva la PAS, la persona altamente sensible, se sentirá abrumada, tenga la edad que tenga.

Como adulto puedes entender el motivo por el que te sientes como te sientes, pero un niño no sabrá explicarlo. Le tacharán de tímido e intentarán convencerle de que debe aproximarse al grupo o implicarse en la actividad, y es probable que el pequeño se resista y acabe pasándolo mal. En casos extremos, incluso sufrirá vómitos o problemas respiratorios. Obligarle sin más a «ser fuerte» no es la mejor idea. Acompañarle, explicarle, hablar con la maestra o la persona que dirige la actividad en cuestión parece una opción mucho mejor.

Si el niño pertenece al pequeño grupo de PAS extrovertidas, puede presentar el mismo comportamiento supuestamente tímido, ya que la PAS extrovertida llega a abrumarse igual, pero también es posible que se lance a jugar con los demás niños o que participe en las otras actividades arriba mencionadas; eso sí, tarde o temprano llegará al límite de su capacidad de asimilar la gran cantidad de información que está recibiendo y es posible que de pronto quiera irse.

Ser percibido como tímido por la incapacidad de participar en un evento social es algo inherente a la alta sensibilidad.

Llegados a este punto, quiero compartir un recuerdo. Cada verano, mis padres, mi hermanito y yo pasábamos las vacaciones con mis abuelos, que vivían en Mallorca. Para mí eran las mejores semanas del año. Hay que saber que era una niña PAS bastante seria y con un carácter más bien introvertido. Podía estar horas a solas con un libro, cogiendo flores o coleccionando conchas. En uno de aquellos veranos —no tenía más de cinco años—, mi abuela había pedido a una amiga suya que nos llevara a mi hermanito y a mí a las fiestas de un pueblo vecino, a la plaza donde había música en vivo y juegos infantiles. Recuerdo que estaba nerviosa porque no conocía muy bien a esa amiga y su novio... Pero con nervios o sin ellos, si los abuelos te mandan hacer algo no te lo cuestionas y obedeces, así que subimos al coche de los amigos y nos llevaron a ese pueblo que estaba a unos tres kilómetros de nuestro lugar de veraneo.

Nunca había estado en una fiesta de pueblo. Seguramente esperaba otra cosa, no sé. Xisca, la amiga de mi abuela, vivía en ese pueblo y mucha gente la conocía. Se acercaban a nosotros con curiosidad y preguntas. Había un pequeño problema: por aquel entonces yo todavía no hablaba el castellano (y menos el mallorquín), y Xisca no hablaba el holandés. Al recordar aquella situación, todavía me asalta la sensación de agobio que sentí en aquellos momentos en que me encontraba rodeada de mucha gente que me decía cosas mientras yo no tenía idea de lo que me estaban diciendo. Me tocaban, tocaban mi vestido... Seguramente me veían como algo exótico y yo no me sentía nada cómoda. Estamos hablando de los años cincuenta del siglo pasado. En ese pueblo aún no habían visto a mucha gente de fuera, y menos a dos pequeños niños rubios. Entre la gente, la atención, la música, el ruido de los niños jugando, las guirnaldas... empecé a sudar y a sentirme mal. No recuerdo muy bien cómo lo hice, pero tenía claro que quería huir, que necesitaba irme. Y no podía explicárselo a Xisca ni a Tomeu, el novio, porque no me entendían. El caso es que llegó un momento en que se despistaron ¡y me escapé! Todavía puedo verme bajando las escaleras de la plaza a toda velocidad, encontrando la carretera y corriendo montaña abajo, entre sollozos y vómitos, hasta llegar finalmente a casa.

Mi pobre abuela no entendía nada y yo no supe explicar muy bien por qué había hecho lo que había hecho. Me castigaron por escaparme (nos habían dicho claramente que teníamos que quedarnos con Xisca). Mi abuelo se subió al coche y se fue al pueblo para avisar a Xisca, la pobre estaba histérica por haberme perdido, buscándome por todos los lados y no sabiendo qué hacer... En fin, fue un pequeño drama.

Hasta que no descubrí la alta sensibilidad con todas sus características y me di cuenta de cómo funcionan en mí, no pude comprender aquello que me había pasado y que, con una mezcla de culpa y sensación de debilidad, nunca había podido olvidar. Por cierto, tengo más recuerdos de este tipo, pero este es el que más me impactó. Seguramente fue por el efecto que mi comportamiento causó en la pobre Xisca. Ahora entiendo cómo debió sentirse.

## Tener dificultad para tomar decisiones

En nuestra vida cotidiana constantemente nos enfrentamos a la toma de decisiones. Desde que nos despertamos por la mañana: ¿me levanto o no? Para la mayoría de la gente, esta suele ser una decisión inconsciente, ya que uno se levanta de forma automática para ir a trabajar, para llevar los niños al cole o para lo que sea. Pero para muchos otros, que carecen de este tipo de motivación, salir de la cama puede significar un acto consciente que requiere mucha voluntad.

Además de estos ejemplos cotidianos y sencillos, hay situaciones en las que tomar una importante decisión puede ser bastante difícil, tanto si uno es altamente sensible como si no. Para la persona altamente sensible, sin embargo, elegir entre varias opciones puede ser bien difícil por el hecho de que tiene tendencia a quedarse mucho tiempo en duda. Como PAS disponemos de un enorme caudal de información: situaciones vividas por uno mismo, historias de familiares, amigos y conocidos, libros que hemos leído, películas que hemos visto, y la mayoría de estas vivencias las hemos procesado de una manera tan intensa que ha dejado huella en nuestro cuerpo vital o etéreo, donde los recuerdos son almacenados. No es tan extraño que, a la hora de tomar una decisión, nos sintamos confundidos y abrumados por la cantidad de posibilidades que se presentan para ser valoradas. En primer lugar, uno necesita saber la consecuencia o las consecuencias de la decisión. ¿Qué pasará? ¿Cómo será? ¿Qué ocurrirá a nivel personal, y cuáles son las implicaciones para mi entorno? Por supuesto, son preguntas hipotéticas ya que es imposible saber de antemano con certeza lo que nos espera. Aun así, quien es PAS probablemente dedicará mucho tiempo a la reflexión sobre muchas de las posibles consecuencias; una actividad que, en lugar de aportar clarificación, suele abrumar todavía más, lo cual incrementa las dudas.

## Sentir miedo

Un problema añadido que suele complicar la toma de decisiones es que las PAS solemos ponernos nerviosos ante todo lo que implica un cambio. Evidentemente no todas las decisiones implican un cambio, pero si afectan a la situación material, a las relaciones o a la salud pueden requerir un paso a nivel personal en el sentido que sea. A casi nadie le gusta salir de la zona de confort, pero a la gran mayoría de las PAS dejar atrás una situación familiar y conocida para abrazar algo nuevo y desconocido les suele costar más, porque generalmente asusta. Sabiendo esto, no es de extrañar que, ante la toma de decisiones, más de una PAS prefiera no saber nada y recurra a la técnica del avestruz.

«Sé que tengo que tomar una decisión, pero la voy aplazando», dice Carmela. Ella está inmersa en una relación conflictiva, malsana, de la que tiene que escapar, pero: «No me atrevo. Hasta me siento culpable. No sé dónde ir, dónde puedo estar a salvo». Evidentemente, tarde o temprano llegará el momento en que ya no podrá aplazarlo más o, peor, ocurra algo que provoque que «la vida» decida por ella… Pero prefiere no pensar en eso.

Está claro, aplazar las decisiones hasta que la «vida decida» generalmente no es la mejor opción, ya que bien sabemos que la vida o el entorno en la gran mayoría de los casos no decidirán como nos hubiera gustado.

Para evitar que esto pase, que llegues a sentirte «víctima» porque la «vida» te trató mal y te justifiques con frases del tipo «no fue culpa mía», o «yo no hice nada, y de repente pasó...», en primer lugar, conviene entender este mecanismo PAS, lo que hay detrás de la dificultad para tomar decisiones. Una vez que comprendes que la tendencia a perderte en un mar de posibilidades y de ahogarte en una fuerte emocionalidad es inherente al rasgo de la alta sensibilidad, es posible que ya no te pierdas ni te ahogues, sino que entiendas de dónde viene gran parte de la duda. La comprensión de esta faceta de la alta sensibilidad te ayudará a distanciarte de esa sensación de agobio. Quizá, incluso puede que logres entender que la posible culpabilidad que sientes, en el fondo, es miedo. Carmela no tenía por qué sentirse culpable; al contrario, su pareja, que la maltrataba, era el culpable, no ella.

Cada decisión conlleva cierto grado de inseguridad y de miedo, y en este sentido da igual si eres PAS o no. Es normal. Eso sí: si eres PAS, la inseguridad y el miedo suelen ser emociones muy fuertes. Pero si quieres crecer y evolucionar como ser humano, no te queda otra que mirar a los ojos al monstruo, el miedo, y dar un paso adelante.

Las PAS solemos tener una intuición relativamente bien desarrollada. Es una pena, sin embargo, que los miedos a lo nuevo, lo no conocido, choquen con esa virtud y la hagan callar. El miedo paraliza, en un momento dado la duda hace que pierdas el contacto con la intuición, esa sensación visceral que nos dice si una determinada cosa nos conviene o no. A veces es suficiente darte cuenta de ello para volver a establecer ese contacto. Conviene tener en cuenta que el saboteador, el miedo, puede llevar la voz cantante en tu Yo, en esa parte de tu alma que sabe lo que necesitas hacer. El miedo no es malo, para nada; tiene la importante misión de protegerte. «No corras ningún riesgo. Así estarás seguro. No te pasará nada», es lo que nos susurra en el oído. A veces puede que sea verdad y que tenga razón, pero también convendría preguntarte si, en el fondo, te conviene tanta (¿falsa?) seguridad. Tu alma, tu Yo superior, sabe dónde tienes que ir. Por tanto, escucha a tu intuición y cuestiona el miedo.

Si la decisión es complicada, procura fragmentarla en piezas pequeñas, para que no te asuste tanto. Con Carmela, por ejemplo, llegamos a la conclusión de que dejar a su pareja no era un irse sin más. Preparó un camino, paso a paso, investigando y buscando apoyo y un lugar seguro donde refugiarse durante un tiempo.

Desarrollar un plan estratégico de cara a la decisión puede parecer muy frío para una PAS, pero es una buena manera de mantener los saboteadores del miedo a cierta distancia; cuanto más lejos estén, más fácil será tomar una buena decisión y ponerla en práctica.

El miedo a equivocarse, a tomar la decisión errónea, es algo muy conocido para la mayoría de las PAS. Es cierto, si no decides, no te puedes equivocar. Si te quedas en tu zona de confort, estás a salvo, pero no puedes evolucionar, seguro que lo sabes. Y, claro, siempre existe el riesgo de que la decisión tomada no conlleve el resultado que habías esperado y llegues a la conclusión de que te has equivocado. Equivocarse forma parte de la vida misma, y, además, ¿cómo puedes tener la absoluta certeza de que te has equivocado? Pase lo que pase, siempre aprendes algo, siempre puedes crecer un poco o mucho; «mucho» o «poco» no dejan de ser apreciaciones basadas en una comparación irreal. La paradoja de una experiencia difícil es que te enseña cosas que te enriquecen. Siempre.

## Sentirse muy afectado por los cambios

Cualquier cosa que nos saca de la rutina, del mundo tal como lo conocemos, nos produce estrés. Salir de la zona de confort cuesta porque a veces es difícil encontrar la motivación que necesitas para dar un paso adelante, y se hace especialmente difícil porque cualquier paso conlleva un cambio.

Una situación familiar te aporta seguridad y tranquilidad. Llevas viviendo años y años en la misma casa, en la misma calle, en la misma ciudad. De repente, por circunstancias inesperadas, o posiblemente porque hayas decidido que ha llegado el momento, te toca hacer una mudanza. Puede ser dentro de la misma ciudad, o a otra ciudad en el mismo país o —y esta evidentemente es la variante que cuesta más— a una ciudad del todo diferente en otro país.

«Claro, como en España no encontré trabajo, ni siquiera en la limpieza o fregando platos, no me lo pensé mucho cuando me ofrecieron este trabajo en Irlanda. Además, sabía que había más españoles trabajando en esa empresa, con lo cual asumía que todo lo nuevo que me esperara allí, no me asustaría tanto», dice Daniel para empezar su historia. A Daniel le esperan cuatro cambios importantes: vivir solo, hacer una mudanza, integrarse en un país desconocido con una cultura muy distinta y empezar un trabajo nuevo en una empresa nueva. Como había vivido toda su vida con sus padres en la misma casa y como nunca antes había trabajado, no tenía idea de lo que le esperaba.

> Si lo hubiese sabido de antemano, me hubiera quedado en España. Por otro lado justamente gracias a esa falta de consciencia me atreví a dar el paso —añade, riéndose—. La verdad es que todo me resultó muy, pero que muy difícil. Adaptarme a un diminuto apartamento en el centro de Dublín, al idioma, a la gente, la comida, los horarios... ¡Hasta cruzar la calle se me hacía un mundo! Al principio no podía dormir por estar terriblemente nervioso y eso que me había cogido dos semanas para asentarme antes de empe-

zar el trabajo. Si te digo la verdad, creo que ni dos meses hubiesen sido suficientes para que me sintiera bien y calmado. Entonces no lo sabía, pero todo lo que veía, escuchaba, olía y tocaba, todo, era nuevo y me suponía un exceso de estímulos. Mirase donde mirase, me llegaba información nueva y desconocida. Salía una hora a la calle, para comprar, y me sentía tan exhausto que tenía que volver a mi pisito, correr las cortinas y descansar. No entendía nada y me veía a mí mismo débil, como un fracasado, y eso hacía que me sintiera todavía peor. Si conseguía dormir un poco por la noche —a veces tomaba algo, ya que la sobreestimulación hacía que no conciliara el sueño—, el día siguiente me sentía algo mejor y capaz de hacer más cosas, pero soy consciente de que mi periodo de adaptación fue mucho más largo y costoso que, digamos, para personas «normales», que son la gran mayoría. Me daba vergüenza todo; no sé si lo puedes entender, pero ni siquiera me atreví a contactar con los otros españoles de por aquí, porque no me sentía preparado para dar explicaciones o hacer preguntas. Me sentía desarraigado, solo, inseguro y muy vulnerable, y todo esto me daba vergüenza. Si no fuera porque tengo un enorme sentido de la responsabilidad, me habría vuelto a casa. Pero no me lo permití. No quería que la gente se riese de mí, ese pensamiento era intolerable. Y por eso aguanté. Compré unos calmantes naturales y me presenté en el trabajo. Menos mal que la jefa que me tocaba era una mujer muy maja, con mucha empatía, y me ayudó a que el aterrizaje fuese lo más llevadero posible. Fue ella la que, después de haberme observado un tiempo, me habló de la alta sensibilidad y me aconsejó investigar. Siempre le estaré agradecido.

Creo que cambios a varios niveles del tipo de los que ha vivido Daniel no son fáciles para nadie, PAS o no. Siempre nos exigen mucho, por ejemplo, perseverancia y capacidad de creer en uno mismo. Daniel no creyó en sí mismo, pero gracias al apoyo de Jackie, su jefa, llegó a conocerse mejor y a aceptarse con sus limitaciones relativas por ser una persona altamente sensible.

Existen otros cambios que suelen sobreestimular a una PAS, y causarle mucho más estrés que a los demás, tan solo porque, como sabes, los altamente sensibles vamos recibiendo mucha más información, y mucha información satura y nos pone muy tensos.

Si has pasado por una separación o por un divorcio, estás familiarizado con el profundo cambio que conlleva una decisión de este tipo. Piensas que tienes alguien a tu lado con quien vas a compartir el resto de tu vida, y de repente te ves solo. No se trata de un simple cambio situacional, sino de un profundo cambio a nivel emocional. Otro cambio de este tipo que generalmente cuesta más tiempo de asimilación a una PAS es la muerte de un ser querido. Es sabido que, como PAS, necesitamos un largo periodo de luto, condición difícil de cumplir en un mundo en el que el luto y la intensa tristeza a veces se perciben como una exageración, como un lujo casi. En tales trances, hay PAS que han terminado tomando antidepresivos, suprimiendo un proceso que en el fondo es normal y sano.

También suponen un gran cambio el embarazo y el nacimiento de un hijo. Para muchas PAS el embarazo, aunque casi siempre es experimentado como un acontecimiento feliz, significa un tiempo difícil. Los cambios hormonales nos suelen hacer más sensibles todavía: es bien sabido que todas las mujeres, PAS o no, se vuelven mucho más sensibles durante los meses de la gestación. Mientras que el embarazo en sí es un cambio gradual, el nacimiento del bebé es lo contrario: de repente hay una personita más en tu cuarto, en tu casa, en tu vida. Si quieres saber más sobre este tipo de cambio, puedes encontrar más información en el capítulo 2, «Niños altamente sensibles».

## Llevar mal que te observen mientras haces algo

Muchas PAS se ven reflejadas en esta característica. Existe un típico ejemplo que probablemente forma parte de tus recuerdos. En el cole, en clase de matemáticas, en tu mesa, no te costaba nada resolver un problema. Sin embargo, cuando el profe te llamaba a la pizarra para hacer la misma operación que tan bien te salía en el pupitre, de repente no te acordabas de nada, ni de las tablas, ni de la fórmula, ni de la manera en que lo habías hecho antes cuando estabas trabajando tranquilo en tu asiento. En la pizarra te encontrabas como paralizado y con la mente en blanco. Cuando el profe intentaba animarte, te sentías todavía peor y es posible que empezaras a sudar. Las risitas de los compañeros a tu espalda hacían que te pusieras como un tomate. Habías aterrizado en una pesadilla. Recuerdo varios episodios de este tipo, tanto en la infancia como en épocas posteriores.

Esta experiencia puede ser comparada con otras como la de tener que decir algo en público, desde solo decir cómo te llamas y de dónde vienes hasta opinar en una reunión de trabajo o dar una charla o una conferencia.

Hace bastantes años, en talleres y cursos, en los famosos círculos de presentación, siempre intentaba elegir un sitio que me garantizase que no me tocaría hablar en primer lugar, ya que los primeros siempre reciben más atención que los últimos, ¿verdad? Bueno, esto, lo de elegir con mucho cuidado dónde me sentaba, era solo el principio. Luego venían preguntas y comentarios interiores del tipo ¿qué digo?, ¿cuánto digo?, ¡espero que otra persona me inspire!, ¿qué pensarán de mí?, ¿seré otra vez la rara?, ¿les molestará mi acento?, ¡seguro que se me trabará la lengua!, y si me extiendo demasiado, ¿me juzgarán por ello? Y cuando al final me tocaba, me ponía roja, rojísima, y solo era capaz de tartamudear mi nombre. ¡Terrible! ¡Qué vergüenza! Evitaba talleres que tenían actividades como algún trabajo corporal por miedo a paralizarme o hacer el ridículo, lo cual también paraliza. Tengo que añadir que siempre me veía torpe y gorda, lo cual no ayudaba mucho; vamos, tenía la autoestima por los suelos.

¿Qué pasa? ¿De dónde viene el temor a la actuación en público?

Básicamente tiene que ver con lo último mencionado en mi propio ejemplo, con el miedo a que la gente se ría de ti. No está claro por qué se van a reír de ti exactamente, ya que tú no te ríes de los demás, y los demás tampoco se ríen de los otros, ¿verdad? Pero tú, siendo quien eres, siempre te temes lo peor. Te fijas en todos aquellos que, cuando te llegue el turno, seguro que se reirán de ti. Les observas uno por uno e intentas intuir cuál será su reacción, creando una determinada expectativa en ti, totalmente subjetiva, basada en tu propio miedo. Una expectativa que no tiene por qué hacerse realidad.

No obstante, si fuera solo eso... Lo que pasa es que, haciendo esto, tu energía, tu centro, tu Yo no están volcados en ti, sino en el entorno, en la gente que luego supuestamente te juzgará. Si no estás centrado en ti, es muy difícil que resuelvas un problema en la pizarra o que cuentes a un grupo con cierta coherencia quién eres, de dónde vienes, qué te ha movido a seguir este curso, o que en una reunión de trabajo manejes conceptos y palabras claros sobre el tema que se aborda. Si no ocupas tu centro porque estás pendiente del entorno, tu inseguridad —que es justo la emoción que hace que dirijas tus antenas hacia fuera, rastreando al «público»— se multiplicará. Si te fijas en los demás no puedes simultáneamente fijarte en ti y en lo que quieres y necesitas decir. Si temes las reacciones de la gente, si crees que se reirán de ti, es imposible que te concentres al mismo tiempo en tu mensaje, en lo que quieres decir y en cómo lo vas a decir. Y la paradoja es que, como ya no consigues contestar bien porque no pones tu atención donde debes (en ti mismo), tu comentario no saldrá como te hubiera gustado y es posible que se reirán (un poquito) de ti.

Las PAS suelen tener miedo a caer mal, a no agradar, a no ser lo suficientemente buenas, lo bastante fuertes, rápidas, flexibles... el cuadro clásico de una autoestima tendiendo a la baja. Si te das cuenta de que el fracaso se debe a que te fijas en el entorno, en el qué dirán, y que por ello pierdes tu poder, comprenderás la importancia de evitar que tus antenas rastreen el entorno. Si tienes que hacer algo mientras te observan, si tienes que hablar mientras te miran, procura quedarte en tu centro para mantener el control. Rastrear el entorno te proporciona mucha información que no te conviene recibir en esos momentos, ya que te quita la fuerza que necesitas para estar centrado.

Para evitar que la atención se te vaya al entorno, a veces ayuda fijarte en el contacto que hacen tus pies con el suelo. También puedes probar a pellizcarte. Centrarte en una simple actividad física, por tonta que parezca, es una manera de evitar fijarte en tu público. ¿Sabes una cosa? Importa que des tu mensaje, que seas tú mismo. A lo mejor así tampoco gusta tu charla. O sí. En cualquier caso, más vale dar lo mejor de ti concentrándote en ti mismo para evitar la pérdida del control por fijarte excesivamente en la gente presente.

## Verse afectado por el clima

La llamada meteosensibilidad no forma parte de las características estándar de la alta sensibilidad, pero he escuchado ya tantos comentarios de mis clientes y de otras PAS que se sienten afectados por el tiempo y el cambio de las estaciones que he decidido dedicar unas palabras a este tema. Se da el caso de que muchísimas personas altamente sensibles, yo incluida, se sienten afectadas de una u otra forma por los cambios de tiempo. Casi siempre provocan reacciones como dolor de cabeza, nerviosismo, molestias en las articulaciones. Muchos se sienten afectados por el cambio de las estaciones. Si pensamos en lo mucho que varían las horas de luz y las temperaturas, tampoco es de extrañar. Por supuesto, no solo los altamente sensibles experimentan sensaciones de este tipo; no hace falta serlo para tener reacciones físicas o emocionales a los cambios de clima. Según parece, también se presentan de forma acusada en niños con hiperactividad y personas con autismo.

En el cambio estacional, lo que más llama la atención son los días largos, de mucha luz, en verano, en contraste con los de invierno, bastante más cortos y con menos horas de luz. Nos sentimos en general más vivos y más alegres en verano, mientras que muchos —PAS y no PAS— tienen tendencia a deprimirse en invierno. En verano queremos salir, estar fuera, buscamos la compañía de amigos, y en invierno nos sentimos más solitarios, más vueltos hacia nuestro interior. Si miramos los datos de las investigaciones y las publicaciones sobre el efecto de las estaciones, estudios que no tratan sobre las personas altamente sensibles, hay bastantes cosas que llaman la atención.

Lo primero es que, según las investigaciones, no todo el mundo se ve afectado por la llamada meteosensibilidad, sino que se trata solo del 25 por ciento. Seguro recuerdas que entre un 15 y un 20 por ciento de la humanidad es PAS. Los porcentajes se parecen. Luego hablan del trastorno afectivo estacional (TAE) o tristeza en tiempo de invierno, una faceta de la meteosensibilidad. Este estado emocional suele aparecer hacia finales de otoño o principios del invierno. La persona que lo padece se siente mejor cuando comienza el verano. Aunque se cree que el TAE es causado por la respuesta del cerebro a la disminución de la exposición a la luz natural, seguramente también habrá que tener en cuenta los factores genéticos. Evidentemente no es lo mismo sentirse algo más triste en invierno y añorar el sol, que padecer un trastorno de este tipo o una depresión. Una depresión es una enfermedad, sentirse triste es una fase normal en el ritmo anímico de cada ser humano, cuyo estado emocional fluctúa entre periodos más alegres y periodos más ensimismados.

En primavera a muchas PAS les ocurre una cosa que a lo mejor sorprende. En teoría se podría esperar que, con el aumento de las horas de luz, la gente se pusiera más alegre y más activa. La publicidad nos presenta la primavera con imágenes de encuentros entre amigos, excursiones, actividades deportivas y similares, imágenes todas que hablan de cierta euforia y mucha energía, de expansión y de bienestar. Decidí poner una encuesta en uno de los grandes grupos de PAS de Facebook, para preguntar cómo viven ellos la primavera. Hubo muchas respuestas y alguna sorpresa: la gran mayoría reconoce sufrir astenia primaveral, o sea, luchan con síntomas como fatiga, somnolencia y falta de energía. Casi nadie dice sentirse eufórico con la llegada de esa estación.

Sabemos que una de las características de la alta sensibilidad es la dificultad en la gestión de los cambios, y puede que esto sea una explicación, al menos parcial. Al fin y al cabo, el paso del invierno a la primavera es el que exige más adaptación. ¿Es posible que el cambio de hora al principio de la primavera nos afecte más de lo que pensamos?

El verano, en fin, gusta más que la primavera. Un porcentaje elevado de las PAS que participaron en la encuesta indica que se siente mucho mejor en días con mucho sol que en días nublados. El otoño es una estación bastante bien valorada por la mayoría, mientras que el invierno, sin embargo, se lleva peor, sobre todo por las bajas temperaturas —muchas PAS dicen ser frioleras— y por la escasez de las horas de luz.

Aparte del cambio estacional existen los cambios puntuales del tiempo. Días soleados o nublados, lluvia, nieve, viento, tormenta, días sorprendentemente calurosos o frescos…, muchos reconocen que se sienten afectados por el tiempo que hace cada día.

El viento, por ejemplo, suele molestar a muchas de las PAS. Los vendavales, las rachas de viento, la calima producen intranquilidad emocional, una sensación de irritabilidad. Un fuerte viento cálido y seco parece estresar y crispar a mucha gente, posiblemente más a las PAS que a las no PAS.

El viento fuerte del tipo que sea, con su silbido continuo, con la agitación de árboles y arbustos en el campo o el vuelo de papeles en las ciudades, supone un extra de información sensorial.

Aunque sea de manera inconsciente, nos molesta la agitación atmosférica. Si eres maestra y trabajas con niños pequeños, te habrá llamado la atención que los peques presentan un comportamiento inquieto y alborotado en los días de mucho viento. Elaine Aron, en el documental *Sensitive* y también en su libro *Psychotherapy and the highly sensitive persons (Psicoterapia para las personas altamente sensibles)*, habla sobre la alta sensibilidad en animales. Si tienes una mascota, notarás cambios en su comportamiento relacionados con los cambios en el tiempo. He tenido varios gatos en mi vida, y en los días de mucho viento, o incluso en la víspera, solían correr a gran velocidad por la casa, subiéndose hasta por las cortinas. Era como si, de repente, aquellos animales más bien apáticos se hubieran transformado en coches de carreras.

La lluvia suele afectar a muchas PAS en varios sentidos. La mayoría dice que la lluvia les calma y relativamente pocas afirman entristecerse. Algunos, como me pasa a mí, tienen dolor de cabeza cuando va a nevar. Yo sé que «hay nieve en el aire» hasta un día antes, más o menos. No hace falta que nieve donde estoy; a veces nieva en la montaña que está a unos veinte kilómetros de donde vivo. Es un dolor de cabeza atípico, más bien una presión en la nuca. No falla.

Las tormentas eléctricas también avisan. No es solo el olorcillo a ozono que vamos percibiendo. Hay algo en la luz, un ligero cambio de intensidad y de color. Muchos también notan una especie de dolor de cabeza que, posiblemente, tiene que ver con el cambio de presión atmosférica, igual que un aumento de nerviosismo y cierto malestar.

Está claro, pues, que la mayoría de las PAS es sensible al clima, o sea que sufre en mayor o menor medida de la llamada meteosensibilidad, que en sí misma no tiene que ver con ser PAS, aunque por lo visto, alta sensibilidad y meteosensibilidad se solapan mucho. Como fuere, lo único que decimos es que, dentro del gran grupo de las personas altamente sensibles, la sensibilidad de cara al cambio estacional y de cara al tiempo de cada día es algo bastante común.

## Sentirse incomprendido

«Nadie me comprende» es una frase que escucho cada día, y a veces más de una vez. También se lee muy a menudo en los chats de Facebook y en los comentarios de los muchos artículos publicados sobre la alta sensibilidad.

El no sentirse comprendido es una de las facetas del rasgo más difíciles de llevar. PAS o no PAS, todo el mundo necesita sentirse comprendido, valorado y respetado. Es una necesidad humana básica. Quien no se siente comprendido, o peor, quien se siente juzgado y excluido vive un aislamiento emocional que puede llegar a ser experimentado como algo insoportable.

La realidad es esta: es muy difícil que una no PAS llegue a comprender a una PAS. Personas que no comparten las características de nuestro rasgo —me refiero especialmente a las cuatro básicas— nunca pueden percibir el mundo de la misma manera que nosotros. Es imposible, ya que, aunque a lo mejor comparten con nosotros una, dos o tres de las características fundamentales, nunca experimentan la vida como nosotros lo hacemos. No pueden, y no es porque no quieran. Por mucho que intentemos explicar a una no PAS cómo es aquello de procesar la información a un nivel profundo dando miles de vueltas a una cosa, qué sentimos al emocionarnos ante la belleza o ante el sufrimiento, qué nos pasa tanto a nivel físico como a nivel emocional cuando nos desbordamos y nos abrumamos a causa de la sobreestimulación o cómo nos afectan a nivel sensorial los ruidos, las luces, los olores y otras percepciones incluidas las más sutiles; por mucho que intentemos explicar todo esto a alguien que no comparte nuestro rasgo, nunca lo conseguiremos. Nunca nos comprenderán y nos podemos dar por muy satisfechos si conseguimos que nos acepten como somos.

De todos modos, aunque a lo mejor te parezca así, no es verdad que «nadie» nos comprende. Nadie es nadie, significa «ninguna persona», y de hecho hay muchos que nos comprenden; en teoría ¡entre un 15 y un 20 por ciento de toda la humanidad! Los que comprenden a una PAS son los millones de PAS que hay en el mundo.

Si tú eres uno de aquellos que no se sienten comprendidos, de los que se sienten solos, rechazados y juzgados, te invito a cambiar el chip. Lo primero que puedes hacer es tomar conciencia del hecho de que eres PAS, con todo lo que conlleva. No puedes exigir a otra persona que comparta tu manera de percibir el mundo. Es *tu* manera y no tiene por qué ser compartida por la gente de tu entorno. Y al revés: los demás tampoco pueden exigirte que veas el mundo como ellos lo hacen. Si puedes llegar a aceptar la manera que tienen otras personas de ver el mundo, entonces estarás practicando el respeto, el mismo que esperas recibir de ellos.

Si quieres comprensión, busca el contacto con otras PAS. Con tantas como hay en el mundo, no vale la excusa de que no conoces a ninguna. Te aseguro que conoces a unas cuantas, lo que pasa es que a lo mejor están disfrazadas, cubiertas con corazas, eso sí es posible.

A lo mejor no eres fan de las redes sociales, y te entiendo. Hoy por hoy, sin embargo, Facebook es el lugar más indicado para encontrar a personas como tú, que comparten nuestro rasgo de alta sensibilidad. Existen incluso grupos locales que organizan encuentros de todo tipo. Y si de todas formas Facebook no te apetece, te aconsejo buscar actividades culturales en tu ciudad, donde existe una gran posibilidad de encontrarte con gente con una elevada sensibilidad: pintura y dibujo, cerámica, fotografía, lectura y escritura, música, baile, excursiones, museos, actividades con animales, seminarios sobre el medio ambiente, filosofía, historia... Seguramente encontrarás actividades que no solo te enriquecerán, sino que también te facilitarán el contacto con personas que piensan y que sienten como tú. Créeme, compartir tus vivencias y experiencias con otras PAS es un bálsamo para el alma.

Lo que no te conviene es quedarte en ese lugar tan triste y solitario del «nadie me comprende». Si te sientes así, si te crees víctima de tu entorno y de la sociedad, pierdes la posibilidad de llegar a disfrutar de este rasgo que por algo se denomina el «don» de la alta sensibilidad. Haz un esfuerzo, ármate con tu mejor sonrisa, échale valor, da un paso para salir de esa zona de confort en busca de otra gente como tú.

## Ser detallista y perfeccionista

Pocas cosas se nos escapan, y esto, aunque a veces puede cansar y agobiar, como ya hemos visto, es una bendición.

Por ejemplo, casi siempre sabemos dónde están las cosas. Mis hijos son bastante despistados. Cuántas veces les he oído gritar por la mañana: ¡mis llaves! ¿Quién ha visto mis llaves? Pues bien, yo las había visto. De los altamente sensibles se puede decir que «saben dónde se encuentran las salidas de emergencia». Y eso, ¿qué importancia tiene?, te preguntarás. Cierto, tiene muy poca... hasta el momento en que ocurre algo. Llegado ese caso, todo el mundo se puede aprovechar si hay alguien que sabe localizarlas.

¡Menos mal que en el mundo existen personas que tienen ojo para los detalles! Ese mismo «ojo para el detalle» te permite localizar, por ejemplo, una bella flor que a otros se les escapa, y la contemplación de esa bella flor te puede causar una inmensa alegría, un estado cercano a la euforia que una no PAS no llegará a experimentar. Experiencias de este tipo constituyen para mí una gran parte del «don» de la alta sensibilidad y las vivo con asombro y gratitud por el regalo que suponen.

Sobre el perfeccionismo se ha escrito mucho, y la verdad es que el afán de querer hacerlo todo mejor que bien y de exigirte logros inalcanzables, con todos los detallitos en orden, puede llegar a ser una trampa agotadora. Y no solo eso: cada vez que no llegas al objetivo que te has puesto, el mensaje que recibes es: «No vales. Eres débil». Y eso quizá afecte a tu nivel de autoestima.

Conviene tomar conciencia de nuestra tendencia a compararnos con los demás, y preferiblemente con aquellos que no son PAS, o sea, los que no reciben la exagerada cantidad de estímulos que tenemos que asimilar los altamente sensibles, y por lo tanto no se estresan ni se sobresaturan tan rápido como nosotros.

¿De dónde viene ese afán de ser perfectos? En las PAS muchas veces es el resultado del deseo de agradar, de causar buena impresión. Si no somos perfectos tenemos la sensación de defraudarnos a nosotros mismos y a los que esperan de nosotros que seamos... perfectos. No sé si te ha pasado a ti, pero pienso en mi infancia y en la reacción de mis padres cuando les contaba orgullosamente que había sacado un ocho en el examen de matemáticas: «¿Un ocho? ¿*Solo* un ocho? ¿Con tu inteligencia? ¡Puedes hacerlo mucho mejor! ¡A ver si la próxima vez sacas una nota mejor! Ay, ay, ay...». Comentarios aparentemente inocentes, incluso acaso dichos en broma (como era el caso de mi padre) hacen un daño inmenso. El mensaje que el niño recibe es: no valgo, no soy suficiente, no me quieres. Tengo que hacer un esfuerzo mayor para valer, para que me aprecien. Tengo que agradar; hacer lo que esperan de mí. Y este mensaje sienta las bases de una faceta de nuestra personalidad que tiene una estrecha relación con la vulnerabilidad: el perfeccionismo.

Muchas veces nos avergonzamos por volver a casa con una nota inferior al 10. Es vergonzoso no dar la talla, ¿verdad? No importa si esa «talla» está inventada por otras personas que no se pueden imaginar cómo funcionamos por dentro, ni que, con los mejores deseos, nos la impongan porque creen que, como adultos, hay que «animar» al niño para que siempre dé lo mejor de sí.

Brené Brown, investigadora y docente de la Universidad de Houston, ha escrito un trabajo impresionante sobre el tema de la vergüenza y la vulnerabilidad. Aunque en ningún momento habla de la alta sensibilidad, creo que toda PAS debería leer sus libros, empezando por *Frágil*. Si no queremos ser perfeccionistas, tendríamos que ser capaces de soltar ese objetivo inalcanzable que nos impide ser quienes somos, cazando un ideal que no existe y que nos mantiene encerrados en un bucle marcado por el estrés, las actitudes críticas —sobre todo, hacia nosotros mismos—, la amargura, la vergüenza y la baja autoestima.

¿Cómo podemos salir de la trampa?

En primer lugar, puedes reflexionar sobre cómo ese afán de llegar a un listón situado a un nivel inalcanzable hace que nunca descanses en tu verdadero yo, en la persona que de verdad eres. ¿Serías capaz de parar, de respirar y de disfrutar de ese ser tan bello y maravillosamente sensible que eres?

En segundo lugar piensa en el miedo que sientes por lo que las otras personas opinen sobre ti. Te cuento un secreto: hagas lo que hagas, pensarán algo sobre ti. O nada. Esto es quizá lo más importante: en la mayoría de los casos no pensarán nada sobre ti, porque no tienen tiempo, porque tienen muchas otras cosas en que pensar, como en sus propias preocupaciones, y no les pareces lo suficientemente interesante. No lo digo por quitarte importancia, sería la última en hacerlo, pero lo digo para que te des de cuenta de que realmente no importa lo que digan o piensen. La gente tiene su propia vida y dentro de ella hay (muchas) otras personas. En el mejor de los casos, eres una más de ellas. Punto. ¿En qué medida te importa a ti lo que otra persona hace, o lo que opina sobre el mundo en general? ¿Pierdes el sueño por el hecho de que la casa de tu amiga no esté del todo limpia? Ni siquiera lo habías notado porque la ibas a ver a ella, y no a su casa. Bueno, siendo PAS y teniendo ese ojo para el detalle, a lo mejor lo habías notado, pero no te importa; es solo una de las muchas cosas que has percibido y no acaparan toda tu atención. ¿Te das cuenta de que esa tendencia a preocuparte de forma continua por la opinión ajena te impide estar en tu centro, disfrutar de la vida, aceptarte tal como eres, ser auténtico en lugar de intentar ser lo que crees que la otra persona, que el entorno, espera de ti? ¡Es agotador! ¿Crees que podrías fijarte un poco más en quién eres, en lo que hay y en lo que tienes, en lugar de estar pendiente de todo aquello que no eres y que no tienes? Te digo y te garantizo que eres suficiente. Siempre eres suficiente. Lo que hay y lo que tienes es suficiente.

Es importante el deseo de mejorar y de crecer, claro que sí. Pero, de verdad, lo que en este momento eres es suficiente. Has llegado hasta aquí, y por tanto ya es bastante; si no, no hubieras llegado. La felicidad no se encuentra en esa búsqueda frenética de la perfección, sino en valorar lo que tienes, apreciar lo que eres. Y sentir gratitud por ello, que no es poco, de verdad.

La búsqueda de la perfección genera estrés, y este es el peor enemigo de la persona altamente sensible. Por lo tanto, busca momentos para disfrutar de todo lo que eres, de todo lo que tienes, para centrarte en ti mismo, olvidándote del «más, más y todavía más». Deja de compararte con los otros. Ellos son ellos y tú eres tú. Además, ni siquiera sabes a ciencia cierta cómo es esa otra persona, solo te estás comparando con la parte visible de ella, con la punta del iceberg...

Antes era una terrible perfeccionista, en especial en lo que a mi casa se refería, mejor dicho, en lo que se refería a mi casa en relación con las personas que me visitaban. Limpiaba con exageración, miraba cada detalle. Realmente era demasiado y fuera de contexto.

Y cuando las visitas venían a comer, mucho peor aún. Todo tenía que ser... perfecto. Con el tiempo he cambiado, principalmente aplicándome estos consejos que os cabo de dar. Al final, para superar aquella obsesión fue importante observar a los invitados para ver qué parte de la visita les importaba, o sea, por qué les gustaba venir a mi casa. Resultó que no venían porque todo estuviera reluciente. Tampoco les interesaba la elegancia de la mesa o la calidad de la comida, de los postres (aunque mi tarta de manzana es un éxito siempre). No. Nada de todo eso importaba demasiado. Los invitados venían para verme a mí, para hablar y estar con las otras personas que invitaba, venían a pasar un buen rato y punto. La verdad es que este descubrimiento me ha ayudado mucho para desprenderme de ese afán de que todo esté perfecto. Pero... Siempre hay un pero, y por esto os contaba todo esto: cuando estoy estresada, cuando tengo poco tiempo para organizar una cena, cuando hay escaso margen entre el fin del trabajo y la llegada de los invitados... el perfeccionismo vuelve, me sobreviene y me atrapa, transformándome en una especie de vendaval insoportable para mí misma y para mi entorno. Quería compartir esto con vosotros para dejar claro, una vez más, el peligro del estrés en su fase inicial. Puede manifestarse como una fuerza tóxica que nos saca de nuestro centro y, como un auténtico okupa, se adueña de nosotros y empieza a mandar… y no exactamente de una manera agradable.

## Tener empatía, capacidad de conexión

El mayor regalo social es probable que sea la capacidad de conexión, de sintonizar de corazón a corazón con otro ser humano, o incluso con animales. Esta capacidad, también llamada empatía, es uno de los requisitos básicos para ser PAS. Tener la capacidad de ponerte en piel de otra persona y entender lo que le pasa para bien y para mal es algo que te hace humano. Parece normal y lógico, pero tristemente no lo es para muchos. Vivimos en tiempos difíciles. Cada vez hay más estrés y menos tiempo. La gran mayoría de la gente, tanto PAS como no PAS, vive bajo una presión constante, atrapada en una carrera para ganar el dinero que nos permita llegar a fin del mes, cubriendo las necesidades primarias: comida, ropa, material escolar, agua, luz, alquiler y —en muchos casos— hipotecas o incluso deudas atrasadas.

Para muchos la vida ha dejado de ser vida y solo es supervivencia, y esta puede llegar a deshumanizar, ya que sobrevivir exige una gran cantidad de fuerza física y emocional, bastante más de la que muchos son capaces de generar. Para una persona agotada que tiene la responsabilidad de cuidar a una familia, generalmente es muy difícil sentirse empática. Si la empatía no forma parte de tu ser natural, si no es algo que llevas en la sangre, por decirlo de alguna manera, es más que probable que el esfuerzo por ser empático supere las fuerzas de las que dispones.

Para las PAS el contacto verdadero es profundo, una conexión que va más allá del trato rápido y superficial. Hablamos de la profundidad que te permite disfrutar con corazón y alma, con entrega, en cuanto alguien o algo ha despertado tu interés.

Muchas PAS sufren por la creciente deshumanización de nuestros tiempos; por el hambre en el mundo, por la esclavización y la explotación de pueblos enteros, por las guerras sin sentido, el maltrato de personas y de animales. Una empatía sana y equilibrada, en la cual no te pierdes en el sufrimiento ajeno, te colocará en la posición adecuada para ayudar en la medida que te es dada, en la que podrás hacer algo dentro de tus posibilidades para aliviar el sufrimiento de otros. Evidentemente no puedes salvar el mundo, pero casi siempre podrás hacer algo. «Algo» suena quizá a poco, pero más vale hacer poco que nada. Ya ves, si todos hiciéramos «algo» el mundo sería un lugar mejor. Por cierto, si decimos «poco», otra vez estamos comparando. Lo que es «poco» para unos puede ser mucho para otros. Lo que cuenta es la intención, ese momento de conectarte, de echar el cable de la mejor manera que puedas.

## Ser creativo

Las PAS solemos ser creativas en el sentido más amplio de la palabra. Cuando, antes de empezar un nivel de *coaching*, pregunto a mis clientes sobre su creatividad, la mitad más o menos contesta que no tiene o que ha dejado su creatividad muy atrás, a menudo en el jardín de infancia. Lo que pasa es que el concepto «creatividad» suele estar ligado a la idea de crear cosas (artísticas) tangibles. La gente piensa en pintar, en crear obras de arte de todo tipo, escribir poesía o novelas, diseñar casas o muebles... Pues sí, eso es creatividad, pero ser creativo es mucho más que eso.

Sabemos que una PAS recibe siempre muchísima información, datos que buscamos y que no buscamos conscientemente por partes iguales. Recibimos sin querer recibir, sin darnos cuenta. Es lógico, somos altamente sensitivos: nuestros sentidos lo captan todo sin descanso.

Toda la información recibida es almacenada en lo que, metafóricamente, llamo «nuestro banco de datos». Tenemos a nuestra disposición mucha más información que una persona no PAS, lo único que pasa es que en general no somos conscientes de ello. Pero está ahí.

Ese gran caudal de información almacenada nos hace sumamente creativos a la hora de encontrar soluciones. Surge un asunto, cualquier asunto, y enseguida somos capaces de ver conexiones con otros temas paralelos, lo que, en muchos casos, nos permite llegar a conclusiones inesperadas y sorprendentemente diferentes. ¡Las PAS somos especialmente creativas en nuestro pensamiento! Lo que los americanos llaman *think outside the box* («pensar fuera de la caja») es una virtud de las PAS.

Gran parte de los altamente sensibles piensa en imágenes, algo que no cuestionamos porque siempre lo hemos hecho y para nosotros es normal. Pero no es normal para los no PAS, que suelen pensar más bien en palabras. Existe una expresión que dice «Una buena imagen vale más que mil palabras». No tengo ni la más mínima duda de que su autor era PAS.

## Tener la capacidad de disfrutar

Como el sistema neurosensorial de una PAS absorbe hasta diez veces más información que el de alguien con una sensibilidad media, no es muy difícil entender que captamos muchos más matices de cualquier cosa, una pieza de música, un cuadro, un paisaje o incluso una buena y enriquecedora conversación. Disfrutar de algo bonito y emocionarse es una de las ventajas de ser PAS. Alegrarse por cosas aparentemente insignificantes también tiene que ver con esta capacidad de disfrutar. Es algo tan maravilloso poder sentirse feliz por una sonrisa, por un rayo de sol, por oír a un buen músico callejero, por el perfume de una flor, por una poesía. Poder ver y poder apreciar este tipo de cosas aporta una ilimitada riqueza anímica. Mucha gente busca la felicidad, y muchos la buscan en lo material. Para una PAS no es difícil darse cuenta de que la verdadera felicidad tiene que ver con las pequeñas cosas del día a día.

## Saber utilizar recursos prácticos. La visión

Basándose —sin saberlo— en su banco de datos, la persona PAS dispone de un recurso tremendamente útil y práctico a la hora de detectar lo que hace falta para conseguir que algo cambie a mejor. Ese banco de datos, ese mundo interior de la PAS, es una auténtica cámara del tesoro, repleta de oro, plata y joyas. Escribiendo estas líneas, enseguida pienso en una empresa en la cual un departamento no rinde como debería; es posible que una PAS enseguida encuentre la solución adecuada, creando un puesto de trabajo nuevo dedicado a X, con el cual la cosa vuelva a marchar como la seda. Pero también pienso, por ejemplo, en una estancia en cuya decoración falta una pieza clave, un sofá, una planta o un cuadro, para que el espacio se equilibre y la energía pueda fluir… Una PAS detectará enseguida lo que falta.

## Poseer una gran intuición

La capacidad intuitiva se parece un poco a la anterior, pero es ligeramente distinta. La facilidad para captar lo que hay «detrás» de las palabras, de «leer» a la otra persona sin que esta nos diga cómo está es algo que las PAS traemos «de fábrica». Seguro que sabéis de qué hablo: encontrarte con alguien y sin mediar palabra «saber» si está bien o mal, o incluso darte cuenta de lo que piensa y de lo que necesita. En el fondo se trata de un aspecto de la empatía, pero es un poco más que eso. También tenemos la capacidad de «detectar» la atmósfera («buen rollo» o no) en un determinado lugar.

Darte cuenta de si una idea o un plan va funcionar, por ejemplo, tiene que ver con la intuición. Y también el don de saber si un producto o un estilo tendrá éxito; está claro que las PAS suelen ser muy buenas «cazatendencias».

Algunos PAS son impulsivos, pero no es habitual. La mayoría de los altamente sensibles suele mirarlo todo diez veces antes de tomar una decisión, sopesan los pros y los contras, todo lo que puede ocurrir, y al final se decantan por lo que les dice su intuición, no por lo que dicte la razón.

Seguir la voz de la intuición en muchos casos implica ir contracorriente, lo cual supone llamar la atención. Y ese no es exactamente el juego favorito de las PAS que, por lo general, tienen tendencia a la discreción. Aun así, me gustaría animaros a no ignorar esa vocecita interior, esa sensación tan típica que sale de nuestras entrañas (el *gut feeling*, como dicen los ingleses) y que raras veces se equivoca.

En el capítulo sobre los niños también me referiré a la intuición, una cualidad muy importante en el cuidado y la educación de los peques que todavía no saben expresar lo que necesitan y lo que sienten.

## Entender sistemas complejos

Después de todo lo escrito hasta ahora, seguro no resultará extrañará la afirmación de que muchas PAS tienen gran capacidad de discernir y percibir la forma en que todo está relacionado con todo en el ámbito que sea. Captan las conexiones entre todo lo conectable, desde la palabra o el acto más insignificante hasta las consecuencias globales más complejas. El hecho de que la PAS piense de una manera holística, percibiendo la forma en que los datos están relacionados entre sí, hace que tenga conciencia de las implicaciones y consecuencias de cuanto se va encontrando por el camino, y también de las carencias, de las cosas o detalles que se necesitan para que algo funcione mejor.

Las PAS generalmente son muy conscientes de las implicaciones de sus actos, lo cual es otra cualidad que forma parte del perfil de una persona altamente sensible. Por eso suelen ser cuidadosas con el medio ambiente en todos sus aspectos. Perciben enseguida las múltiples consecuencias del mal uso de los recursos naturales, preocupación que está en la mente de la mayoría de las personas altamente sensibles. Y también ven las consecuencias de gestos personales, como el saludo al entrar en un lugar cualquiera, o una sonrisa en el momento justo. El futuro de nuestros hijos, de la enseñanza, del daño a largo plazo que causa un excesivo materialismo son conceptos que viven en la mente de un alto porcentaje de las PAS.

## Disfrutar con los desafíos

Muchos altamente sensibles se sienten atraídos por cualquier desafío intelectual, creativo o innovador. Esto está directamente relacionado con el enorme banco de datos del cual disponemos y que nos sirve de herramienta base para encontrar soluciones a temas que a muchos les parecen demasiado complicados. Es otro aspecto del pensamiento creativo.

Si combinamos «tener visión», «el pensar creativo», «ser intuitivos» y «tener gusto a los desafíos», completamos todos los ingredientes que hacen falta para inventar cosas nuevas y distintas. ¿Crees que la mayoría de los inventores son PAS?

## Ser concienzudo. La importancia de los valores

Los valores son importantes para las PAS. De hecho, lo que acabo de decir sobre la manera en que son conscientes de muchas cosas ya apunta un poco en esta dirección. No suelen soportar injusticias, ni contra ellos ni contra los demás.

Piensan mucho sobre las cosas, rumian sus ideas, intentan ver cada situación desde múltiples perspectivas, siempre buscando la posición correcta y verdadera. Su manera de abordar situaciones es intensa y les preocupan temas como el «sentido» de las cosas, de la existencia misma. Muchos altamente sensibles son verdaderos buscadores y encuentran respuestas en la espiritualidad.

No aguantan la mentira ni la falta de honestidad. Una vez que se comprometen con algo o con alguien suelen ser fieles hasta las últimas consecuencias, muchas veces aportando más de lo que objetivamente se espera de ellos, en bastantes casos llegando a sacrificarse literalmente.

Gracias a que son concienzudos y muy responsables, resultan empleados ejemplares, aunque quizá no siempre son valorados como se merecen, a veces porque necesitan más tiempo que un no PAS para hacer las cosas realmente bien; en más de una empresa la rapidez es más valorada que la calidad del trabajo.

Para sacar provecho del lado positivo de la alta sensibilidad es importante planificar tus pasos, conocer y respetar tus límites y reconocer lo que sientes, viviendo acorde con ello. No tengas miedo de ofender a alguien por no acudir a su fiesta, es mucho mejor decir que no puedes. Ya habrá tiempo de verle en otra ocasión para reanudar la relación si es preciso.

El concepto «concienzudo» me encanta. Me llama la atención porque, evidentemente, tiene que ver con la conciencia. Una persona concienzuda es alguien que obra según los dictados de su conciencia. Tener una conciencia, una especie de juez interior que nos hace ver qué es lo correcto y lo justo, es algo inherente al ser humano, sin duda, una faceta muy positiva del rasgo de la alta sensibilidad.

Desde que tenemos uso de razón podemos pensar por nuestra cuenta, podemos decidir si hacemos algo porque, por ejemplo, contribuye a un mayor bien, de la misma manera que podemos decidir no hacer algo porque de ello puede derivarse un mal. Un animal no tiene esa capacidad de discernir, solo sabe actuar por instinto o como le hemos enseñado.

Ser concienzudo, pues, quiere decir que se alberga un profundo deseo de hacer lo correcto o hacer algo de la manera correcta teniendo en cuenta todos los detalles y sus posibles consecuencias. Entregar un trabajo bien hecho, por ejemplo, es importante para la PAS, pero por lo general ese deseo va más allá. Para la mayoría es especialmente importante cómo se hacen las cosas.

## Manifestar intolerancia con los que no son como tú

«Una vez que te comprometes con algo, hay que estar en ello al cien por cien», dice José, cuando le pregunto qué significa para él ser concienzudo:

> Nada de hacer las cosas a medias. Para mí importa, por ejemplo, dejar la encimera de la cocina limpia antes de acostarme, o a la

mañana siguiente, cuando voy a la cafetería para desayunar, saludar como es debido a la gente al entrar. Siempre hay que saber «tener detalles», aunque para mí no es eso, para mí es lo normal, así es como soy. Me gusta hacer las cosas bien y pensar en las consecuencias de lo que hago, de lo que digo. Alguien cumple años, y por supuesto le felicito. Tengo mucho cuidado de no olvidarme. Creo que también tengo mucho más cuidado en el trabajo. Antes de entregar un informe, lo reviso por lo menos dos veces, pero si el tiempo me lo permite, echo un tercer vistazo. No soporto pensar que otra persona tenga que perder tiempo para corregir mis errores; no sería correcto porque es mi responsabilidad entregarlo de la mejor manera que pueda. Ahora bien, sé que también lo hago por motivos quizá menos «nobles». Cuido mi trabajo porque no soporto la crítica y quiero protegerme, y también lo hago por un motivo que no se libra de un cierto aspecto, digamos, perverso: quiero enseñar a mis colegas que es importante hacer las cosas bien, y que el hecho de entregar los documentos sin errores debería ser algo normal. ¿Sabes una cosa? Me horrorizan las faltas de ortografía. —José sabe que algunos le tachan de exagerado, y no lo entiende—. Me gustaría servir de ejemplo, pero parece ser que no se valora mi actitud, y, francamente, me extraña. Ser atento y tener civismo no es exageración. Si todos lo tuvieran, el mundo sería otro.

Ahí está el problema de José: le cuesta entender que otra gente, muchas otras personas, no son como él, y que su actitud se caracteriza, utilizando sus palabras, por la «intolerancia a la indiferencia». La indiferencia ajena le duele, y le duele incluso de tal manera que hay días en que lo ve todo muy muy negro, sin salida ni solución. A veces es difícil aceptar que no todo el mundo es como uno. Ser concienzudo o meticuloso es una cualidad muy importante, pero puede generar cansancio y estrés. Escuchar la voz de tu conciencia es lo mejor que puedes hacer, pero al mismo tiempo conviene que te des cuenta de que estás escuchando a tu propia conciencia, y no a la conciencia de otra persona. Si ese juez interior que te ayuda a comportarte de una determinada manera suena demasiado fuerte y te hace creer que tus valores deben ser válidos para todo el mundo, entonces te colocas en una posición poco flexible y no muy tolerante. Una meticulosidad exagerada puede llegar a hacerte demasiado crítico, amargándote la vida.

## Tener miedo a cometer errores

Tus valores son el resultado de la capacidad de discernimiento de tu juez interior. Cuando eres niño tus educadores te enseñan lo que es correcto y lo que no lo es; qué es bueno y qué es malo. Cuando te haces mayor, generalmente llegas a cuestionar los dictados de tus padres y de tus maestros, deshaciéndote de las llamadas «viejas creencias» para sustituirlas, después de cierta reflexión, por opiniones basadas en la propia experiencia. A veces topamos con ideas que pensamos que son nuestras, pero no lo son. Una de las características que encuentro bastante a menudo entre mis clientes PAS es el miedo, inoculado en la infancia, a cometer errores.

«Si hago algo mal, me siento horrible y tengo mala conciencia», es otro de los comentarios de José, pero él no es el único que me lo ha dicho. Está claro que una persona que actúa desde su conciencia, una persona concienzuda, corre el riesgo de tener «mala» conciencia. Pero a veces la voz de esa conciencia sigue siendo la voz de los educadores y lo que la persona escucha en su interior es en realidad un mensaje que ha escapado a la revisión personal que tenía que haberse producido en la adolescencia. Hacer algo «mal» es relativo. La misma expresión conlleva un juicio. Conviene preguntarse hasta qué punto algo es realmente «malo», y si el juicio es de uno mismo o si es, como muchas veces pasa, una opinión ajena que hemos adoptado por el motivo que sea y que necesitamos cuestionar para ponerla al día. Esa voz castrante también se conoce como el «crítico interior». Es algo que vive en ti, pero que ya no te pertenece: son críticas y un buen número de órdenes que has escuchado cuando eras niño y que han perdido su validez. Repito, ser concienzudo es una cualidad, es algo muy positivo, pero puede acabar en una actitud inflexible o de víctima, privándote de la empatía que, ¡no lo olvidemos!, también forma parte de las características del rasgo de la alta sensibilidad.

Creo que es importante tener claro que el miedo a cometer errores, al igual que el afán de complacer y de agradar presente en muchas PAS, puede llegar a suprimir esa parte nuestra que tiene que ver con nuestras propias necesidades y nuestra propia esencia, con la chispa divina que nos hace ser individuos únicos con una conciencia también única y personal. Es importante revisar viejas creencias y transformarlas en valores propios, procurando siempre llegar a un mayor autoconocimiento. Preguntarte por el motivo que hay detrás de tus acciones, reunir valor para investigar esas emociones que tienes escondidas, que no te atreves a enseñar por miedo a meter la pata, por no querer decepcionar a otra persona o simplemente por miedo a perder amistades o respeto.

Muchos hemos reprimido nuestras verdaderas emociones pensando que irán desapareciendo; sin embargo, ninguna emoción desaparece por ser suprimida, sino que sigue allí, «subterránea», generalmente volviéndose más intensa y fea e influyendo en nuestro sistema de valores, en nuestra conciencia. Si lo hace con conciencia, cada persona tiene derecho a expresar tanto su alegría y su felicidad como su tristeza, su enfado o su irritación, siempre y cuando la manera de expresarse sea correcta y no ofenda. No toda manifestación emocional es necesariamente algo horrible e imperdonable o una señal de que alguien sea una persona mala, débil o egoísta.

Sobre el concepto «egoísmo» hay mucho que decir. Si, por ejemplo, dices que necesitas una hora para descansar cuando estás agotado por el motivo que sea, expresar algo de este tipo, ¿es terriblemente egoísta? ¿Es malo manifestar tu profunda necesidad de unos minutos o media hora de silencio? ¿Es malo enfadarte porque el perro de los vecinos ha vuelto a hacer sus necesidades delante de tu puerta y no lo han recogido? A veces es prudente, necesario y aconsejable no callarse y ser de verdad concienzudo en el sentido en que somos honestos con nosotros mismos, reconociendo lo que verdaderamente vivimos como lo correcto en lugar de dejar que nuestro comportamiento sea determinado por viejas creencias que sin duda son obsoletas. Escuchando tu conciencia y siendo consciente de que ser diferente es del todo legítimo, eres más auténtico y más humano.

Ser concienzudo también nos lleva a ser responsables con la naturaleza, con el planeta. Es la cualidad que nos hace reflexionar sobre la sostenibilidad y la ética, por ejemplo, sobre qué hacer con el dinero, a qué banco llevarlo para evitar que nuestros ahorros se inviertan en el tráfico de armas y favorezcan un mejor y más justo reparto de los recursos y de la riqueza en general. No es raro que haya muchas PAS trabajando en ONG de todo tipo, o que un buen número de ellas monten empresas en las cuales se valora al personal como el capital de la misma, con estructuras horizontales y de respeto, en lugar de un organigrama vertical en el cual muchas veces se detecta cierta tendencia a la explotación de la capa más baja.

## Eres altamente sensible... y mucho más

Llegado a este punto del libro ya sabrás si puedes considerarte persona altamente sensible o no. Si te sientes identificado con la mayoría de las características descritas, si has podido verte reflejado en las cuatro características base, los cuatro pilares del rasgo de la alta sensibilidad, puedes darte por aludido y seguir con el trabajo del autodescubrimiento o del autoconocimiento.

La alta sensibilidad es el telón de fondo de tu ser, es como el color base que da un toque especial a todas las facetas que compartimos con las demás personas, tanto si son PAS como si no lo son. La alta sensibilidad solo la compartimos con las PAS, pero otras peculiaridades las compartimos con los demás.

Me gustaría comentar un rumor que he oído, según el cual las PAS son introvertidas y tímidas. Ya hice una breve mención de la introversión, la extroversión y la timidez en el apartado «Sentirse mal cuando hay mucho ajetreo alrededor de uno», pero me gustaría añadir un poco más.

No hace falta ser altamente sensible para ser introvertido, de la misma manera que no hace falta ser PAS para ser extrovertido. Lo último probablemente es más evidente que lo primero, y a lo mejor te asombras cuando te digo que un 30 por ciento de las PAS tiene un carácter extrovertido. Esto quiere decir que la introversión y la extroversión no forman parte de las características básicas del rasgo que estamos investigando. Es importante hacer hincapié en este hecho, ya que, en la medida en que vayan apareciendo más publicaciones sobre la alta sensibilidad, iremos viendo más y más información incompleta, incluso errónea y equivocada. Así, nos encontraremos con la afirmación de que las PAS son personas tranquilas e introvertidas. Lo correcto sería decir: la mayoría de las personas altamente sensibles tienen un carácter introvertido, mientras tres de cada diez, es decir, un 30 por ciento, son extrovertidas. Podría parecer lógico que ser sensible pueda aislarte del mundo para protegerte de él, lo cual sería la explicación perfecta para la introversión. Pero resulta que la alta sensibilidad y la introversión no son lo mismo. Además, como ya dije, ni siquiera hace falta ser PAS para tener una personalidad introvertida.

Elaine Aron explica cómo, en el inicio de su búsqueda del rasgo tal como ahora lo conocemos, se preguntó si «aquello que estaba investigando» no era simplemente la introversión, esa faceta de la personalidad que en su día fue descubierta por Carl Jung. No tardó mucho en darse cuenta de que no, la alta sensibilidad y la introversión no eran lo mismo, ya que las características que ella iba desvelando apuntaban en otra dirección, hacia algo más complejo. Al final llegó a la conclusión de que el rasgo que ella había descubierto se basaba en un sistema neurosensorial muy reactivo, que se puede tener tanto si se es introvertido como si se es extrovertido. Siendo PAS, introvertido o extrovertido, la enorme cantidad de información que vas recibiendo llegará a sobreestimularte o agobiarte de la misma manera, con la única posible diferencia de que la persona extrovertida se saturará antes, ya que su tendencia, en comparación con la PAS introvertida, es meterse en situaciones con mucha gente y jaleo, que es lo que le gusta.

María, por ejemplo, dice: «Yo soy una PAS extrovertida. Me gusta relacionarme con la gente, pero es verdad que enseguida me saturo y tengo que buscar un escape y evadirme». Si oyes hablar de una PAS a quien le gusta la discoteca, es muy probable que sea de la variante extrovertida. Si una PAS ha crecido en una familia numerosa, o en el centro de una gran ciudad con mucho ruido y tráfico, es probable que no le molesten los grandes grupos de personas ni los centros comerciales y que aguante un buen rato con mucho ajetreo, hasta que la capacidad de acoger y manejar información llegue al tope que tenemos los altamente sensibles. Entonces tendrá que desconectar y aislarse para «digerir y almacenar» el gran flujo de estímulos recibidos.

También solemos confundir la alta sensibilidad con la timidez. Más de una vez he leído que «las PAS son tímidas y les cuesta relacionarse». Igual de acertado sería decir, y no suelo leerlo, que «las PAS son abiertas y espontáneas y les encanta relacionarse». No es el hecho de ser altamente sensible, de tener el sistema neurosensorial sensible, lo que nos hace «tímidos» o «abiertos y espontáneos». Una persona, PAS o no, puede ser tímida o espontánea; es otra faceta del carácter que para nada es inherente al rasgo del que estamos hablando. Eso sí: la gran mayoría de las PAS se siente insegura y tiende a tener una baja autoestima, lo que hace que posiblemente le cueste empezar una conversación con alguien que no conozca. Pero también puede pasar que un entorno nuevo con mucha gente nueva le produzca tanta estimulación sensorial que se sobreactive o se bloquee. De la misma manera, como ya he dicho, existen PAS extrovertidas a quienes les encanta relacionarse y conocer a gente nueva; aunque para ellos también llegará el momento en que no puedan absorber más información y decidan retirarse.

Como conclusión, podemos decir lo siguiente: afirmar que una de las características fundamentales de las PAS es su introversión es errónea. Sabemos que existen PAS más bien introvertidas, pero también, aunque en menor medida, existen PAS extrovertidas.

Ambos grupos llegan a sobreestimularse por un exceso de estímulos sensoriales, los primeros pueden tardar más, los segundos casi siempre tardan menos. Los primeros tenderán a buscar entornos más bien tranquilos con relativamente poca información sensorial, mientras que la tendencia de los segundos es justo la contraria, la de buscar bullicio, llegando a saturarse de la misma manera y por lo general en menos tiempo.

Ser altamente sensible no es ser introvertido o extrovertido. Una persona, sea PAS o no, puede ser introvertida o extrovertida, porque estamos hablando de dos cosas distintas, de la misma manera que hay personas, PAS o no, a las que les cuesta entrar en acción y otras que tienen una personalidad muy activa. La confusión es comprensible, pero es importante saber distinguir para poder llegar a un diagnóstico correcto. Y si digo esto, pienso en un comentario de Alfonso, quien, cuando le hablé de las PAS extrovertidas, me dijo: «Por primera vez en mi vida, me he visto en ese retrato y sin que me sintiera un bicho raro o un ser inferior. Llevo más de media vida preguntándome por qué soy como soy, buscando sin encontrar, y hoy por fin me doy cuenta que no soy un perro verde».

## La alta sensibilidad y los llamados trastornos de la personalidad

Aunque este libro se centra en la alta sensibilidad, quiero dedicar unas palabras a un asunto que es tan delicado como difícil. La posible confusión entre el rasgo de la alta sensibilidad y trastornos como el TDA (Trastorno por Déficit de Atención), el TDAH (Trastorno por Déficit de Atención e Hiperactividad), el TLP

(Trastorno Límite de la Personalidad) y la enfermedad de Asperger. Se trata de un terreno peliagudo sobre el cual creo que todavía convendría hacer mucho más trabajo de investigación.

La línea que separa el rasgo de carácter del trastorno es muy fina. Por su aparente semejanza, da pie a mucha confusión. Las características de la alta sensibilidad y algunos de los llamados trastornos de la personalidad se solapan en gran medida. A veces alguien con un determinado trastorno descubre el rasgo de la alta sensibilidad y cree que en lugar de tener un problema serio que necesita medicación lo suyo es «solamente» PAS, de modo que deja de tomar sus medicamentos, con todas las consecuencias que esto conlleva. Entiendo que es preferible ser PAS y la tentación de deshacerse de un diagnóstico serio, a veces un auténtico estigma, es grande. También puede pasar lo contrario, es decir, que por falta de conocimiento del rasgo de la alta sensibilidad, terapeutas, psicólogos y psiquiatras lleguen a diagnósticos equivocados. Yo soy una simple *coach* y por lo tanto mis conocimientos médicos son muy limitados, pero tengo que hablar del tema, aunque solo sea para llamar la atención y hacer ver que es preciso tener en cuenta la alta sensibilidad a la hora de determinar el rasgo psíquico de una persona. Está claro que aprender a manejar un rasgo es mucho más fácil e incluso más sano que recurrir a una fuerte medicación de por vida.

¿A qué se debe la posible confusión entre rasgo y trastorno? En primer lugar, como ya he dicho, las características de ambos se solapan en gran medida, y en este sentido llama mucho la atención que tanto las PAS como los TDAH se saturen muy rápido con los estímulos sensoriales. Por ejemplo, ambos se sentirán mal en un centro comercial con mucha gente, muchas luces y música, y se saturarán de la misma manera. Personas con TDAH presentan un comportamiento inquieto y su manera de actuar y pensar tiene una faceta imprevisible, algo que también puede ocurrirle a una PAS en el momento en que, por saturación sensorial o emocional, de repente se bloquea.

Aun así, hay importantes diferencias. Veamos, para empezar, el Trastorno del Déficit de Atención. Elaine Aron nos explica que a nivel fisiológico hay una diferencia importante en el riego sanguíneo del cerebro de ambos: en las PAS se puede percibir un aumento de riego sanguíneo en el hemisferio derecho, mientras que en las personas con TDA es el izquierdo el que recibe un mayor flujo de sangre.

La persona PAS investiga mucho y durante bastante tiempo antes de llegar a tomar una decisión, mientras que una persona con déficit de atención generalmente es más impulsiva. Una PAS, antes de dar el salto tiene que estar segura de que le saldrá bien. Sopesará todas las opciones y las posibilidades para poder tomar una decisión en la que puede confiar. Incluso las PAS extrovertidas, que pueden dar la impresión de ser impulsivas, se lo han pensado mucho antes de lanzarse. Si te han diagnosticado hiperactividad o déficit de atención, pero en casa puedes estar tranquilo con un libro que haya captado tu interés o escuchando tu música preferida, quizá lo que te pasa es que eres PAS.

Siempre hubo niños y adultos más y menos activos. Había niños que jugaban horas en la calle, corriendo, saltando, subiendo a los árboles sin cansarse, de la misma manera que había otros que se perdían durante horas en sus libros preferidos o se podían pasar horas tumbados en la hierba mirando las nubes. ¿Desde cuándo consideramos estas conductas «comportamientos extremos»? No niego la existencia de trastornos cuya base es una dificultad de concentrarse en un solo tema durante cierto tiempo —repito, no soy médico y seguramente me falta mucho conocimiento y sabiduría—, pero veo, observo y hablo con mucha gente y saco conclusiones. En la mayoría de las aulas se espera de un niño que esté mucho tiempo sentado, callado y, sobre todo, que no moleste. Un niño que necesita moverse y que se inquieta porque su cabeza está saturada de información es considerado «molesto» pues perturba la calma en la clase. Lo entiendo. Si el niño es PAS, y también si tiene TDAH, e incluso si es un niño sin etiqueta alguna, con un perfil «medio», le va bien moverse entre las asignaturas cognitivas. Mover el cuerpo, correr, saltar, hasta hacer manualidades, ayuda a digerir la información intelectual y a vaciar la cabeza. En algunos sistemas educativos, como el Waldorf, ideado por Rudolf Steiner, lo tienen muy en cuenta y con resultados sorprendentes. Hace poco leí en un artículo en la prensa holandesa que, según se ha demostrado mediante una serie de pruebas realizadas en la enseñanza pública, introducir más movimientos en las horas de clase —y especialmente en las asignaturas cognitivas— hace que mejoren considerablemente los niveles de aprendizaje en los niños.

**RESUMIENDO**

- En caso de duda creo que es importante que el médico especialista o el psicólogo tengan conocimiento del rasgo de la alta sensibilidad, valorándolo como una realidad y no como una «tontería». Solo entonces el profesional podrá calibrar objetivamente si el paciente es una PAS o si hay otros problemas.

# 2

# NIÑOS ALTAMENTE SENSIBLES

Muchas de las consultas que recibo contienen preguntas sobre niños: cómo educarlos, qué consejos puedo dar, si hay que forzarlos a hacer cosas que no les gustan, cómo saber si un niño es PAS o si, a lo mejor, tiene otro problema, cómo hablarles y qué tono utilizar, qué decir o comentar a los profesores...

Son muchas preguntas, y son importantes. Lo primero que digo siempre es que, si tu hijo es PAS, por lo menos uno de los padres también lo es. Como sabéis, se trata de un rasgo genético que se transmite a los hijos. Pero, ojo, la alta sensibilidad no se pasa de forma automática; puedes ser PAS y tener hijos que no lo son. Muchas veces la madre o el padre que me escribe se asusta y niega esa posibilidad; sin embargo, una vez que ha empezado a conocer el rasgo se da cuenta de que sí, de que también él o ella es una persona altamente sensible. Alguna vez, apunta Elaine Aron, el rasgo puede saltar una generación o estar presente en tíos o tías; pero la tendencia predominante es a transmitirse de padres a hijos.

Una vez que la madre o el padre ha descubierto que también es PAS, empieza a mirar al niño con otros ojos y a través del filtro de los propios recuerdos. La persona en cuestión recuerda cómo fue educada y tratada por sus padres, sus profesores y los compañeros de clase. La pregunta de cómo educar a su altamente sensible hijo de repente cobra otro color, el de las propias vivencias.

El mundo cambia muy rápido; las transformaciones que se han producido en el transcurso de una generación son enormes. Los retos a los que tienen que enfrentarse los padres de hoy no son los mismos que los de hace veinticinco años. Más tecnología, más estrés en general, más presión por llegar a fin de mes, menos trabajo, menos valores, mayor competitividad y más materialismo e indiferencia. Pero, y esto realmente me alegra en el alma, también vemos que cada vez hay más personas que descubren que son altamente sensibles. Por tanto, cada vez hay más conciencia PAS.

Ese aumento de conciencia hace que, entre otras muchas cosas, la sociedad sea cada vez más receptiva al rasgo de la alta sensibilidad y todo lo que conlleva. Creo que no es una coincidencia que encontremos un elevado número de PAS entre los grupos de activistas que defienden los valores del medio ambiente, de la justicia o de los derechos humanos. Este tipo de consciencia requiere cierta sensibilidad y empatía. Al mismo tiempo constato que ser sensible, ser una PAS, cada vez es más aceptado. Mucho ha cambiado desde que, hace unos diez años, empecé a introducir este tema en España con un blog, unas conferencias y un grupito de PAS valientes de Madrid, donde nos juntábamos una vez al mes. Ahora existen grupos de encuentro en muchas ciudades, vemos un creciente número de colectivos y páginas en Facebook, mientras periódicos y revistas publican artículos y reportajes que intentan explicar el rasgo y lo que ello conlleva. Tampoco podemos olvidar la radio y la televisión que, empezando por el documental de *Crónicas*, «La sensibilidad al trasluz», han contribuido y siguen contribuyendo a que la alta sensibilidad cada vez se conozca más. La semilla de hace diez años está dando frutos.

Gracias al trabajo de investigación de Elaine Aron y de su equipo, hoy día disponemos de mucha información sobre nuestro tema. Esto nos ayuda a entender muchas cosas a la hora de vivir un embarazo como madre PAS, o tener que cuidar y educar a un hijo PAS o, cómo no, ser padre o madre PAS. Está claro que un niño PAS requiere un tipo de educación distinto que otro con una sensibilidad, digamos, normal. Propongo tratar el tema cronológicamente, empezando con la primera fase.

## El embarazo

Entre las muchas características del rasgo de la alta sensibilidad figura, ya lo hemos visto, la dificultad para adaptarse a cambios. La mayoría de las PAS, hombres y mujeres por igual, reconocen que necesitan mucho tiempo para acostumbrarse a cualquier situación nueva. Tiene su lógica. De repente te ves con una gran cantidad de información nueva que necesitas procesar, elaborar y encauzar. Lo ideal sería poder tomarte todo el tiempo que necesites; sin embargo, en la mayoría de los casos la realidad te exige seguir el tempo y los ritmos del mundo en que vivimos. Todo suele pasar muy rápido, sin dejarnos el tiempo que hubiéramos necesitado, creando un desfase entre lo que nos hace falta y lo que la vida, el mundo, requiere. Este desfase produce estrés, algo que no le conviene a la mujer embarazada.

Uno de los cambios más grandes, profundos y transformadores que una mujer puede experimentar en su vida es el embarazo. Es una enorme transformación a nivel emocional y físico. Un cambio a nivel hormonal, pero también en cuanto a las relaciones personales y de la familia. Nueve meses sería tiempo suficiente para acostumbrarte si no fuera porque en muchas PAS la intensidad de la experiencia puede ocasionar inseguridad, incertidumbre, dudas y, hasta incluso, miedo.

Si la futura mamá es PAS, la manera en que haya sabido encauzar su sensibilidad es determinante para la fuerza interior y la actitud con que vivirá los meses del embarazo. Hay que tener claro que el cambio hormonal hará a la mujer todavía más sensible de lo que ya era antes del comienzo de la gestación. La sensibilidad se intensificará, y, cómo no, la emocionalidad también. En este sentido es más que probable que ella empiece a preocuparse por más cosas de las que antes ya ocupaban gran parte de su pensamiento: por la evolución del embarazo y su salud, por la salud del bebé, por el parto, por el nuevo cuarto del bebé, por si será PAS o no, por la reacción de la familia, por su vuelta al trabajo, por la guardería (o la disponibilidad y predisposición de los abuelos), por el colegio, por el mundo en que tendrá que crecer y vivir su hijo y por muchísimas cosas más.

Como sabemos, una de las características básicas de la persona altamente sensible es la de procesar la información a un nivel profundo y dar muchas vueltas a las cosas. Esto puede derivar en otra característica de muchas PAS: la facilidad con que pueden montarse películas, imaginarse situaciones futuras que, en la mayoría de los casos, suelen ser escenas complicadas y difíciles con un desenlace casi siempre negativo. Las PAS generalmente no somos conscientes de que nuestra atención está dirigida la mayor parte del tiempo a todo lo que pasa en nuestro entorno. Nuestras antenas apuntan hacia fuera, rastreando el mundo como un radar, desde que abrimos los ojos por la mañana hasta cerrarlos por la noche.

«No se me escapa ni una», es una frase que escucho con regularidad. Aunque siempre hago saber a la gente que esa actividad inconsciente cansa y suele aportar estrés, por lo cual puede ser una buena idea aprender a manejar las propias antenas.

También es verdad que hay una parte positiva en ese rastreo: recibimos mucha información que, mientras que en el momento mismo puede ser superflua, va enriqueciendo nuestro «banco de datos» personal, proporcionándonos todo tipo de conocimientos. Lo bueno, lo positivo de tener un rico banco de datos es que disponemos de muchos recursos a la hora de encontrar soluciones creativas ante cualquier clase de problemas. Si a la capacidad de registrarlo todo, por un lado, y el enorme caudal de información que acumulamos, por otro, añadimos la baja autoestima y la inseguridad que también son características de muchas personas altamente sensibles, no cuesta mucho entender que las proyecciones y expectativas acaben siendo películas que raras veces tienen un final feliz. La realidad, sin embargo, demuestra que no todo acaba mal y no todo es un problema. Es, pues, una pena quedarse atrapado en fantasías complicadas si al mismo tiempo tenemos la opción de disfrutar de algo tan especial y milagroso como el embarazo.

¿Qué puedes hacer para disfrutar de tu embarazo y experimentarlo como el enorme milagro que es? Creo que es esencial reparar en eso, en la parte milagrosa. Las PAS somos personas profundas, con un rico mundo interior, y tendemos a hacernos preguntas existenciales. Pensar sobre el milagro, sobre temas como el karma, la reencarnación, el misterio de las conexiones entre las personas, y soñar con el pequeño ser que quiere nacer de tu vientre, la meditación, centrarte en la gratitud, todo eso te puede aportar un estado de calma muy satisfactorio. Le puedes cantar a tu bebé, le puedes hablar de ti, de tu vida, sobre su padre y sus abuelos, sobre la belleza de nuestro planeta... Reserva un tiempo cada día para conectar con tu hijo, para hacerle saber que lo esperas con amor y reverencia. Hazlo, si puedes, en un lugar tranquilo, sin ruidos y sin luces fuertes, procura crear un espacio íntimo lleno de calor anímico.

Haz tu mundo más pequeño, más íntimo, procurando que tus «antenas PAS» estén dirigidas sobre todo hacia ti misma y el milagro que estás viviendo, que se está gestando en ti.

También es importante que te cuides. Tu cuerpo te pide más atención que antes, ya que también tienes que cuidar a tu peque. Vigila la dieta, que sea rica en nutrientes y pobre en sal, grasas y azúcares. Mucha atención a los aditivos que contiene la comida preparada. Recuerda que, como PAS, necesitas tener siempre algo a mano para picar —nueces, almendras, una barrita energética, un plátano— para contrarrestar las súbitas bajadas del nivel de azúcar en la sangre que nos pueden provocar un intenso y repentino mal humor. Estando embarazada es probable que esto, lo de los cambios de humor, te ocurra todavía con más frecuencia que antes. Y, aunque seguro que ya lo sabes, debo insistir en que fumar (incluyendo los porros) y tomar alcohol u otras sustancias nocivas nunca es una buena idea, pero ahora todavía menos.

Vigila tus niveles de estrés. Ya lo he dicho muchas veces: los cambios nos provocan estrés, pero ahora, con esta nueva vida que está creciendo en ti, te cansarás antes, con lo cual tendrás que hacer más pausas e intentar no llenar tu agenda con tareas que te exigen más energía de la que puedes desplegar.

No te compares con otras mujeres embarazadas, y menos si no son PAS. Aprende a escuchar a tu cuerpo, ya que es muy sabio y te dirá en cada momento qué es lo que necesita. Te llegarán muchas historias, experiencias y recuerdos de otras mujeres... Las abuelas con su propia sabiduría (muchas veces sabias de verdad, pero otras basadas en leyendas anticuadas y obsoletas), tu madre, tu suegra, las cuñadas, tías, amigas... Seguro que su intención es la mejor del mundo, pero no creas todo lo que te cuentan: investiga. Una de las grandes ventajas de nuestros tiempos es que internet almacena mucha información que nos permite desmitificar gran cantidad de mitos y fábulas.

Necesitas buscar información sobre el parto, es decir, la manera en que quieres dar a luz. Si tu embarazo no presenta problemas, en teoría puedes elegir entre varias opciones. ¿Has pensado dónde quieres que nazca tu hijo? Me puedo imaginar que, como PAS, te gustaría celebrar el nacimiento de tu hijo en casa, en tu entorno privado, donde tú te sientes bien y donde te podrás relajar más que en un hospital, donde el trato a veces es un poco frío, distante e impersonal. Muchas comadronas están a favor de los partos domiciliarios. También me puedo imaginar que eres una PAS que cree que en el hospital todo es más seguro y que por eso optas por él. Elijas lo que elijas, seguro que es lo que más te conviene; una persona altamente sensible no decide a la ligera.

El parto es un proceso natural por el cual han pasado todas las generaciones. No existe un parto sin dolor. La mayoría de las PAS tenemos el umbral del dolor más bien bajo. El del parto, sin embargo, es un dolor de otro tipo, cuya principal característica es que se olvida casi de inmediato. Personalmente no creo en los partos sin dolor, partos con epidural y menos todavía en las cesáreas que pueden parecer una solución más humana, pero que van en contra del ritmo natural de tu cuerpo y el de tu bebé. Eso, por supuesto, siempre y cuando el embarazo no presente problemas y no conlleve riesgos.

Aunque la idea del parto natural te puede asustar, te garantizo que, en el caso de un embarazo sin complicaciones, no te arrepentirás si lo eliges.

El nacimiento es un milagro entre la madre y su hijo. Para el niño pasar por el «túnel» que le otorga el acceso a su existencia terrenal es tan necesario como pasar por el túnel hacia la luz del mundo espiritual en el momento de la muerte. Hablamos de «dar a luz», normalmente utilizamos la expresión sin darnos cuenta de lo que estamos diciendo: alumbrar a un nuevo ser humano es uno de los misterios más grandes que existen.

Busca una comadrona que te caiga bien. A lo mejor prefieres una *doula*. Las *doulas* son mujeres, en su mayoría madres, que acompañan a otras en su camino hacia la maternidad. Su labor fundamental es dar apoyo, tanto físico como emocional, durante el embarazo, el parto y el puerperio. Aunque las *doulas* no tienen una formación académica regulada, sí poseen una formación específica que abarca conocimientos básicos de fisiología del embarazo, parto y puerperio, de puericultura, lactancia y educación prenatal. Si eres PAS y encuentras a una *doula* PAS (sé por experiencia que la mayoría de ellas es altamente sensible), asegúrate de que te acompañe. Es una muy buena decisión.

## Las mamás PAS y sus bebés

No hay demasiada información sobre las mamás altamente sensibles que acaban de dar a luz, especialmente si tenemos en cuenta el cambio radical que supone en la vida de la afectada, y más si es primeriza. Por supuesto, también supone una revolución en la vida del padre PAS. Para él tampoco es una experiencia fácil.

Existen muchos libros sobre el tema del embarazo en general, sobre el parto y cómo cuidar al bebé. Hasta existen revistas dedicadas en exclusiva al tema. Todos conocemos más o menos los cambios hormonales, las eventuales complicaciones fisiológicas, las diferentes maneras de dar a luz… Sabemos que el parto por lo general es una experiencia muy, pero que muy especial y enormemente emocional. Pues bien, lo es aún más si cabe para una PAS.

Si es un hecho que las personas altamente sensibles experimentamos todo con más intensidad que el resto, está claro que dar a luz, que es una vivencia sumamente emotiva ya de por sí, para la mujer PAS puede llegar a ser un verdadero milagro transpersonal. No es excepcional experimentarlo como algo mucho más grande que cualquier otra cosa. Hasta aquí estamos de acuerdo. ¿Y luego qué?

La mayoría de las PAS necesita mucho tiempo y tranquilidad para adaptarse a las nuevas situaciones. La llegada de un bebé supone tremendos cambios. Se acabó la relativa calma de la vida en pareja. De repente, con un nuevo miembro en la familia, parece que no hay tiempo para nada ni nadie más. El tiempo y la tranquilidad importan mucho más que nunca. Las personas altamente sensibles necesitamos dormir mucho, pero el hecho de tener que levantarnos durante la noche para dar de comer al bebé nos quita horas de sueño. Si el niño es muy inquieto, incluso puede ser casi imposible dormir durante el día para recuperar las horas perdidas de noche.

La PAS suele ser perfeccionista, quiere hacer bien las cosas. Pero ¿cómo hacer bien las cosas si no hay reglas claras que te digan a qué atenerte? El miedo a hacer algo mal, o simplemente la preocupación por la salud y el bienestar del bebé puede convertirse en una obsesión. Hay libros, pero lógicamente no existe uno específico para tu «caso». La literatura científica y de autoayuda es un apoyo importante, pero no disipará tus dudas de persona altamente sensible.

Los momentos de inseguridad y de duda ante la llegada del bebé reúnen todos los ingredientes de un estado de agobio. «Me siento culpable porque no me siento feliz». «Todo se me hace un mundo». «Me siento desbordada como madre y como persona, sobre todo cuando mi bebé llora sin un motivo claro, no quiere comer o pasa malas noches». «Me veo desbordada por los llantos exigentes, por un bebé insaciable al reclamar la atención de su madre, por la constante inquietud que me produce dudar sobre si lo estoy haciendo bien o no».

Todas estas reacciones son bastante normales para todas las madres, y son especialmente comunes en las mamás PAS. ¿Qué puedes hacer? El primer paso es aceptar que es normal no saber con seguridad si estás haciendo lo correcto a cada momento, suponiendo que existe un solo comportamiento «correcto» en las situaciones de este tipo. Los cambios hormonales, los cambios vitales, la falta del sueño, los nuevos ritmos, la nueva responsabilidad, el perfeccionismo y nuestra manera de experimentar todas las emociones, todo eso es una realidad, la realidad de lo que estás viviendo. Aceptándolo, posiblemente te puedes dar un respiro.

No hay un solo camino correcto. La perfección no existe. No tiene sentido que te atormentes, tampoco lo tiene que te sientas molesta con los juicios y las críticas de los demás. Sin duda con el deseo de ayudar, siempre habrá gente que opinará sobre todo lo que haces. Escucha los consejos, y valora tú misma si esas sugerencias te valen o no. Es tu bebé, tenlo claro. Se aprende a ser madre sobre la marcha; a veces aciertas, a veces no. Normalmente, aunque no aciertes, no pasa nada.

Si te ves desbordada, no pretendas ser Superwoman, intenta buscar ayuda. Sí, lo sé, sé muy bien lo difícil que se le hace a una PAS pedir ayuda, pero no queda más remedio. Habrá gente que te diga que no puede o que no tiene tiempo, de la misma manera que también habrá gente que te diga que sí, que está encantada de echarte un cable. Habla con amigas. Tus miedos e inseguridades son reales, claro que sí, pero igual de claro es que no lo puedes saber todo desde el primer momento. Nadie lo sabe todo. Además, un nacimiento es una situación única. No hay dos iguales.

Es tu parto, es el nacimiento de tu bebé. Necesariamente has de emprender un camino, un aprendizaje a base de prueba y error. No pasa nada si te equivocas; la próxima vez lo harás mejor. Perdónate las veces que no aciertes del todo e intenta relajarte. Lo que no te sale hoy te saldrá mañana. Si consigues no tomártelo todo tan en serio, te sentirás mejor. Y ante todo, fíate de nuestra gran aliada: la intuición.

Si eres PAS hay una posibilidad de que tu niño también lo sea, ya que la alta sensibilidad es un rasgo hereditario que a veces salta una generación, pero que, en la mayoría de los casos, pasa de los padres a los hijos.

## Cuidar a tu bebé

Todos los recién nacidos, PAS o no, son pequeños seres con un elevado grado de sensibilidad. Son todo «sentido»: los sentidos del bebé no hacen otra cosa que rastrear continuamente el entorno en que se encuentran y chequear su bienestar corporal, mientras que su alma, sus emociones reaccionan en función de la información que van recibiendo. Un bebé todavía no puede razonar, no tiene ninguna capacidad de comprender. No tiene referentes; solo siente.

Todos los recién nacidos tienen una «preocupación» (entre comillas porque todavía no es algo consciente), que es la de no tener hambre, y cualquier niño llorará cuando siente hambre. Muchos bebés PAS darán señales de irritación a los primeros indicios de hambre, es decir, antes que la mayoría de los peques. Si puedes, prueba si al niño le va mejor comer menos y más a menudo.

Soy partidaria de dar el pecho. Uno de los milagros del cuerpo femenino es que provee de manera natural la nutrición básica para el niño que acaba de traer al mundo. Solemos aceptarlo como algo normal, pero en el fondo es un fenómeno milagroso. Te invito a reflexionar un poco sobre ello. Amamantar es mucho más que dar leche. Es, cómo no, compartir algo tuyo, creado por ti, por tu cuerpo, que es el cuerpo del que el bebé ha nacido. Compartir con ese pequeño ser que depende en primer lugar de ti —su madre— para su supervivencia. Mientras alimentas al bebé, este recibe mucho más que tu leche. El pequeño que está en los brazos de su mamá recibe su calor humano, su cercanía, su seguridad y su amor. Recibe el mensaje de que todo está bien, algo muy importante para todos los niños, y más para un niño PAS, que necesita saber desde el principio que ser más sensible que la mayoría de la humanidad es algo totalmente legítimo. Este mensaje es fundamental. Soy partidaria de la crianza con apego, y esta forma de educar empieza aquí y de esta manera.

Si tu bebé es PAS, es probable que tenga una sensibilidad especial ante la temperatura. Puede que tenga frío o calor cuando otros no lo tienen. Es aconsejable usar ropa interior de algodón o seda. El resto de la vestimenta, de lana. Los tejidos naturales respiran y ayudan al pequeño en la regulación de su temperatura corporal.

Sobre la temperatura quiero añadir algo más: el bebé pierde calor a través de la cabeza. Puedes pensar que solamente es necesario ponerle una gorra en verano para protegerle de los rayos solares, pero igual de importante es que lleve una gorrita en invierno, y no solamente cuando está en la calle, sino también en casa y cuando duerme.

Ten en cuenta que la piel de un bebé PAS es extremamente sensible a los materiales que están en contacto con ella; procura minimizar el roce de tejidos bastos y ten en cuenta que incluso un pequeño pliegue en la sábana le puede molestar, igual que las etiquetas que vienen cosidas en las prendas, o los botones colocados en sitios donde pueden causar dolor.

El exceso de luz puede ser muy desagradable para tu pequeño PAS. Recuerda que una de las cuatro características esenciales de la persona altamente sensible es la elevada reactividad sensorial, y como bien sabes, la vista es uno de los cinco sentidos. La luz directa puede molestar mucho al bebé PAS, y no es una buena idea exponerle al sol o a focos o lámparas de luz directa. Una luz difusa, suave, es lo mejor y hará que el bebé se sienta a gusto. Luz fuerte significa una gran cantidad de estímulos, y para todas las PAS, de cualquier edad, es muy importante reducir la cantidad de estímulos sensoriales al máximo posible. Sabemos que el exceso de estímulos produce estrés, y aunque a lo mejor nunca hayas pensado que un bebé pueda sufrir ese mal, te digo que sí, que los bebés que reciben un exceso de estímulos se estresan igual que tú.

También es importante estar atentos a los niveles de ruido que debe soportar el pequeño PAS. Lo sé, vivimos en un mundo lleno de ruidos y es casi imposible encontrar lugares donde reine el silencio, pero esto no quiere decir que no podamos tomar precauciones en el entorno inmediato del bebé. Podemos apagar o bajar la radio o la tele cuando el niño está con nosotros en la sala, o bajar el volumen de la radio del coche cuando lo llevamos con nosotros. En el fondo se trata de tener un poco de empatía, intentar ponerte en el lugar de tu peque. La radio, la tele, el tráfico, las voces altas... Tú, como adulto, en el mejor de los casos te habrás acostumbrado a ello, pero para el bebé todo eso es nuevo. Si el pequeño es altamente sensible, lo puede experimentar como un bombardeo sensorial, como un ataque que le producirá un profundo malestar. Con el tiempo sus sentidos irán adaptándose a más sonidos del entorno en que le ha tocado vivir, pero hay que dosificarlo cuanto se pueda, especialmente en las primeras semanas de vida.

Si una PAS adulta necesita dormir lo suficiente y desconectar y descansar a menudo porque el mundo le viene grande, evidentemente esto también es así —y en mayor medida— para nuestro pequeño PAS. La calma, el descanso, la tranquilidad son necesarios para cualquier PAS, siempre.

Hace tiempo fui testigo de una escena que no he podido olvidar. Fue en unos grandes almacenes, donde me llamó la atención el llanto desesperado de un bebé. Giré la cabeza y vi que la madre de la criatura había sacado al bebé del cochecito para mostrarlo a sus amigas o compañeras de la tienda. La criatura no tenía más de unos días, quizá una semana. Las compañeras de la madre querían tocarlo, tenerlo en sus brazos… chillando, casi se peleaban para poder cogerlo; lo manejaban como si fuera una muñeca. El pobre bebé gritaba y gritaba, estaba rojo como un tomate... y todo el mundo se reía del pobre ser indefenso. Por un lado, podía entender a la madre, tan orgullosa de su hijo que lo enseñaba como un trofeo, pero al mismo tiempo sentía una profunda indignación y un gran dolor por el sufrimiento del pequeñísimo bebé. No sé si ese niño era PAS, pero era un bebé, un recién nacido con sus sentidos totalmente abiertos hacia el mundo, y recibía esa lluvia de estímulos sensoriales, estresándose a tope. Es un ejemplo extremo, lo sé, pero lo cuento porque muchas veces nos parece una buena idea llevar el bebé adonde sea, y lo hacemos sin preguntarnos cómo lo experimentará el pequeño y cómo podríamos protegerle ante el bombardeo de estímulos que, sin duda, va a recibir. Generalmente aconsejo a la gente no sacar el bebé a la calle hasta que haya cumplido por lo menos un mes, y a partir de entonces hacerlo poco a poco, ir aumentando progresivamente la cantidad de información sensorial que reciba. El primer día, un pequeño paseo por el parque. Luego, un paseo un poco más largo. Después, un primer asomarse a la calle…

Creo en la frase atribuida a Teilhard de Chardin, que dice que el ser humano es un ser espiritual teniendo una experiencia terrenal. Creo en la reencarnación. Creo también que entre la muerte y una siguiente existencia pasamos por esferas espirituales en las cuales primero vamos soltando todo lo que hemos vivido durante nuestra experiencia en la tierra, para después entrar en una fase de evaluación y, finalmente, prepararnos para la siguiente etapa de la vida terrenal. En este sentido veo la gestación, el parto y las primeras semanas de la vida como un periodo de transición, de la cual el nacimiento en sí es la bisagra. Un recién nacido es un milagro, es un alma que se ha materializado en un cuerpo físico para poder vivir esta experiencia terrenal, mientras que parte de esa alma todavía está en conexión con la esfera celestial, con el mundo espiritual de donde ha venido. Si consigues ver a tu bebé de esta manera —y en ese momento realmente no importa si el peque es PAS o no—, a lo mejor consigues observarlo con preguntas profundas del tipo ¿quién es?, ¿qué viene a hacer aquí, en nuestro planeta?, ¿qué viene a aprender? y ¿qué trae de nuevo? Porque está claro que cada ser humano quiere aportar algo a la Tierra. Tú, como madre o como padre, estás allí para recibirle, para cuidarle y acompañarle, para ayudarle en aquello que ha venido a realizar. De ninguna manera vendrá a cumplir los sueños que tú tuviste y que, por lo que te ha tocado vivir, no supiste realizar. Tu niño viene con su propia tarea, con su propia misión. Como padres nos ponemos a su servicio para que pueda crecer y evolucionar. Los padres estamos aquí para servir a los niños, no al revés.

Mucho se habla sobre la necesidad de socializar a los niños. Un bebé pequeño (por lo menos el primer mes) no necesita ser socializado. Si es altamente sensible es probable que un exceso de contacto con personas que no son de la familia le asuste y le estrese. Observa sus reacciones y respeta las señales que da; si se siente incómodo no fuerces nada con la idea errónea de que «más vale que aprenda de joven». Es un grave error que más adelante crea inseguridad.

Si consigues ver las primeras semanas de tu bebé como un periodo de transición entre dos mundos, a lo mejor entiendes que le conviene un espacio de colores suaves, con relativamente poca luz y mucha calma. Atención a los juguetes: soy partidaria de materiales naturales como el algodón y la madera, y también en ellos me inclino por una gama de colores muy suaves. Si te gustan juguetes que hacen ruiditos, siempre son mejor las campanillas que los sonidos mecánicos estridentes. Procura no llenar el campo visual de tu peque con muchos juguetes y peluches; cualquier niño se saturaría y si es PAS, ya sabes, todavía más y mucho antes.

De la misma manera os aconsejo utilizar productos naturales para los cuidados físicos. La piel de un bebé —de todos los bebés, pero los PAS generalmente tienen la piel extrasensible— es muy frágil, muy tierna, muy suave y muy delicada. Con ingredientes como la cera de abejas y la bella flor caléndula, hay cremas y lociones de procedencia ecológica, nada agresivas, con perfumes naturales y agradables. Repito, existen excelentes productos naturales que puedo recomendar desde la propia experiencia. Y una cosa más. Si a tu hijo le cuesta relajarse para quedarse dormido, puedes ayudarle con un suave masaje en los pies, por ejemplo utilizando un poco de aceite de lavanda. Hazlo cuando ya está en su camita, listo para dormir, y con las luces apagadas. Puedes encender una vela o una lucecita de noche.

**PARA TENER EN CUENTA**

- Vestirles con tejidos naturales.
- Utilizar ropa de cama de algodón y mantas de lana.
- Quitar todas las etiquetas y marcas, y atención a los botones.
- Evitar juguetes de plástico. Mejor los de materiales naturales.
- Escoger colores suaves.
- Vigilar la cantidad de luz y ruido en el entorno de la cuna.
- Darle un suave masaje en los pies con un poco de aceite de lavanda si le cuesta dormir.
- Ponerle una gorra fuera y dentro de la casa. Recuerda que el bebé pierde calor corporal a través de la cabeza.
- Cantarle en lugar de ponerle música grabada.
- No sacarle demasiado pronto a la calle es aconsejable, y si lo haces, procura al menos que te pueda ver todo el tiempo y que haya contacto de cuerpo a cuerpo (soy partidaria de la forma india de llevar el bebé pegado al cuerpo).

## «Tus hijos no son tus hijos»

Tus hijos no son tus hijos,
son hijos e hijas de la vida
deseosa de sí misma.
No vienen de ti, sino a través de ti
y aunque estén contigo
no te pertenecen.

Puedes darles tu amor,
pero no tus pensamientos, pues
ellos tienen sus propios pensamientos.
Puedes abrigar sus cuerpos,
pero no sus almas, porque ellas
viven en la casa del mañana,
que no puedes visitar
ni siquiera en sueños (...).

Tú eres el arco del cual tus hijos,
como flechas vivas, son lanzados.
Deja que la inclinación
en tu mano de arquero
sea para la felicidad.

Kahlil Gibran

## Cómo saber que tu hijo es PAS

Mucha gente me hace la pregunta del millón: ¿cómo puedo saber si mi hijo es PAS? Creo que ya tienes claro que el rasgo de la alta sensibilidad se hereda, y por lo tanto si tú eres PAS, es probable que tu bebé también lo sea. Curiosamente pasa que muchos padres no saben que ellos son PAS hasta que empiezan a investigar sobre el comportamiento y las reacciones de su hijo, y luego descubren que ellos también lo son; o sea, el mundo al revés.

La necesidad de saber con seguridad que tu niño es altamente sensible es grande, y lo entiendo, ya que quieres ayudarle y educarle de la mejor manera posible, y para eso es imprescindible entenderle. Aparte de preguntarte si tú, padre o madre, compartes el rasgo con tu hijo, lo cual sería una primera indicación, podrías echar un vistazo al retrato de un niño PAS tal como viene descrito en el Anexo 2, al final de este libro.

Te aconsejo que observes con mucha atención el comportamiento y las reacciones de tu niño, empezando por su conducta como bebé. Hemos hablado de sus reacciones frente al hambre y también de su manera de recibir información sensorial. Si observas un comportamiento acorde con las distintas facetas que acabamos de describir, ya puedes tener una pista.

Después de un año, más o menos, empieza a andar y poco a poco desarrollará un pequeño vocabulario. Cada vez se hará más consciente de su entorno, y otra vez podrías observar su manera de reaccionar frente la información que le llega. Lo que distingue a un niño PAS es que nota mucho de lo que pasa en su entorno y tarda bastante en digerir lo que le ha llegado. Necesita tiempo para procesar la enorme cantidad de estímulos que va recibiendo a nivel visual y auditivo, pero también a nivel emocional. Ya sabes, las PAS tenemos un sistema neurosensorial un poco diferente, digamos más desarrollado, y esto hace que no solo los adultos, sino también los niños, capten muchísima información. Algo típico del niño PAS es que hace cientos de preguntas sobre cientos de cosas porque necesita entender. Como son seres imaginativos —hemos visto que una de las ventajas de ser PAS es tener un pensamiento creativo— es probable que, más adelante, en cuanto empiece a tener más referentes, te sorprenda con soluciones y respuestas que encuentra solito, sin la ayuda de los adultos.

Puede ser que tu hijo PAS tenga un lado que a nosotros nos parezca criticón o pesado. Como hay muy pocas cosas que escapan a su atención, hace comentarios y preguntas sobre casi todo. ¿Por qué el tío siempre lleva sandalias? ¿Por qué nosotros comemos carne y la vecina no? ¿Has visto que María lleva ropa sucia? ¡No quiero ir a clase de guitarra porque el profe apesta! ¡Mamá, esa señora habla mal! Leyendo esto a lo mejor te ríes, pero si te pasa en público es importante saber gestionar la situación que se crea de una manera que al niño no le haga daño. Gritarle: «¡No digas bobadas!», por ejemplo, no es la mejor manera de apoyarle y de tomarle en serio, algo que todos los niños necesitan, y este tipo de niños quizá en mayor medida.

Como podrás ver, los niños PAS no siempre son fáciles; son más bien complejos y muy observadores, y generalmente requieren mucho tiempo y mucha paciencia. Escribiendo esto pienso en un vídeo de YouTube que a lo mejor has visto: un niño brasileño que pregunta a su madre por qué le hace comer carne, si la carne viene de los animales y a estos hay que amarlos y cuidarlos. Un niño PAS te puede sorprender con su sabiduría profunda, con la manera en que relaciona toda la información que recibe, sacando conclusiones a veces tan lógicas y obvias que, como adulto, no sabes muy bien cómo reaccionar ante ellas.

Igual que el adulto, es posible que el niño PAS busque la tranquilidad, que prefiera esconderse con un buen libro, pintando o simplemente soñando. Puede ser que le encante desaparecer en su propio mundo, hablando con sus peluches o su mascota. No te asustes si descubres que tiene un amiguito imaginario a quien se lo cuenta todo; respétalo, ya que para tu peque eso es una realidad: muchos PAS, especialmente en la primera infancia, tienen la capacidad de percibir seres elementales o ángeles. Si tú, madre o padre, también eres PAS, sabrás que la realidad verdadera es bastante más amplia que la realidad, digamos, material, y a lo mejor te acuerdas de que en la infancia también tenías un ser de ese tipo a tu lado.

Una característica importante de los niños PAS es que suelen ser sociales, e igual que el adulto PAS, muy sensibles a los estados emocionales de las personas de su entorno. A partir de una cierta edad les empieza a preocupar la falta de justicia y el sufrimiento en el mundo, o los problemas del medio ambiente. Son empáticos y tienen valores, pero también son vulnerables y se lo toman todo muy a pecho, sintiéndose ofendidos y dolidos cuando, por ejemplo, no son invitados para asistir a una fiesta de cumpleaños o cuando su amiguito de toda la vida de repente y sin aviso previo quiere jugar con otro niño. Como padre es importante estar atento a este tipo de dolor; ayúdale a hablar sobre su pena y escucha su historia, sin decir cosas como que no importa y que seguramente encontrará otro amiguito; esto no es ser empático: tu hijo lo notará y probablemente ya no te quiera contar nada la próxima vez, porque no se siente comprendido ni escuchado.

Otra característica de un niño PAS es que a veces no suele gustarle nada que en las reuniones familiares todo el mundo lo abrace y lo bese; si el niño muestra que eso le agobia, tómalo como una señal de su ser sensible y no como si fuera un maleducado. Un niño PAS generalmente hará mucho por agradar y gustar, y en este sentido aguantará más abrazos y achuchones de los que quisiera. Cuando deja ver que ha llegado a su límite, es aconsejable respetarlo.

A lo mejor tu hijo PAS se preocupa mucho por ti, por el bienestar de su madre o de su padre. Gracias a su capacidad de captar las realidades inmateriales, es típico que, cuando no te encuentres bien, te pregunte qué te pasa. Si puedes, contéstale como merece, confirmando su percepción. Es importante que le hagas entender que mostrar las emociones es algo sano y bueno, y que vale más contar la verdad que una milonga. Evidentemente no hace falta explicar toda la historia, porque puede ser demasiado compleja y dolorosa para un niño. Puede ser suficiente con confirmar que te sientes triste o que te duele la cabeza.

Los pequeños altamente sensibles suelen ser niños listos, generalmente rápidos al entender las cosas. Al igual que los adultos almacenan toda la información que reciben y no tardan en construir su propio banco de datos. La información recibida es combinada con la información guardada y sacan conclusiones que son a veces sorprendentes para la edad que tienen. Como consecuencia de su capacidad de procesar de forma rápida e intuitiva, muchos niños PAS llaman la atención porque han visto o han comprendido cosas que para otros no son visibles. Pueden parecer maduros para su edad; son maestros natos en el arte de descifrar el lenguaje corporal y en detectar la ambigüedad en ciertos mensajes con un contenido no muy claro. Es posible que ese don haga que se confunda la alta sensibilidad con altas capacidades, pero el error no suele durar mucho. Las PAS se saturan con facilidad, y una vez que esto haya pasado ya no pueden acoger más información. Ninguna PAS está libre del peligro de la sobreestimulación. Igual que el adulto PAS, el niño funcionará mucho mejor en un entorno —lo vuelvo a decir— con pocos estímulos sensoriales, o sea, con relativamente poca actividad, con poco ruido y con luces no muy fuertes.

## El niño va creciendo, ¿qué es lo más importante?

Si eres PAS, es posible que en tu infancia te hayan dicho cosas como: «¡Tonterías! ¡Hay que ser más fuerte!», «¡No llores, no es para tanto!», «¡Es divertido, tienes que ir!», «¡No pongas esa cara, a todos los niños les encanta!», «¡No duele, no te quejes!», y otros muchos juicios por el estilo. ¿Te suena? Si te suena, a lo mejor también recuerdas cómo te sentías: francamente mal, como un mentiroso, como quien no da la talla, un bicho raro y, sobre todo, como alguien no visto, no reconocido y no querido. La gran mayoría de los niños no dice que algo les duele si no les duele, no dice que no pueden si pueden, no dicen que les da miedo si realmente no les asusta, no lloran porque les dé la gana. La gran mayoría de los niños pequeños (y no tan pequeños) buscan la aprobación de sus papás y no saben mentir o manipular. Si tu hijo es PAS, lo más importante es escucharle y hacerle caso, darte cuenta de que ya de por sí le cuesta mantenerse en este mundo lleno de ruidos, gente, luces, olores desagradables... este mundo que es tan, tan ajeno a la tripa segura en que se ha formado.

¿Qué le puedes decir? Por supuesto lo primero es hacerle ver que comprendes su queja: «Entiendo tu pena, tu dolor, tu miedo, no es fácil, lo sé». Y luego preguntarle qué es lo que necesita. «¿Cómo puedo ayudarte?». Hay que ayudarle a comprender y, si cabe, aguantar un poco más. «Entiendo que te cuesta aguantar, ya que aquí hay mucha gente y mucho ruido, pero tenemos que quedarnos un poco más porque mamá tiene que... En cuanto podamos, nos vamos. ¿Quieres que te lea de tu libro? ¿Que te cuente algo? Podemos jugar a...».

Sé creativo, pero nunca ningunees ni mientas al niño. Esto es, creo yo, lo más importante de todo en el momento de cuidar y de educar a tu hijo PAS. No le hagas llegar el mensaje de que no es querido, que no es valorado, que no es válido y que no da la talla, ya que queremos evitar a toda costa que se sienta inferior a otros niños y que desarrolle una baja autoestima. Y no es mentira lo que le dices, ya que tu hijo no es inferior; solo es diferente a la gran mayoría de sus compañeros.

## Ser diferente

Intenta explicarle que su manera de percibir, de experimentar y de sentir el mundo es distinta a la manera en que la gran mayoría de niños y adultos lo hacen. Ser diferente no es un problema, al contrario, pero no siempre es fácil. Por ejemplo, tu niño tendrá gran necesidad de ayudar a sus compañeros y a los profes. Esto, el deseo de ayudar, es una de las características positivas de ser PAS. Explícale que no todos los niños sienten esa necesidad, y no por ello son niños malos, sino que tienen otras cualidades. También le puedes decir que a lo mejor los otros niños no le comprenden, no entienden por qué quiere echar una mano a la profesora y por eso a lo mejor a veces se mofan de él, pero que nunca debe avergonzarse por querer ayudar a quien sea.

Si tu hijo es PAS posiblemente no querrá estar con muchos niños ni con grandes grupos de gente. Si tú, su madre o su padre, eres PAS, sabrás exactamente por qué. No le taches de tímido o inseguro, no le obligues a reprimir lo que siente por miedo a ser juzgado, ayúdale a buscar soluciones partiendo de sus necesidades y posibilidades.

Enséñale la importancia de expresar sus emociones, enséñale a hablar, a exteriorizar y a comunicar. Lo sé, atender a tu hijo, dedicarle ese tiempo que necesita para verse querido y valorado no es fácil, sobre todo si trabajas desde la mañana hasta la tarde y si encima tienes muchas obligaciones que te pesan; pero si te importa que tu hijo se sienta bien y que llegue a ser un adulto feliz con un carácter equilibrado, conviene buscar ese tiempo extra.

No todos los niños PAS son tranquilos y con tendencia a evitar situaciones con mucho jaleo. Como un porcentaje de las personas altamente sensibles es más bien extrovertido, también hay niños PAS revoltosos. Mientras que un niño introvertido a lo mejor puede ser más fácil de manejar, el que es muy activo a veces desespera a sus progenitores y es posible que haya momentos y situaciones en que no sepan muy bien qué hacer con él. Para este caso tampoco hay recetas; pero piensa que si tu hijo es una PAS extrovertida, igual que los niños PAS que son más tranquilos llegará a sobreestimularse. En el niño extrovertido el momento de la saturación puede surgir de repente, cuando menos lo esperas. Luego necesitará más tiempo que otros, con mucha más calma, para recargar sus pilas. Mientras esté en su periodo activo, déjale correr, que haga deporte con mucho movimiento físico; no intentes que se quede todo el rato tranquilamente sentado, porque se crispará y tenderá a ser travieso; estar tranquilo mucho rato es difícil (y nada lógico) para todos los niños, pero para el niño PAS con un carácter extrovertido es un suplicio, un castigo. Date cuenta de que la sensación para una PAS extrovertida es la de vivir con un pie en el acelerador y otro en el freno: ¿te imaginas su confusión interior?

## Tecnologías modernas

Un gran peligro de la época en la que vivimos son todos esos aparatos (móviles, *tablets*, ordenadores) que roban una gran cantidad de horas, tiempo que también podríamos dedicar a estar con otra gente: nosotros con nuestros hijos y ellos con sus hermanos y sus amigos. Una *tablet* no es una canguro. Un adulto aún puede darse cuenta de que el mundo virtual no es real y que los contactos que encontramos a través de internet a veces no son lo que pretenden ser. Pero los niños no. Me preocupa especialmente el resultado de unos estudios que demuestran que hay muchos niños que experimentan el mundo virtual como una realidad mientras que ven la realidad como algo ficticio. Las implicaciones de este grave error son enormes, está claro. Entiéndeme bien: no estoy en contra de las tecnologías modernas, pero sí veo los peligros y los riesgos de darle al niño su «pantalla» para que se entretenga y para que aprenda. ¿Qué pensar de la tendencia, como recientemente acabo de leer de un plan escolar desarrollado en Finlandia, de abolir la escritura a mano a favor de los teclados?

Todos los niños, PAS y no PAS, necesitan la interacción, el contacto y el calor humano. Como padre o madre, y en especial cuando tu hijo es una PAS extrovertida, me imagino que no puedes estar siempre y cada minuto entreteniendo a tu niño y que la tentación de mandarle estar tranquilo con su *tablet* es una de tus opciones. Te aconsejo revisar las otras posibilidades disponibles y en todo caso limitar el tiempo que tu hijo pase con su aparato. Evidentemente, es importante saber en todo momento qué hace cuando está conectado a internet, en qué sitios se mete y en qué chats participa.

Las nuevas tecnologías gustan porque son limpias y no ensucian, nos han hecho creer que son buenas porque el niño puede aprender jugando (¿no puede aprender jugando fuera, en la calle, con los amiguitos?). Pero el aprendizaje a través de las pantallas tiene un precio muy alto: no enseña a relacionarse, no enseña a manejar conflictos, no enseña que a veces hay que aguantar y lidiar con algo o alguien que no gusta. En la vida real, si topas con situaciones o personas que no te gustan, no puedes cambiarte a otro canal, a otro juego o a otro chat. Si los niños PAS nacen con una fuerte capacidad empática, hay que ayudarles a desplegar esa cualidad, y ¿dónde se practica mejor que en la vida real y mediante el contacto con otros seres humanos de verdad? La empatía que no se practica se distorsiona y se atrofia. El mundo de hoy necesita de mucha empatía, una necesidad que va rápidamente en aumento, mientras la sociedad como tal ofrece cada vez menos capacidad empática. Como humanidad no podemos permitirnos perder las facultades humanas como la aceptación, la empatía y la compasión, a no ser que queramos acabar como robots sin capacidad sintiente ni pensante.

Para desarrollar las capacidades humanas como la empatía necesitamos conocer la vida real con todas sus luces, pero también —y especialmente— con sus sombras. Solo podemos aprender participando, interactuando y experimentando. Un niño, PAS o no, necesita descubrir el mundo siendo y sintiéndose parte de él. Tiene que desarrollar capacidades como el asombro; un niño que no ha aprendido a asombrarse por el canto de un pájaro, por la belleza y el perfume de una rosa, por una pieza de música que le llegue al alma, un niño que no sepa bailar es un niño que difícilmente puede desarrollar un sentir sano y positivo. El niño necesita poder mancharse de barro, necesita poder saltar en los charcos, necesita poder tocar a los animales; todas estas experiencias que le hacen sentirse vivo y en contacto con el milagro de la creación.

Vivir y experimentar la vida en la realidad es necesario para el niño, y, también, para el futuro de todos y de nuestro planeta, ya que los niños son el futuro. Un niño que no tiene otra opción que la de descubrir el mundo a través de una pantalla será un adulto con una emocionalidad atrofiada que no sabrá implicarse en la vida; ha aprendido a ser observador de la vida, en lugar de participar en ella y de ser procreador de ella. El niño y nuestro mundo se merecen lo mejor.

Las pantallas son fáciles, tanto que ejercen un gran poder de seducción sobre nuestra alma. Nos permiten esquivar, borrar y saltarnos lo feo, lo desagradable, lo que no nos gusta. ¿Es extraño que las pantallas enganchen?

Hemos mencionado más de una vez la característica PAS de querer ayudar y agradar. Esta tendencia también está presente en los niños PAS. No os quiero meter miedo, pero sí me siento llamada a avisaros del hecho —y me imagino que no os cuento nada nuevo— de que existen personas interesadas en contactar con niños. Los pequeños PAS, por su inocencia, por tener un corazón enorme y por esas características que mencioné antes, son especialmente vulnerables ante este tipo de individuos.

## ¿Qué le hace falta al niño?

En los primeros siete años de la vida todos los niños necesitan aprender qué es la bondad. La bondad es el primer pilar de la moralidad, el segundo la belleza y el tercero la verdad. El niño pequeño puede aprender sobre la bondad a través de la imitación y a través del juego. También gracias al juego puede desarrollar su cuerpo, su motricidad. Lo hace corriendo, saltando y moviéndose en general. Necesita estar en contacto con la naturaleza; si puede trabajar en un huerto, mejor. A los niños les encanta «jugar a las casitas», barriendo, limpiando y ayudando a cocinar cosas sencillas, como bizcochos o galletas. Necesitan aprender sobre el respeto y la fiabilidad a través del comportamiento de sus padres y los profesores. Necesitan una buena alimentación, comida sana. No olvides que las PAS reaccionan más ante sustancias como los aditivos de todo tipo.

Existe una tendencia a intelectualizar a los niños antes de tiempo. Acabas de leer lo que he escrito en relación con las nuevas tecnologías. Parece ser, y nos hacen creer, que cuanto antes sepan leer y escribir, mejor. Creo que es un error. Un niño tiene toda su vida para aprender de una manera intelectual, ¿qué hay de malo en dejarle jugar mientras pueda y deba? Un niño pequeño tiene que jugar para poder aprender o, dicho de otra manera, tiene que aprender jugando. No hace falta que sepa leer y escribir con cuatro o cinco años; ahora le sobra el tiempo para aprender estas cosas mientras que luego le faltará tiempo para jugar. Hay estudios que indican que una intelectualización prematura tiene como consecuencia enfermedades del metabolismo más adelante, cuando el niño sea mayor.

El segundo septenio del niño se marca por el cambio de la dentadura: los dientes de leche caen para que aparezcan los definitivos. A partir de ese momento el niño está listo para el aprendizaje intelectual; ya ha podido desarrollar su motricidad y puede empezar a desarrollar su capacidad sintiente.

Empieza a interesarse por la lectura y por las matemáticas, y lo hará preferiblemente participando e implicándose en las actividades de clase, de su grupo. Siempre que podamos, conviene evitar en la medida de lo posible las pantallas electromagnéticas, las cuales llevan a la pasividad; recuerda que se trata de desarrollar un compromiso con el mundo en lugar de ser un simple observador de lo que sucede alrededor. Si tenemos en cuenta que las PAS aprecian los valores, tiene sentido educar al niño para que se identifique de una manera real y no virtual con los asuntos que le motivan, para que más adelante, a partir de la adolescencia, sea capaz de buscar la verdad y de reconocer comportamientos malsanos, como, por ejemplo, la manipulación.

Aparte de interacción cálida y humana, aprecio y valoración, le puedes dar mucho más. Dale ritmos fijos que le aportarán una vida y una mente estructuradas. El orden tranquiliza y evita un estrés innecesario. Levantarse y acostarse a una hora determinada, comer a una hora fija, acordar un tiempo para hacer los deberes, para el juego, es una buena idea. Como las PAS se estresan muy rápido y con gran facilidad (y los niños en edad escolar más aún que los adultos), procura eliminar factores estresantes innecesarios: pienso en los cambios sin aviso (suficientemente) previo, fiestas y obligaciones sociales que se pueden evitar, la carga de clases extraescolares ruidosas y bulliciosas, llevarlo contigo a comprar, tener la tele/radio encendidos todo el tiempo, cargarle con tus problemas, darle demasiada responsabilidad para la edad que tiene...

Pero también hace falta entender que al niño PAS le convienen la calma y la tranquilidad, que necesita —lo vuelvo a decir— el contacto con la naturaleza, con el arte, como la música, la pintura, la lectura... Necesita descubrir el mundo para poder desarrollar la capacidad de sentir asombro. Puedes, por ejemplo, dejarle cuidar una plantita, que será «suya», y hacerle consciente de su crecimiento y desarrollo.

El niño PAS necesita protección en sentido positivo, necesita saber que tú, el adulto que le cuida, estás ahí, pero es importante que al mismo tiempo aprenda a confiar en sus propias capacidades y talentos. O sea, en lugar de decirle cosas como ¡puedes hacerlo mucho mejor!, dile que la cosa está bien hecha y que estás orgulloso de sus logros. Para una persona altamente sensible es importante saber que puede ser quien es y como es, y que está bien. Ayúdale a no compararse con otros niños, y menos si no son PAS, para evitar que llegue a sentir que no da la talla. No le convienen los juicios personales ni los ajenos, sino aprender que la diversidad en todos los ámbitos complementa y enriquece, al contrario que la unificación, que nos aísla y nos separa.

Tener amiguitos es importante para todos los niños y naturalmente también lo es para un niño PAS. Posiblemente tendrá su amiguito «secreto», con quien habla en la soledad de su cuarto, como he comentado antes, y eso está bien. Le bastarán uno o dos amiguitos del cole; los niños PAS no suelen buscar grupos grandes (a veces ni el deporte en equipo) porque les agobia, les satura tener que absorber mucha información a la vez, y mucha gente implica mucha información (también a nivel emocional).

Obsérvale y vigila sus estados emocionales, un niño PAS vive en y desde la emoción. Todos los niños son especiales, un niño PAS es tan especial como diferente. Ser diferente exige un trato diferente.

Si tu hijo es PAS tienes un niño diferente. Te exigirá quizá más tiempo, más atención y más constancia en comparación con un niño con una sensibilidad normal. Lo sé, no es nada fácil y muchas veces no tendrás la paciencia ni la energía para darle aquello que te pide. No te fustigues, eres humano y posiblemente también PAS. Sé que harás lo que puedas. Lo más importante es conocer las necesidades y las características de las personas con elevada sensibilidad. El hecho de que seas consciente de esto ya hará que tu manera de ver al niño sea diferente. ¡Disfruta de todo lo que te aporta!

## Saturación en niños

Si la saturación sensorial en adultos no es nada fácil de manejar, todavía es más difícil gestionarla en niños. Muchas veces, si preguntas a un adulto saturado por lo que siente, te mira con ojos muy abiertos y dice no saberlo, y la pregunta todavía le estresa más. En momentos como estos no conviene preguntar «¿qué te pasa?». «¿Qué necesitas?» podría ser una pregunta más adecuada; pero en el 99 por ciento de los casos, la persona saturada tampoco sabría decirlo. Es casi imposible que lo sepa si nunca ha hecho trabajos de introspección y de autoconocimiento, y no conoce los «mecanismos» de la alta sensibilidad en general ni de su caso particular. Vimos la saturación en adultos en el capítulo anterior, aquí quiero dedicar un breve espacio a los niños, en especial a los niños pequeños, hasta, más o menos, los ocho o nueve años.

Si al adulto PAS le cuesta entender y gestionar su estado de saturación, ¡imagínate cómo debe de ser para un niño! Quiero empezar con la descripción de un día «normal», entre semana, del pequeño Luis.

Luis tiene seis años, vive en un barrio relativamente tranquilo, va a un colegio normal y corriente y tiene una hermanita pequeña de tres años. Su madre es PAS, su padre no lo es. Ambos trabajan a jornada completa. Luis está acostumbrado a pasar poco tiempo en casa (con tres meses ya iba a la guardería y después pasó, como todos los niños, a la escuela infantil y luego al colegio). Por la tarde le cuida una tía, una hermana de su padre, mujer muy atenta y comprometida, pero que no es PAS. Luis va a tres actividades extraescolares por semana: piano, judo y fútbol. En cuanto a su carácter, podemos decir que es un niño tranquilo, pacífico, un bonachón.

Hace unos meses su madre me llamó porque notó cambios en el comportamiento de su hijo y estaba preocupada. Luis empezó a tener rabietas, y su cuñada se estaba quejando porque hasta ese momento no había tenido ningún tipo de problema con Luis, pero últimamente, según ella, se ponía inaguantable cuando tocaba llevarle a las actividades extraescolares. Por mucho que le castigara y le tratara con mano dura, o que intentase convencerle con la tentación de algún premio, el pequeño se negaba tajantemente a ir. La madre me contó que algunas mañanas Luis no quería levantarse, ni lavarse, ni desayunar, ni ir al colegio, poniéndose como una furia, pegando a todos los que intentaban acercarse a él. Se había transformado de bonachón en un niño difícil.

«Lo intentamos de todas las maneras», cuenta Isa, su madre. «Yo, con dulces palabras, con abrazos y con besos. Curiosamente los abrazos y los besos le enfurecen todavía más», añade con un suspiro. «Mi marido lo hace de manera severa y con tono exigente. Tengo que reconocer que Matías tiene más éxito que yo, pero yo veo claramente que Luis obedece con mala cara y por miedo. Tampoco es la solución».

Hay rabietas y rabietas, claro está. Hay rabietas de niños que se quieren salir con la suya y montan un número (preferiblemente en público) para que, por ejemplo, les compremos lo que desean. No me estoy refiriendo a ese tipo de rabieta, que se podría llamar rabieta de frustración, las cuales se pueden atajar poniendo límites y cumpliendo promesas de todo tipo, para bien y para mal.

Las rabietas del pequeño Luis son de otro tipo, propias de «niño PAS». Está claro, el pequeño Luis está sobresaturado y no entiende qué le pasa, no sabe explicarlo y solamente puede reaccionar de esta manera: con rabia, con patadas, con golpes y chillando. Con la información que Isa aporta vamos viendo lo que ocurre.

Para empezar, buscamos patrones, ya que si hay un patrón, enseguida sabremos más cosas. Las rabietas en casa se producen casi siempre los jueves por la mañana. Resulta que el miércoles por la tarde Luis tiene dos de sus actividades extraescolares, la clase de música y una hora de judo. Ese día se acuesta más tarde de lo normal y muchas veces le cuesta dormirse porque, como dice Isa, «va muy acelerado y tarda en calmarse». Lo que dice tiene sentido para un niño PAS. Ha tenido un día muy lleno y es más que probable que se encuentre al límite de lo que sensorial y emocionalmente puede abarcar en un solo día. Y los jueves, lo sabe, le toca ayudar en el comedor del colegio, lo cual —para un niño PAS— significa que tiene que sacrificar el descanso del mediodía, que tanto necesita, además de que no le gusta hacerlo porque se siente muy observado por los otros niños y por los maestros. El jueves por la mañana se despierta muy cansado y enseguida empieza a preocuparse por su turno en el comedor... Es demasiado, lo siente y se bloquea. La rabieta en este caso es un bloqueo sensorial-emocional. Es una sobrecarga, un cortocircuito por incapacidad de gestionar las emociones y el exceso de información.

Isa recuerda comentarios de Luis en los que decía que no le gustaba el turno en el comedor, y reconoce que siempre le ha dicho que eso son tonterías, que ayudar es bueno y que, encima, todos los niños tienen su turno, o sea, que no debía quejarse...

La madre y yo repasamos las características de la alta sensibilidad y las vemos en relación con el comportamiento del pequeño Luis. Isa no tarda en comprender que la carga del día a día, y en especial las clases del miércoles por la tarde, son demasiado para Luis. Lo más lógico es disminuir las actividades extraescolares. Pero hay más. Isa puede ir a hablar con la maestra y hablarle sobre la alta sensibilidad. Y todavía se puede hacer algo más: Isa tiene que hablar con Luis para explicarle, a su nivel, que es una persona altamente sensible y por qué le pasa lo que le pasa.

Es fundamental que tanto Isa como Luis aprendan a detectar esa especie de cosquilleo interior y su manifestación en un comportamiento un poco brusco, que indica que algo va mal, que se está aproximando un bloqueo, una rabieta. Este tipo de conversación solo tiene sentido cuando Luis está bien y relajado, y además requiere una cierta complicidad entre madre e hijo, un tono más cálido, comprensivo y amoroso. Esto es muy importante. Luis tiene que sentirse aceptado tal como es. «Espera unas horas, o si hace falta puedes incluso esperar al día siguiente. Vigila el tono y el ritmo de tu voz: habla suave y lento», le aconsejo a Isa. «Podrías empezar por preguntarle qué ha pasado y luego ayúdale a contar toda la historia».

En cuanto a las herramientas que pueden ofrecerse a Luis, cabe pensar en alguna cosa, alguna señal que use para hacer visible, sin tener que dar explicaciones, que está a punto de desbordarse. Por ejemplo, se puede poner una gorra, o sentarse en una determinada silla. Sugiero a Isa que sea Luis mismo quien piense en esa señal.

Algo que suele ser muy efectivo es encontrar un lugar de la casa donde pueda retirarse, un lugar sin información sensorial (sin tele, sin *tablet*, tranquilo y silencioso), donde nadie le vaya a importunar. Es «su» lugar y se le respeta. En casas pequeñas un buen lugar de este tipo puede ser detrás de una cortina, que a partir de ese momento será «su» cortina.

Con Luis esta estrategia funciona. Tiene la gran suerte de poseer su propia habitación, y cuando necesita retirarse, pone un cartel en la puerta que dice: «Estoy conmigo mismo». Es una herramienta que se ha convertido en un ritual. Por cierto, Isa, por su cuenta y desde su propia necesidad de PAS, ha elegido su propia butaca para desestresarse, y todo el mundo sabe que, mientras esté sentada allí, está «consigo misma» y no se le puede pedir ni solicitar nada.

Los niños PAS entran a menudo en la categoría de «niños de alta demanda»; no son «fáciles» y suelen requerir mucho tiempo «íntimo», de calidad y atención personal para poder relacionarse a un nivel profundo. Necesitan confiar. Evitar las rabietas por saturación a lo mejor no será posible siempre y en todos los casos, pero se puede hacer mucho para que, por lo menos, ocurran con menos frecuencia y con menos dramatismo e intensidad. Para esto te puede servir la siguiente lista de reflexiones y consejos:

*Consejos para tratar al pequeño PAS*

- *Sé comprensivo.* En lugar de reaccionar con dureza e incomprensión, procura tener una actitud de apertura y de calma, de apoyo y de paciencia. Ten en cuenta que tu hijo lo está pasando mal y no es capaz de gestionar ese exceso de emocionalidad que le tiene atrapado.
- *Acéptalo incondicionalmente.* Un niño altamente sensible siente todo a nivel personal y lo toma todo muy a pecho. Procura darle la seguridad de que siempre, pase lo que pase, será querido y aceptado. Un niño que se siente aceptado y querido no tendrá muchos problemas y no se resistirá demasiado a la hora de aceptar reglas y límites.
- *Establece una rutina.* El niño PAS se sentirá más seguro, más calmado y tranquilo cuando puede controlar la situación, evitando sorpresas. Ritmos fijos y rutinas le aportarán certidumbre y tranquilidad.
- *Evita prohibiciones radicales.* Un «¡NO!» seco va bien para el perro, pero no para un pequeño PAS. Aparte de que se

puede asustar, recibe el mensaje de que es «malo» y que «no vale». Siempre que puedas, procura matizar y ser explicativo. En lugar de ¡NO! es mejor decir: «En la cama no se come», «No hay caramelos antes de la comida», «No salgas a la calle con el pelo mojado», etc.

- *Organiza un plan del día.* En una jornada suele haber varias actividades que generalmente se realizan en lugares distintos. Es una buena idea, por la mañana, durante el desayuno, mirar la agenda del niño junto con él. Las PAS de todas las edades suelen encontrar cierta dificultad cuando tienen que adaptarse a situaciones nuevas e inesperadas. Si de antemano sabes qué es lo que va a pasar, dónde vas a estar y qué esperas de él (tareas, actitud, comportamiento), le ayudarás a afrontar el día con más calma, ya que la incertidumbre genera mucho estrés. Claridad es calidad. Y recuerda: una vez que le hayas explicado el programa puede ser una buena idea preguntarle al pequeño con calma y paciencia si tiene claro cómo será el día. Hazle repetir la lista de actividades, y no te enfades si no recuerda todos los detalles.
- *Huye de las prisas.* La mayoría de los niños altamente sensibles necesitan su tiempo, en especial por las mañanas, cuando se tienen que levantar, lavar, vestir y desayunar. Para el niño PAS es muy importante que ese ritual sea pausado. Recuerda que, como PAS, se estresa con mucha facilidad y que ese mismo protocolo matinal lleva en sí mismo varias obligaciones. Entre actividad y actividad (lavarse, vestirse...), conviene que haya una pequeña pausa. Lo sé, probablemente tendrás que levantarte muy temprano, pero si eres PAS, también necesitarás tu tiempo y puedes entender que

un buen rato entre levantarse y salir de la casa no es tanto un lujo como una necesidad.

- *Marca los tiempos.* Puede que tengas claro cuándo hay que realizar cada actividad y cuánto tiempo tienes para ello. Este conocimiento está en tu cabeza, pero el niño no lo sabe y probablemente (dependiendo de su edad) su noción del tiempo no es como la tuya. No está de más avisarle de vez en cuando del tiempo que le queda hasta la siguiente actividad para que se vaya mentalizando. «¡La tía te viene a buscar dentro de diez minutos!», por ejemplo.
- *Anímale a realizar actividades nuevas.* Muchos niños PAS sienten inseguridad y miedo ante las situaciones nuevas. Generalizando, se puede decir que, cuanta más gente esté implicada en la nueva actividad, más le cuesta afrontarla. Por ejemplo, en las fiestas de cumpleaños (para muchos niños PAS un castigo, igual que para muchas PAS adultas), por el exceso de información sensorial como ruido, movimientos, gente desconocida, comida nueva, obligación de «participar», etcétera. Lo mismo puede suceder ante nuevas actividades extraescolares, visitas a lugares desconocidos, a centros comerciales, a médicos, en viajes de vacaciones... Si tu hijo se muestra inseguro y no quiere participar, no le riñas. Date cuenta de que sus emociones son suyas y no vale decir que «no hay que tener miedo, no pasa nada», «hay que ser fuerte y valiente» o cualquier comentario de este tipo. Reconoce sus emociones y empatiza con él. Proponle afrontar la actividad juntos, y si sigue resistiéndose, proponle quedaros un ratito más simplemente para ver qué pasa. Y tú a su lado. Tu cercanía proporciona seguridad. Déjale el tiempo que necesite, no intentes forzar nada. Según sea la actividad nueva, a

lo mejor existe una posibilidad de ir al sitio donde se va a realizar unos días antes, para familiarizarse con la situación antes de que llegue el momento de la verdad (por ejemplo, en el caso de un cambio de colegio o de una mudanza). Ten en cuenta que un niño PAS por lo general necesita más o menos una hora para acostumbrarse a una situación nueva.

- *Inventa distracciones contra el estrés.* Si, como PAS adulto, empiezas a notar que estás a punto de agobiarte o a tener un ataque de ansiedad (una variante de la rabieta infantil), a lo mejor sabes que es una buena estrategia desconectar, levantarte y hacer algo distinto, beber o comer algo, hacer respiraciones profundas o sumirse en una pequeña meditación. Si tú, como adulto, observas que tu peque está a punto de tener una rabieta, introduce rápidamente algún tipo de distracción, como harías en tu propio caso. Sé creativo y piensa en ofrecerle ir a la cocina para picar algo, jugar a algo juntos, leer un libro, dar un paseo...
- *No menosprecies sus emociones.* Ni el miedo, la inseguridad y la preocupación, ni tampoco las quejas de cualquier tipo que pueda expresar el niño. Es muy importante no ningunear nunca lo que tu hijo te comunica, incluso cuando desde tu perspectiva de adulto creas que está exagerando. Su realidad es su realidad y punto. De tu delicadeza dependen su autoestima y la confianza en sí mismo cuando sea mayor. Si el niño manifiesta esas emociones o protestas, empatiza y hazle preguntas para que se pueda explicar, contarlo todo; muchas veces, una vez contada la historia, se calmará y se sentirá mucho mejor.
- *Imponle unos límites.* Un niño altamente sensible, igual que todos los demás, necesita límites. Incluso diría que los nece-

sita más, por varios motivos. Los límites proporcionan orden y el orden da claridad. Como padre/madre es importante mantener estos límites en todo momento. No conviene ser un día más permisivo que otro, por ejemplo, porque estás cansado. La incoherencia, la falta de claridad en los límites generará confusión, y como a lo mejor sabes, una PAS de cualquier edad necesita relativamente poco para llegar a sentirse confusa. Aparte de eso es importante que el niño —como todos los niños— aprenda desde edad temprana a distinguir entre lo bueno y lo malo, entre lo correcto y lo incorrecto, entre la verdad y la mentira. Ten en cuenta que para la gran mayoría de las PAS los valores juegan un papel muy importante en la manera en que perciben el mundo.

- *Valora su sensibilidad.* Si tu hijo ha nacido con el «don» de la sensibilidad, no intentes cambiarle. Nada de «corregirle» para que sea menos sensible y más duro o fuerte. Envíale el mensaje de que ser sensible es bueno, algo bien visto y valorado, y así el niño podrá desarrollar cualidades como la empatía, la capacidad de asombro, el interés y la curiosidad sana. No ningunees sus emociones y ayúdale a equilibrarlas y expresarlas mediante el baile, la música, la pintura... Ayúdale en los contactos sociales, dosificándolos y valorando las señales de cansancio y de sobreestimulación. Hazle saber que puede contar contigo y con tu apoyo incondicional.

## Niños estresados

Últimamente podemos leer mucho sobre niños estresados. Ya es grave que los adultos tengamos que luchar de continuo con nuestros niveles de estrés, pero que un niño tenga que sufrir ese estado es, desde mi perspectiva, inadmisible. En los artículos y programas que comentan este tema generalmente no suelen distinguir entre los niños PAS y los otros, pero ahora, ya que estamos hablando de los altamente sensibles, me gustaría hacer algún apunte sobre este particular.

En otra parte de este libro, en la guía de consejos, dedico varias páginas al tema del estrés, y allí hablo más bien de adultos. Lo que digo para los adultos también vale para niños, pero si el adulto es responsable de la manera en que vive la vida y puede buscar sus propios límites y tomar las medidas necesarias para minimizar los niveles de estrés, el niño no dispone de herramientas para protegerse y seguro ni sabrá reconocer su estado alterado como algo que no es normal ni sano. El niño necesita al adulto para conocer sus niveles de estrés, también y para combatirlo.

Hemos visto que un niño PAS se satura antes que un niño no PAS. Un pequeño saturado es un niño con estrés. ¿Qué es lo que estresa al pequeño? Lo mismo que le estresa al adulto: una agenda demasiado cargada de tareas, clases y responsabilidades. Pero también un exceso de juguetes, una habitación llena de cosas, de peluches, de muebles, de adornos; incluso una habitación con mucha (demasiada) luz directa puede estresar al pequeño PAS. Armarios llenos de ropa y de zapatos también pueden llegar a estresarlo. A lo mejor te crees una madre o un padre guay comprando muchas cosas a tus hijos, pero ten en cuenta que cualquier exceso confunde a una persona altamente sensible. Quizá te extrañe que diga esto, pero como padre o madre PAS puedes entender que verse obligado a elegir entre una gran cantidad de posibilidades puede llevar a la saturación y a la confusión, lo cual —lo vuelvo a decir— produce estrés.

En la misma línea entra otra tesis que posiblemente también te sonará un poco extraña: un niño puede estresarse por falta de límites. Fíjate que la falta de límites es como un armario repleto de ropa. Me explico. Si, como padres, somos demasiados permisivos, si no limitamos al niño con reglas claras, si no le decimos con mucha claridad que hay cosas que no están permitidas, el niño se perderá en ese mar de posibilidades, se confundirá y lo mismo llegue a ponerse muy nervioso. También es posible que acabe probando de todo sin sentir la necesidad de profundizar en nada, y tendrá excusa para no afrontar los trabajos que menos le gusten. Los niños tienen que aprender a gestionar asuntos y llevar a cabo tareas que no les gusten tanto por el simple hecho de que la vida del adulto está llena de tareas poco gratas y que no son fáciles. En la infancia se aprende a manejar estas situaciones. No le haces ningún favor a tu hijo PAS dándole muchas libertades o librándole de las tareas que le cuestan más trabajo.

Aparte del lado estresante de las modernas tecnologías, que ya hemos comentado antes, quiero citar como factor desencadenante de estrés la vertiginosa velocidad de la vida que la mayoría de los adultos llevamos. Siempre tenemos prisa, siempre nos falta tiempo para hacer las cosas que nos gustan o que creemos que deberíamos hacer. Si somos PAS con tendencia al perfeccionismo, todavía más. No nos tomamos el tiempo necesario para relajarnos, para respirar, para disfrutar de la vida. Mírate a ti mismo, corriendo de aquí para allá, intentando hacer varias cosas a la vez y al mismo tiempo suspirando y quejándote de que no te alcanza el tiempo y que no sabes cómo podrás hacerlo todo y proclamando que ¡ojalá el día tuviera más horas! Y luego imagínate a tu hijo altamente sensible, piensa en cómo se tiene que adaptar a tu ritmo, a tu tempo frenético, y date cuenta de que, por cada paso que tú das corriendo, él tiene que dar dos, además de tener que escucharte... Ay, ¡pobre niño! Y posiblemente este niño PAS no solo desarrollará estrés por su cuenta, intentando acoplarse al tempo que vas marcando, sino que encima absorberá tu estrés... Espero que estés de acuerdo conmigo en que no le hacemos ningún favor al pequeño, ni a nosotros mismos. En general estamos tan acostumbrados a tener prisa que ni nos lo cuestionamos. Si lees esto, te invito a tomar conciencia del problema, y levantar el pie del acelerador. ¿No puedes? ¿De verdad que no puedes? ¿Estás realmente seguro?

Un niño necesita su espacio, necesita poder respirar, necesita poder estar a gusto. Necesita calma y tranquilidad, tiempo para jugar en un charco de agua, necesita poder aburrirse; el aburrimiento estimula la creatividad... Para evitar que se sature con un exceso de juguetes, ropa, tareas, como padre podrás buscar maneras de simplificar, de dosificar. Seguramente habrás visto o leído alguna vez esa máxima que dice «menos es más». De eso se trata. Un exceso de posibilidades a elegir confunde, y un niño confuso es un niño que se siente inseguro y estresado. Un niño que puede crecer en un ambiente tranquilo, con su espacio, con su aburrimiento, podrá descubrir cosas por su cuenta, desde la propia experiencia, y podrá sorprenderse. Aprenderá el asombro, el milagro de la vida.

## Cuando la madre y el niño son PAS

La historia de Isa y su hijo Luis es bastante ilustrativa para las familias con una madre PAS y un hijo que comparte su rasgo. También conozco la historia de María y su pequeño Eric, de cinco años. Ella está felizmente casada con Fernán, pero él no es PAS. Él no puede entender que María y Eric necesiten el fin de semana para desconectar, para estar tranquilos y para recuperar fuerzas, esas fuerzas tan necesarias para poder afrontar lo que les espera a partir del lunes, ella en su trabajo de jefa de administración y el pequeño Eric en la escuela. A Fernán le encanta el fin de semana porque son dos días en que puede disfrutar de su pequeña familia, hacer las compras juntos, ir a ver un partido de fútbol y, si cabe, ir al cine o al teatro, sin olvidar, por supuesto, las visitas a los abuelos y a los tíos, para lo cual que hay que viajar casi dos horas en coche. Lo que para Fernán es tiempo de «relax», para su mujer y su hijo es tiempo de máxima estimulación sensorial, ya que la información que van recibiendo es siempre nueva y se suma a toda la que han captado durante la semana. Conviene observar que entre semana evidentemente pasan horas en un entorno que ya conocen y que, de por sí, no les cansa tanto como las vivencias del fin de semana, aunque incluso la información conocida sigue siendo eso: información sensorial que puede llegar a saturar.

Isa vive una situación complicada, María también. ¿Cómo explicarle a tu marido lo inexplicable? Está claro, cada situación, cada relación es un mundo y no hay recetas. Evidentemente, si vives con alguien y todavía no hay hijos, se supone que los cónyuges llegan a conocerse muy bien, que hay amor y que hay respeto. Me imagino que, como esposa PAS, has sabido adaptarte razonablemente bien a las exigencias de cada día y, como buena malabarista, has conseguido, más o menos, mantener el ritmo de vida. Las cosas, sin embargo, cambian cuando llega un niño. Siendo como eres, y por muy feliz que te sientas por ser madre, también es verdad que la maternidad te cuesta mucha energía. Si una madre no PAS ya puede sentirse agotada educando a su hijo, imagínate cómo puede ser para una altamente sensible. Tendrás tus propias ideas en cuanto a la educación, y si tu hijo es PAS, probablemente te preocupes más por su bienestar y su correcto desarrollo que tu marido, quien, en este caso, no es PAS. Tu intuición te irá «diciendo» cosas que te gustaría compartir, pero te las callas porque supones que tu marido las percibirá como exageradas. Él, a lo mejor, no comparte tu idea de educar con apego, y si vuestro hijo es varón es posible que muchas de vuestras ideas vayan chocando. Sé por propia experiencia que ser madre PAS con hijos PAS y un marido que no lo es resulta complicado y hace que te sientes sola e incomprendida. Si ya te sentías un bicho raro, ahora aún más.

Si lees esto y si eres esa madre PAS, tienes una ventaja tremenda. Más de una, de hecho. En primer lugar, sabes que el rasgo de la alta sensibilidad es algo real. Puedes informarte y, lo aconsejo desde el corazón, puedes buscar a otras madres PAS para compartir experiencias y vivencias. Te sentirás menos sola y mucho menos rara. La otra ventaja es que puedes enseñar todo el material disponible a tu marido. A lo mejor lo que tú no sabes explicar bien, se lo puedes hacer llegar a través de libros como este o de los documentales que están disponibles en internet. Confía en la predisposición de tu marido a entenderlo, no tienes nada que perder. Infórmate bien de todo lo positivo de la alta sensibilidad y procura no presentar sus características como una garantía de sufrimiento. ¡No lo es! Debes hacerte responsable de tu manera de experimentar la vida. Nada de acusar o reprochar. Si tu marido te quiere —y esto lo doy por sentado—, tendrá interés en daros el espacio que necesitáis tú y tu hijo.

## Cuando el padre y el niño son PAS

El rasgo de la alta sensibilidad lo encontramos a partes iguales en los hombres y en las mujeres, como demuestran las investigaciones llevadas a cabo por Elaine Aron. También es un hecho que ser sensible es mucho más aceptado en las mujeres que en los varones, por lo menos en los países occidentales: cuanto más machista la cultura de un país, más difícil es ser o mostrarte como un hombre sensible. Evidentemente es un error creer que los conceptos sensible y fuerte son opuestos, porque no lo son. La mayoría de las personas sensibles tienen muchísima fuerza; basta pensar en personajes importantes como Nelson Mandela, Mahatma Gandhi o Martin Luther King.

Yo vivo en España. Sin tener que entrar en detalles, puedo decir que sí, que es un país con una cultura predominantemente machista en la cual la sensibilidad no está muy bien vista, mientras que la generalmente aceptada «filosofía del Lazarillo», es decir, la picaresca, tampoco contribuye mucho a reforzar valores como la empatía y la justicia, que suelen ser importantes para la gente de alta sensibilidad. Un hombre que se muestra sensible, que manifiesta preocupación por el planeta, por la humanidad, por los más débiles, por el sufrimiento de personas y animales, no suele recibir muchos aplausos. Un hombre que se emociona ante la belleza, ante un gesto de amor, ante un acontecimiento que le llega al corazón, muchas veces recibe miradas llenas de incomprensión, incluso hasta rechazo.

La mayoría de mis clientes varones han recibido una educación machista en el sentido de que les han enseñado a disfrazar, cuando no suprimir, su lado sensible. Han aprendido a ponerse corazas y saben comportarse con una dureza que nada tiene que ver con su verdadera esencia. Sus padres les han transmitido el mensaje de que ser sensible es igual a ser débil, y quien es débil será pisoteado y ridiculizado, y no llegará a ninguna parte en este mundo que es hostil, competitivo y egoísta. Quiero creer que ese padre quiso ayudar a su hijo para que fuera feliz y exitoso, y que esos mensajes salieron de un buen corazón. Muchas veces, cuando encuentro casos de este tipo, me pregunto si ese padre no era PAS también y si sus mensajes se basaban en un profundo deseo de que el hijo fuera más feliz de lo que él había llegado a ser.

Tarde o temprano, sin embargo, esa parte reprimida quiere salir. El Yo de la persona no se deja ocultar para siempre, y si hay suerte la persona sabe llevar este proceso más o menos bien. Si no es así, sufrirá algún tipo de crisis personal.

No sé si has visto el ya mencionado documental *Sensitive*, sobre el trabajo de Elaine Aron. En él hay una secuencia sobre una pareja y su hijo pequeño. El niño tiene problemas en la escuela y el padre insiste en que el chico tiene que aprender a ser más duro. La madre del pequeño no solo defiende al hijo, sino que incluso llega a hacerle ver a su marido, el supuesto hombre duro, que él, por debajo de su coraza, también es un ser muy sensible.

Cada vez hay más conciencia de la alta sensibilidad. En los últimos años ha aumentado mucho el número de personas que han llegado a reconocerse en el rasgo. En mis conferencias aparecen cada vez más hombres, y puedo decir que casi la mitad de mis clientes también lo son; lo que me produce una enorme alegría.

El hombre que reconoce ser PAS y que ha aprendido todo sobre el rasgo no cometerá el error de querer endurecer a sus hijos, sino que les apoyará en su lado sensible, valorando sus cualidades, lo mismo da si son chicos o chicas, ni si son PAS o no PAS. No se reirá si su hijo quiere tocar un instrumento, si quiere pintar o escribir poesía o si habla de sus ideales, que a lo mejor no parecen nada «prácticos», pero que se caracterizan por su faceta humanitaria y ética. Un padre de este tipo sabe que ser sensible no es «cosa de chicas», sino una señal de algo bueno y luminoso que vive en el alma de su peque. Sabrá explicar a su hijo que es un poco diferente de la mayoría de los niños de su clase, ya que ellos no ven la vida como él la ve, pero que esto no está mal en absoluto. La diversidad es algo positivo que se complementa; la idea es ir sumando entre todos y no separar o dividir. Hará lo que pueda para que sus hijos lleguen a sentirse valorados y apoyados, con la autoestima en un nivel sano.

La idea de que un chico —o un hombre— tiene que ser duro y agresivo pertenece al pasado, igual que la noción de que un niño no puede mostrar sus emociones. Si un niño aprende desde pequeño que es normal y bueno expresar lo que siente, de adulto no tendrá problemas a la hora de manejar su emocionalidad. Será una persona equilibrada y segura de sí misma.

Desde aquí un fuerte *chapeau* a los padres PAS que sepan reconocer su propia sensibilidad para, desde esa cualidad, ayudar y apoyar a sus hijos (tanto si son PAS como si no lo son) en su camino de la infancia a la madurez.

Ted Zeff, el psicólogo americano que está especializado en la educación de chicos altamente sensibles y que ha publicado varios libros, da una serie de recomendaciones a padres de niños PAS (especialmente de niños varones), de las cuales me gustaría destacar unas cuantas:

### *Consejos para los padres PAS*

- El padre ha de ser consciente de la importancia de pasar tiempo calidad y positivo con sus hijos.
- La mayoría de los chicos necesitan más tiempo que las chicas para procesar la información, según han demostrado las investigaciones al respecto. Es importante hablarles más despacio, no levantar la voz y no perder la paciencia.

- A los niños les encanta que los padres quieran formar parte del mundo de los juegos y participen en ellos.
- Los adolescentes altamente sensibles tienen una mayor capacidad de absorber información y tardan más en sobreestimularse.
- El padre debe ayudar a su hijo a encontrar un equilibrio sano entre el tiempo que pasa a solas y el tiempo que está con amigos.
- Los niños PAS deben ser conscientes de que no pasa nada si quieren estar un rato a solas y tranquilos antes de compartir el juego de los demás. Es tarea de los padres ayudarles a entenderlo.
- Los hijos necesitan que sus padres hablen a menudo con ellos sobre lo que significa ser un hombre.
- La idea de que un chico necesita menos cariño y afecto que una chica es un mito.
- Las discusiones frecuentes entre los padres pueden dar como resultado niños con un comportamiento agresivo.
- El adolescente necesita su propio espacio, preferiblemente su propia habitación. El adulto tendrá que respetar este espacio y llamar a la puerta antes de entrar; el chico debe hacer lo mismo si quiere entrar en el espacio de sus padres. Es una manera de establecer límites y enseñar que estos deben ser respetados.

## Cuando ambos padres son PAS

Me llamó Francisca para pedirme hora. No era para ella, decía, sino para su hijo. Quería venir con su marido para hablar sobre el hijo de ambos, PAS de diecisiete años. Cuando le sugerí que quizá sería una buena idea que también hablara con el hijo, Víctor, me dijo que, claro, que el «niño» vendría con ellos. La notaba nerviosa e insegura e intuía que ella también podía ser altamente sensible.

Francisca y Juan llegaron sin Víctor. «No le apetecía», dijo Francisca, «como ya ha visto a tantos terapeutas, prefería quedarse en casa». Mis antenas se pusieron en posición de alarma. ¿Cuál era el problema?

Francisca y Juan trabajan en el mundo de la salud; ambos son médicos y sus horas libres son pocas. Francisca, sintiéndose culpable por no disponer de más tiempo para pasarlo con el pequeño Víctor, se había visto «obligada» a consentirle todo. Siendo PAS, el niño se quejaba mucho, lo cual hacía crecer la culpabilidad de Francisca. Víctor tenía problemas en el colegio, donde, por su comportamiento de «niño mimado», sufría *bullying*. Tremendo para un niño altamente sensible. Francisca y Juan le buscaron otro colegio. «La falta de tiempo por nuestro trabajo hacía que esto, el cambio escolar, fuera más rápido y efectivo que buscar soluciones estructurales», comentó Juan.

La historia se repitió tres veces. O sea, Víctor tuvo que cambiar tres veces de colegio y después, y, por los mismos motivos, dos veces de instituto. ¿Y en casa? Pues en casa estaba todo el día sentado en el sofá mirando la tele o en su cuarto con los videojuegos. La comida normal no le gustaba, lo único que comía eran galletas de determinada marca. No comía otra cosa, se negaba rotundamente. Una dieta de galletas y de coca-cola. A veces dormía con su madre, a veces en su propia cama. Y ahora, y este era el verdadero motivo de la visita, ya no quería ir a clase. Se negaba. Juan le había hablado severamente, diciéndole que quien no va a clase tiene que trabajar. Víctor había levantado los hombros, en un mensaje que era claro: trabajar no le gusta. Su padre lo tranquilizó y dijo que no se preocupara, que él le buscaría un trabajo que le iba a gustar. Todo para que el «niño» no se alterase. Y así lo hizo el padre: le buscó un trabajo de administrativo en la gestoría de un amigo. Víctor, sin embargo, se negó a dejar el sofá. Víctor era un «niño» PAS que se había convertido en un *nini*.

«No lo comprendo», dice Francisca, «siempre le hemos dado todo, nunca le ha faltado de nada, hemos respetado su sensibilidad, pero ahora no sabemos qué hacer con él. Hemos venido a verte para que nos des un consejo».

Quien me conoce sabe que no suelo dar consejos. No funcionan porque serían mi solución y no la solución de la persona que busca una salida. No creo en varitas mágicas, ni en píldoras maravillosas ni en botones *off-on*. Lo mío es escuchar y preguntar. Francisca no tardó mucho en darse cuenta de que el problema de Víctor no era tanto «el niño» como ella y la manera en que siempre le había consentido todo. Siendo PAS (no se había dado cuenta) siempre se había sentido una mala madre en muchos sentidos. Y sí, le costaba muchísimo decir no (de hecho, ni en el trabajo lo hacía y se cargaba con muchos turnos extra de colegas), en parte por no quedar mal, en parte por tranquilizar su propia conciencia, pero también porque estaba agotada. Ella, y Juan también, necesitaba paz y calma en casa, y en este sentido les iba bien que Víctor no tuviera otro interés que la tele y su portátil.

Ambos vivían tan enfocados a su trabajo que no veían lo que mientras tanto le estaba pasando a Víctor. «Pero ¿por qué estos cambios de cole?», les pregunté yo. Bueno, eso era porque no eran buenos colegios, contestaron; los profesores no sabían manejar el *bullying*. Me costó un poco, pero unos minutos más tarde reconocieron que los conflictos les ponen enfermos porque no saben gestionarlos; ni Francisca ni Juan son capaces de defenderse; les costaba horrores tener que hablar con el colegio para buscar soluciones. De hecho, les costaba tanto que resultó mucho más fácil sacar al «niño» del cole y buscar otro.

¿Por qué cuento todo esto? Es un caso extremo, lo sé. Y me impactó mucho. Me hizo ver el gran peligro que puede existir cuando ambos padres son PAS y si, encima, el niño también lo es. Si los padres son altamente sensibles puede pasar que ambos huyan de cualquier forma de discusión para evitar conflictos. También puede pasar que tanto la madre como el padre no tengan idea de sus propias necesidades, de sus límites, de cómo marcarlos y guardarlos. Si este es el caso, es más que probable que tampoco tengan las herramientas para marcar los límites a sus hijos. Decir «no» es un problema, y prohibir algo a los niños, «castigarles» de una manera correcta, mantener acuerdos y tratos posiblemente llegue a ser un problema, que encima acabe creando una fuerte e insoportable culpabilidad. Ser consecuente en la educación requiere la capacidad de decir no y de saber manejar los límites propios y ajenos.

Evidentemente esto no significa que en casos similares siempre tenga que haber problemas de este tipo. Hay grados en el nivel de la sensibilidad de las PAS y para nada es seguro que ambos esposos presenten el mismo tipo de comportamiento que hemos visto en el caso de los padres de Víctor. Pero lo que sí quiero decir es que, cuando ambos cónyuges son PAS, conviene estar muy atentos a la necesidad de poner límites claros y mantenerlos, y a la gestión de conflictos tanto en el seno de la propia familia como de cara al exterior, como los que pueden surgir en relación con el colegio de los niños. Si ambos padres son PAS, casi diría que es muy importante ser conscientes de la dinámica de la alta sensibilidad y de sus trampas. Claro que es difícil entrar en acción y tener conversaciones espinosas, y más todavía si sufres de altos niveles de cansancio y de estrés; aplazar la solución o pretender que no has visto algo que no te gusta es tentador, pero, como comprenderás, no suele ser lo más indicado.

## Abuelos PAS

Puede parecer anecdótico, pero no lo es. Menciono este caso porque hay muchos abuelos que se lo pasan muy bien cuidando a los nietos, pero también los hay que no se lo pasan demasiado bien, por usar un eufemismo. Los puedes ver recogiendo a los niños en la guardería, en la escuela infantil y en el colegio. Los puedes ver en los parques. Los puedes ver empujando los cochecitos de bebés en los supermercados. Los ves en el autobús y en el metro. Vamos, en todas partes y a todas horas. Y muchos tienen cara de cansados.

No quiero entrar en los cambios a muchos niveles que vamos viendo en la sociedad como resultado de la crisis. No es este el lugar para discutir sobre si ambos padres tienen que trabajar para poder tener cierto nivel de vida aceptable, para poder pagar la hipoteca o para lo que sea. No puedo ni quiero mirar en el bolsillo de la gente y juicios de este tipo están totalmente fuera de lugar, ya que cada uno es responsable de su propia historia.

Lo que sí quiero señalar es que no todos los abuelos pueden con la tarea que se les pide. Una persona de cierta edad, y especialmente cuando ha criado a sus propios hijos y ha tenido una trayectoria laboral completa, ya ha cumplido y le toca descansar. Se lo ha ganado. Le toca tener tiempo para sí mismo después de haberse dedicado la mayor parte de su vida a los demás.

Cuando el abuelo o la abuela es PAS su actitud de cara a la vida es de servicio. Si no ha aprendido una manera de defender su propia parcela vital, si no ha aprendido a establecer y mantener límites, le parecerá «normal» cuidar de los nietos para que los hijos puedan vivir bien. Es más que probable que hayan dedicado su vida entera a servir a los hijos. Pero ahora, ya mayores, ¿quién les sirve a ellos? ¿Quién les mima? ¿Cuándo? ¿Cómo?

Para educar a los niños necesitas energía, mucha energía. Los abuelos están en el otoño de sus vidas y cada día tienen menos fuerzas. Estar con niños pequeños no es una actividad cómoda. Implica mucho, muchísimo trabajo y conlleva una responsabilidad máxima. Es trabajo, no es diversión. Y el trabajo cansa. Tengo clientes que son abuelos y que se ven obligados a cuidar de los nietos, pero que vienen a mi consulta llorando porque no pueden más. Se preocupan (claro, los abuelos que vienen a verme son PAS) por no poder dar la talla, por no ser suficientemente ágiles para reaccionar de una manera adecuada, por no tener la fuerza requerida para estar y jugar con los peques, por no ser capaces de darles lo que les corresponde (y lo que habían dado a sus propios hijos) porque, simplemente, están agotados. No se atreven a decir nada a los hijos («¡Si les digo algo seguramente mi nuera me dirá que entonces no me merezco ver a la pequeña Loli y no la volveré a ver!», es el comentario de Josefa) por miedo a que les contesten mal o a que haya discusiones y repercusiones negativas. Es una situación triste que hay que afrontar.

No digo que no haya abuelos que están encantados con la oportunidad de cuidar a los nietos, claro que los hay. Y cuando los hijos dicen de sus padres que «disfrutan» de los nietos, a lo mejor en muchos casos es verdad. Pero también hay sombras, hay dolor y hay abuso.

Asumir el cuidado de los nietos cuando te ha llegado el momento en el que por fin puedes descansar, disfrutar de tu tiempo y ya toca que te mimen y que te cuiden a ti, no es una situación normal. En muchos casos es aceptada como «normal», pero no lo es. «Normal» lo puede ser unas horitas a la semana, pero no cada día y a todas horas. Ya sé que a lo mejor me podrías decir que es «culpa» de la «sociedad» y de la «crisis», pero soy un poco rara, y te diría que no, la culpa no está fuera y la responsabilidad es de cada uno. La «sociedad» somos tú y yo.

**RESUMIENDO**

- Si tu hijo es altamente sensible, es probable que el padre o la madre (o ambos) también lo sean. Utiliza tus propios recuerdos para valorar la mejor manera de ayudar a tu hijo a sentirse apreciado y querido. Ten en cuenta que la baja autoestima y la alta sensibilidad tienen mucho que ver la una con la otra.
- Tu hijo PAS es un ser especial como todos los niños, pero su vida interior, su manera de percibir el mundo y su sensibilidad sensorial son diferentes y necesitan ser comprendidos y valorados. Su verdad puede no ser la tuya, pero es la suya y por tanto hay que tenerla en cuenta.
- Su día a día ha de ser sencillo, organizado con ritmos determinados, y procura que pase el menor tiempo posible con ordenadores, *tablet*s y móviles. Ten en cuenta que (demasiado) tiempo mirando pantallas, por muy divertido/interesante que parezca, entre otras muchas cosas lleva a la saturación y también a la pasividad.
- El estrés ha de ser mínimo. Es importante que tenga tiempo para desconectar, mucha calma y tranquilidad, o sea, reducir, cuando sea posible, el flujo de información sensorial y el exceso de actividades.

→

- Atención a sorpresas y cambios repentinos. Mucha información a la vez le provocará bloqueos y fuertes sustos.
- Para regular su emocionalidad le irá bien el contacto con la naturaleza, con las artes, con algún deporte no (demasiado) competitivo y con una mascota. Pero es importante que el niño esté dispuesto a asumir una parte de la responsabilidad de sus cuidados.
- Conviene que el niño PAS pueda descubrir los muchos (pequeños) milagros de la naturaleza y que aprenda a asombrarse. Le podrías dar una planta para que la cuide, le podrías enseñar el trabajo de las abejas, de las hormigas o de los pajaritos. Enséñale que todo es un milagro.
- Es importante enseñarle que la diversidad enriquece y que las diferencias se complementan. No podemos ser todos iguales: hay gente y pueblos de todo tipo y todos podemos aprender de todos. Tal es el principio del respeto. El respeto es un valor fundamental, y una de las características de la alta sensibilidad es la de dar importancia a los valores.

# 3

# PAS Y TRABAJO

Uno de los misterios de la vida es que una persona solo pueda llegar a conocerse de verdad a través del contacto con otro ser humano. ¡Piénsalo! Es un pensamiento muy profundo. Si vives solo en la cima de una montaña, no solamente es probable que llegues a aburrirte (aunque siendo PAS y con una gran biblioteca, buena música y una mascota o dos, lo del aburrimiento está por verse), también es probable que después de algún tiempo empieces a notar la soledad y despierten en ti ganas de compartir tus vivencias y experiencias con otros seres humanos. Y compartir lo que sea con otros seres humanos implica un encuentro...

Encontrarte con personas de tu propia elección en principio es algo enriquecedor. Estar con alguien libremente, porque lo quieres y porque crees y sientes que la otra persona te aporta y tú puedes aportarle, es relativamente fácil. Pienso en amistades y relaciones afectivas, aunque, por supuesto, hasta las mejores amistades y las relaciones afectivas más profundas pasan por momentos difíciles y de aprendizaje.

La cosa cambia cuando topamos con relaciones que son impuestas, que no son libres y en las cuales hay poco que elegir: pienso en la familia, en los vecinos y especialmente en las relaciones laborales. En el trabajo entramos en un entorno, en un espacio que tenemos que compartir con personas que no conocemos y con quienes en muchos casos tenemos poco en común, aparte de la empresa que paga nuestra nómina. Y es allí donde muchas personas altamente sensibles se encuentran con el lado más difícil de su rasgo.

> No sé qué hacer —empieza Vicente—, porque si hay algo que tengo claro, es que abusan de mí. Todos los clientes que a ellos no les apetece llevar, me los pasan a mí. Ni siquiera preguntan si tengo tiempo para atenderlos. Me los mandan y punto. Y luego se van a tomar café y tan ricamente. Saben que no me gusta el café y hasta lo dicen: «Bueno, nos vamos a tomar café, y como a ti no te gusta y no quieres venir, mientras tanto puedes atender a aquellos dos que están esperando». Y cada vez me quedo tan perplejo que no soy capaz de contestar. Siento un miedo enorme, ni siquiera sé a qué en concreto, pero siento miedo. Respiro, me trago la indignación y me ocupo de «aquellos dos que están esperando». Total, ellos tampoco tienen la culpa, ¿verdad?

Historias como la de Vicente me llegan en muchas variantes. Por ejemplo, la experiencia de Ángela, que trabaja en un *call center*, en el departamento de quejas. Ella tiene una leve discapacidad y está en el puesto al que llegan las llamadas que no pueden ser contestadas por la gente que trabaja en primera línea. Pero ¿qué pasa cuando la primera línea decide que no quiere coger las llamadas porque prefiere descansar, fumarse un cigarrillo o ir al baño? Pues que las llamadas entrantes van directamente a Ángela, que está «en desborde», donde llegan las llamadas que no pueden ser contestadas en primera línea. Y no solo porque tiene que contestar muchísimas más llamadas que las chicas que están en primera línea, sino también porque tiene que aguantar otras cosas. Por ejemplo, su tendencia a hablar y comentar cuanto les parece. No soporta a una compañera a la que le encanta masticar chicle, a otra que siempre juega con el boli, a una que siempre lleva un perfume que a Ángela le produce dolor de cabeza… Sufre ataques de pánico, ha estado de baja varias veces por ansiedad y por tener severos problemas intestinales. Está desesperada; se quiere ir, pero no encuentra otro trabajo.

Vicente es administrativo en una gestoría importante, y Ángela, como ya vimos, trabaja en un *call center*. Son trabajos que, a primera vista, no parecen ser tan malos para personas altamente sensibles. Si piensas en lo que se suele entender por «administración», imaginas un trabajo bastante tranquilo, donde se manejan datos, en un espacio con mesas de trabajo y ordenadores, todo el mundo sentado en su sitio, haciendo lo que le corresponde con seriedad y concentración. Nada malo para una persona altamente sensible, que suele tener una gran capacidad para concentrarse y fijarse en detalles. No, nada malo hasta que te cargan con más trabajo del que te corresponde, hasta que se dan cuenta de que eres diferente y no compartes los gustos de los demás y no sabes cómo manejar tus derechos, las injusticias que sufres y tu rasgo de persona diferente.

En teoría estar en el puesto de Ángela es ideal para una PAS. Es un lugar tranquilo en el cual contestas llamadas —y no demasiadas— y puedes resolver problemas y calmar a clientes que tienen alguna queja. Un buen trabajo para la persona altamente sensible, ya que una de las cosas que solemos hacer bien es ayudar y resolver problemas.

Está claro, el trabajo en sí no es el problema. Creo incluso que a la mayoría de las PAS nos encanta trabajar, y especialmente si se trata de un trabajo con sentido, que aporta algo, por muy insignificante que parezca. Atender a clientes, contestar llamadas para resolver quejas o problemas son trabajos que aportan y que están en la línea de las características PAS.

Ahora bien, si el trabajo en sí no es el problema, ¿dónde está, pues, el conflicto? Cuando Vicente nos habla de ese miedo vago e indefinido que siente, ¿de qué nos está hablando?

Si pensamos en las características inherentes al rasgo y en su incidencia en las relaciones laborales (y en realidad en todo tipo de relaciones), hay algo que enseguida nos llamará la atención: cómo poner límites a la capacidad de ayudar.

## Prestar ayuda y poner límites en el trabajo

Estás feliz, eufórico porque por fin has encontrado trabajo. Después de haber mandado muchos currículos y tenido varias entrevistas has recibido esa llamada que tanto deseabas, el mensaje que dice que, entre todos los candidatos para este puesto, te han seleccionado a ti.

Empezar un nuevo trabajo en un entorno que no conoces, con personas que no conoces, generalmente supone cierto nerviosismo, pero para una PAS implica mucho más nerviosismo y muchísima inseguridad. No sabes lo que te espera, probablemente te hayas montado unas cuantas «películas» sobre lo que te puede pasar y las dificultades con que quizá te topes, y no me extrañaría que de antemano ya estuvieras un poco preocupado por cómo serán tus futuros colegas y si te llevarás bien con ellos. Es normal hacerte este tipo de preguntas y para nada es una exclusiva PAS, aunque una no PAS probablemente no se preocupará, sino que solo sentirá cierta curiosidad.

Eres una persona simpática y como todo el mundo, PAS o no, quieres dar una buena impresión. Es posible que no hayas dormido demasiado bien antes de presentarte el primer día en el nuevo trabajo, y esto también es completamente normal. Cuidas tu apariencia (a lo mejor has comprado algo de ropa nueva para sentirte más seguro), haces todo para llegar a tiempo o incluso antes, y te dejas llevar por los acontecimientos. Te sientes nervioso, eufórico, inseguro, expectante y con cierto miedo a no caer bien y no dar la talla, y este cóctel de emociones, que sí es algo muy propio de las PAS, hace que estés un poco «fuera de ti», con todas las antenas rastreando el entorno para ver las caras y las reacciones de la otra gente, en busca de una señal, una afirmación de que lo estás haciendo bien y se alegran de tu presencia.

Exhibes una sonrisa algo tímida, pero amable. Cuando te preguntan algo, tus respuestas quizá no siempre sean demasiado racionales ni del todo acertadas. A lo mejor incluso llegas a meter la pata (un poquito). ¿Te suena? Si es lo que te ha pasado, no te preocupes, no pasa nada, es tu primer día. Esa sensación de que te explican algo, pero el mensaje no te llega, que ves moverse los labios de tu nuevo jefe, pero no entiendes ni pizca de lo que dice, eso es típico para una PAS, que está demasiado centrada en el entorno y no en su centro. Es un síntoma de que estás sobreestimulado. Es una consecuencia lógica del nerviosismo, en combinación con la característica PAS de recibir más información de la que puedes gestionar. Y es lógico, todo lo que experimentas ese primer día es nuevo, un implacable bombardeo para tu sensible sistema neurosensorial. No es ningún drama, ya te irás tranquilizando.

El primer día está superado —me imagino tu alivio— y puede empezar la rutina. Poco a poco te vas acostumbrando al nuevo entorno, a las exigencias del trabajo, al jefe y a los colegas. También a los sonidos y a los ruidos de tu nuevo puesto de trabajo, a los olores, a las luces y a los nuevos ritmos y horarios. Tienes la sensación de que recuperas el control, la energía. Estás cada vez más centrado. ¡Menos mal! Irás viendo que el grado de dificultad de tu trabajo es manejable, te das cuenta de que puedes con ello. Como PAS tienes ojo para los detalles, cuidas las formas y haces tu trabajo con sentido de la responsabilidad. Entablas una cierta relación con los compañeros. Incluso empiezas a tener ganas de conocerlos mejor. Por lo menos a uno o dos.

Conectas bien con la compañera que comparte tu mesa y empezáis a tomar el café juntas con asiduidad. Ella te cuenta de su vida, tú respondes de igual manera. Parece que has hecho una amiga y cuando, al cabo de un tiempo, ella no se encuentra muy bien, te ofreces enseguida a cubrir su trabajo para que se pueda ir a casa. Te agradece el gesto, te explica la tarea que le queda pendiente y se va. No es que te sobrara el tiempo, pero te parece normal ayudar a quien lo necesita. Tres semanas más tarde se repite la historia: María no se siente bien, tú le ofreces terminar su tarea para que pueda irse, y se va. Una hora más tarde, cuando intentas acabar con tu trabajo para hacer el suyo, te manda un mensaje pidiéndote perdón, porque se había dado cuenta de que se fue sin darte las gracias. La tercera vez no hay ni gracias, ni mensaje de María, pero sí te carga con bastante más trabajo suyo. Como ese día no habías podido terminar tu propia tarea, te llevas tu trabajo y el suyo a casa. No cenas porque no hay tiempo —¡hay que terminar!— y te acuestas tarde. Empiezas a ver que hay un problema, pero intentas silenciar a la vocecita que da la alarma en tu cabeza. Te dices a ti misma:

«No se sentía bien y como yo soy su amiga...». Una semana más tarde se te acerca Joan preguntándote si le puedes echar un cable. Se ha dado cuenta de que en varias ocasiones habías ayudado a María... No es que Joan quiera irse, pero tiene trabajo atrasado y sería genial si pudieras echarle una mano. Es majo, te cae bien, y claro que le ayudas, sin ningún problema... salvo que justamente hoy tienes un día malo y vas atrasada con lo tuyo y encima habías prometido a tu madre que esta noche, después del trabajo, irías a verla…

Puedo seguir con la historia, pero creo que no hace falta. Si eres PAS es posible que sepas cómo continúa, porque te ha pasado algo similar. La gente no para de pedirte ayuda, y como eres una persona amable, dispuesta a ayudar, y quieres dar una buena impresión y caer bien, y encima no sabes decir «no», las tareas se acumulan y tus niveles de estrés crecen y crecen. En el momento que tú te sientes mal y esperas que alguien te eche un cable para que te puedas ir a casa, nadie se ofrece. Es posible que tampoco te atrevas a pedir ayuda. Te sientes decepcionada («Siempre ayudo a todo el mundo, pero ahora, cuando necesito que me ayuden, no hay nadie»). Los días se suceden y cada vez tienes menos ganas de ir al trabajo. A María ya no la consideras amiga (de hecho, últimamente ya ni te avisa cuando va a tomar café y cada una lo toma por separado), pero de vez en cuando te sigue pidiendo ayuda y siempre dices que sí, aunque con mala cara y mucha desgana.

No solo es que el trabajo no te guste, es que has empezado a desconfiar de la gente («Si soy simpática a lo mejor luego me piden que haga su trabajo») y hay un montón de cosas que antes no notabas, pero que ahora te irritan: el olor a tabaco de Javier, la manía que tiene María de masticar chicle, algo en el tono de Joan cuando te dice buenos días («Quiere algo de mí»), lo que tarda la cafetera en calentarse (antes no tardaba tanto), la persiana que no cierra del todo bien, el exceso de luz («¿Por qué nadie se da cuenta»?), Sebas, tu jefe, que nunca se despide de ti cuando se va a casa por la tarde, mientras que sí dice adiós a los otros («¡Este hombre no sabe comportarse, es un inculto!... ¿me quiere despedir?»), etc.

Intentas hablar con María, pero ella siempre dice que no tiene tiempo o que no se siente bien. Tú tampoco, pero nadie se da cuenta. Has tenido un ataque de ansiedad, has estado de baja tres días, pero has tenido que incorporarte enseguida, porque «solo eran nervios por cansancio» y el médico te recetó algo para dormir que te niegas a tomar. Has intentado hablar con otra gente, incluso con tu madre, pero el mensaje general que vas recibiendo es que son tonterías, en el trabajo hay que adaptarse y si no te gusta te puedes ir. Hay gente que fuma y punto. Hay gente que mastica chicle y punto. Si a nadie le molesta la persiana que no cierra bien, te aguantas hasta que se arregle. Si no quieres hacer el trabajo de los demás, di que no puedes y ya está. Y este es justo uno de tus problemas: no sabes decir no, no sabes ser «mala persona» (son tus palabras). Has aprendido a ser lo que eres, educada y buena gente, pero todo el mundo se aprovecha de ti.

No sabes qué hacer, cómo salir de esta situación, y buscas ayuda. No es fácil ser PAS y tener que trabajar en un entorno donde hay personas que, generalmente, tienen poco en común con tu forma de ser. Es posible que, en tu afán de quedar bien y de ser agradable, enseñes más de lo que debes de ti misma. Corres el «riesgo» de dar y ofrecer más espacio, tiempo y energía de los que puedes reponer. Ofreces ayuda y consejos incluso antes de que alguien te lo haya pedido específicamente.

Ya lo he dicho varias veces y lo repito: querer ayudar y estar dispuesto a ayudar es algo muy bueno, es algo positivo y tiene que ver con ese lado de la alta sensibilidad que calificamos de «don». Pero tiene sus riesgos, sus sombras. Puede ocurrir lo que pasó con María. Te ofreciste a ayudarla y acabó abusando. Casi seguro que no había maldad por su parte, como máximo cierta indolencia. Vio en ti la oportunidad de aliviar su carga de trabajo y, como no es altamente sensible, no le dio muchas más vueltas. Mientras no des señales de que no tienes tiempo o de que no estás dispuesta a hacer el trabajo de los demás, seguirán aprovechándose.

Espero que quede claro: aunque lo percibes como un abuso, la culpa no es de los demás, el problema está en ti por no marcar límites, no decir lo que piensas por miedo a perder a una amiga, por miedo a quedar mal, a ser criticada, a perder tu trabajo... por miedo a lo que sea.

¿Qué puedes hacer? Ante todo, creo que es muy importante que te des cuenta de que no hay nada que reprochar a los otros. Si te quedas en la queja, en el papel de víctima y en una larga e infructuosa espera («Ya se darán cuenta y la cosa ya mejorará por sí sola»), te garantizo que nunca cambiará nada. Si quieres que cambie esta situación que para ti significa un abuso, tendrás que cambiar tu actitud. Ya sé que tú, persona altamente sensible y con una conciencia social más desarrollada, con toda probabilidad no harías lo que hizo María (al menos, sin sentirte culpable y pedir múltiples disculpas), pero como bien sabes la mayoría de la gente no es PAS y no se andan con miramientos. Tú te ofreces, a ellos les va bien y punto.

Una vez que comprendas cómo se ha llegado a esa situación, conviene decidir si quieres seguir ofreciendo ayuda (tiempo y energía) o no. Si no te importa seguir echando un cable de vez en cuando, ten claro cuándo lo puedes hacer y en qué medida. Es importante que establezcas límites. Por ejemplo: «Puedo asumir media hora de trabajo extra los martes y miércoles; los lunes no, porque voy a clase de canto (o cualquier otra obligación que tengas), los jueves tampoco porque los necesito para eventuales retrasos en mis propias tareas, y los viernes empieza el fin de semana y punto». De esta manera tienes claro hasta dónde estás dispuesta a ayudar. Así, si decides hacer parte del trabajo de los colegas, nunca puedes llegar a la conclusión de que se están aprovechando de ti, ya que eres tú mismo quien ha decidido que sea así.

No hace falta comunicarlo a nadie. Es una decisión que tomas para ti mismo y la mantienes sin dar explicaciones. Pero, ¿qué haces cuando te piden algo fuera de los límites que te hayas marcado? La respuesta es simple: «No, no puedo». ¿Difícil? ¿Imposible? ¿Inconcebible? Entiendo perfectamente que esto es lo primero que piensas. Normal. Toda la vida has dicho que sí, el «no» no figura en tu diccionario y contrasta bastante con tu manera de ser agradable, bien educada, simpática y sociable. El «no» a lo mejor te parecerá inaceptablemente egoísta. ¿Es así?

Permítame que te diga algo. El egoísmo tiene que ver con el abuso, con aprovecharte, con hacer daño adrede, con ese tipo de cosas. El egoísmo tiene que ver con la codicia, con el «yo quiero esto y tú te apañas como puedas», con enriquecerse o crecer a costa de otros a sabiendas. Si tú haces las tareas que te corresponden, si encima estás dispuesta a ayudar de vez en cuando a otra persona haciendo parte de su trabajo, que no te corresponde para nada, si haces eso, de egoísta no tienes ni un pelo. Al contrario. Eres lo que eres, una buena compañera dispuesta a echar un cable siempre y cuando sea posible, dentro de los límites que hayas establecido y que conviene mantener.

Cuando comprendas todo eso, no te costará tanto decir algo tan sencillo como: «Lo siento, no puedo». O como: «Ya tengo otros planes para hoy, esta vez no puedo ayudarte». O, simplemente: «Hoy no me es posible, tengo un compromiso». Todas estas fórmulas son sinceras, no hay ninguna mentira. Están muy en la línea de los valores que son tan importantes para una PAS.

Cuidarte a ti misma no es un crimen, es una necesidad. Más adelante, en la guía de consejos, abordamos el estrés y el gran peligro que significa para una PAS. El estrés, por las hormonas que se liberan cuando una persona lo sufre (adrenalina y cortisol), es un veneno. Hay una relación directa entre el cortisol y la serotonina: cuando se presenta un aumento de cortisol, la serotonina baja y viceversa. Como las PAS nos cansamos y nos estresamos mucho antes que las no PAS, nuestro cuerpo ya de por sí tiene que tolerar niveles más altos de estas hormonas. Largos periodos con mucho estrés pagan un precio, que se llama enfermedad. Síntomas como no dormir bien, problemas de concentración, dolores de cabeza, irritabilidad, contracturas, ataques de ansiedad, taquicardias, miedos irracionales, suelen ser el principio, las primeras señales de que algo no va bien. La depresión, que es una enfermedad, puede ser la consecuencia del proceso.

Es posible que, a pesar del estrés que vas acumulando, sigas trabajando hasta que no puedas más, hasta quemarte. El síndrome de *burnout*, el estar quemado a nivel emocional y físico, es una enfermedad muy grave que necesita mucho tiempo de recuperación. No es una buena idea aguantar hasta el final, tampoco la idea de creerte más fuerte que los demás, aunque lo seas. Por cierto, sí que lo eres. Eres muy fuerte. En realidad, eres mucho más fuerte que las no PAS, y te explico por qué. Si trabajas en un lugar con mucha gente, mucho ruido de máquinas, de músicas o de voces elevadas, con mucha luz artificial, temperaturas altas o más bien bajas, si te encuentras muchas horas al día bajo un continuo bombardeo de información sensorial, y sigues, eso quiere decir que tienes un aguante muy superior en comparación con la mayoría de la gente. Ten en cuenta la elevada cantidad de datos que vamos recibiendo continuamente, que puede llegar a ser cientos de veces superior a la totalidad de información recibida por una no PAS. Ya el simple hecho de que sepas aguantar un día, dos, tres... te convierte en superheroína o superhéroe. Ya sé que este tipo de consideración no te sirve para nada a la hora de buscar comprensión por parte de tu jefe no PAS, pero te lo quiero decir para que te des cuenta de que no eres débil, sino todo contrario. La cuestión es otra.

Hablemos un poco más de la comprensión ajena. Cómo PAS te habrá pasado más de una vez que no te entiendan; y si no te ha pasado, en algún momento te pasará. Esa sensación de frustración y de soledad nos afecta, y es normal. Es normal que a ti, como PAS, te molesten ciertos comportamientos de compañeros menos sensibles, su manera de expresarse, su superficialidad, sus groserías, su no saber estar, el ruido que producen sin darse cuenta. Quizá intentes darles pistas, protestar de la forma que te es posible (y seguramente te ha costado mucho llegar a ese punto y habrás dado muchas vueltas antes de atreverte a sugerir algo), y la única reacción a tu tímida queja hayan sido sonrisas o comentarios como, por ejemplo, «qué exagerado eres». Puede que los compañeros te consideren remilgado. Quizá tengas la sensación de que hablan de ti a tus espaldas. Esto no ayuda a que te sientas más comprendido, acogido y valorado. Al contrario, la sensación de inseguridad y de no ser aceptado se hará más intensa, aumentando la ya existente soledad. La profunda falta de comprensión y aceptación de los compañeros a veces deriva en situaciones de *bullying* y de *mobbing*.

El origen de este tipo de maltrato emocional, y también a veces físico, es el miedo a lo desconocido, por un lado, y una enorme necesidad de tapar la propia inseguridad, por otro. Una persona que maltrata tiene un serio problema personal, un fuerte desequilibrio emocional, y busca sentirse mejor y más valorada pisoteando a otros. Saber esto no te quita el problema a ti, si eres esa PAS a quien están acosando, pero sí te puede hacer ver que no te tratan de esa manera porque eres débil y despreciable. No lo eres.

Eres PAS y eres sensible, y seguro que también eres una persona muy valiosa, con un buen corazón. Pero debes actuar, ya que quedarte quieta, insistiendo en lo mal que lo estás pasando y en «lo horribles que son los demás» no es una opción si no quieres acabar enfermando. Esperar y rezar para que los problemas se resuelvan solos no suele funcionar, de ti depende cambiar las cosas, empezando por tu actitud interior.

Lo primero que toca hacer es, como siempre, entender lo que pasa. Como PAS eres empática, lo que te permite mirar al agresor de otra manera, con otros ojos. Lo que quiero decir es que, en lugar de mirarlo desde tu dolor, desde tu miedo, con los ojos de una víctima, debes «levantarte» anímicamente para ver a esa otra persona con su terrible inseguridad. Recuerda que el victimismo y el dolor son fruto del ego, y que alzarse anímicamente te permite entrar en contacto con tu verdadero Yo, tu chispa divina, la parte más noble de tu ser, ese lugar de tu alma donde residen el amor y la compasión. No te digo que salir del dolor sea fácil, pero sí que cada uno puede hacerlo si tiene un profundo deseo de conseguir un cambio interior, un cambio de actitud. Así llegarás a entender que los ataques que recibes no tienen que ver tanto contigo como con las carencias de la otra persona. Ver esto, sentirlo y aceptarlo te permite soltar el dolor y adueñarte de ti, sentirte fuerte, tener el control de tus emociones. Cambiarás. Y en la medida en que vayas cambiando, tu entorno cambiará también: donde algo cambia, el entorno tiene que volver a ajustarse. No será algo instantáneo; es un proceso, y estos necesitan su tiempo.

A medida que vayas haciendo acopio de fuerza interior irás ganando seguridad en ti mismo, y cada vez te costará menos expresarte y poner límites. Siempre pasa. ¿Esto hace que la gente sea menos grosera? ¿Hace que haya menos ruido? ¿Hace que los compañeros sean menos superficiales? No, claro que no. Eso no depende de ti y en ese sentido es más que probable que todo siga igual. Lo que cambia es tu mentalidad, tu actitud interior, tu manera de percibirte. Si llegas a sentirte más fuerte y más en poder de ti mismo, no te sentirás tan afectado por tu entorno. No te estresarás con tanta facilidad, ya que la irritación y el enfado tienen mucho que ver con los niveles de estrés. Y si, sintiéndote mejor y más fuerte, y aceptando lo que hay, llegas a la conclusión de que este trabajo que tienes no es lo que quieres porque no te sientes a gusto y no tienes sensación de estar aportando algo, o simplemente estás en una empresa cuyos valores no coinciden con los tuyos, pues igual ha llegado el momento de buscar otro empleo.

## Tipos de trabajos para PAS

La pregunta «¿qué tipo de trabajo les va bien a las PAS?» aparece con bastante regularidad en los blogs, en *mails* que recibo, en Facebook, y también es algo que preocupa a algunos de mis clientes, por supuesto.

No es una pregunta fácil de contestar, aunque casi siempre encuentro un denominador común: tiene que ser un trabajo con sentido, que la persona altamente sensible considere que aporta algo al bien general. La PAS necesita saber que lo que le ocupa la mayor parte del tiempo no es una labor socialmente inútil. Cuanto más trabajo personal y de autoconocimiento haya hecho, más importancia va cobrando esa necesidad. Uno empieza a tomar conciencia de sus propios valores y de la necesidad de verlos realizados en el mundo, y esto hace que busque una ocupación que está en línea con lo que su alma le pide. Le costará, por ejemplo, trabajar en empresas con poca ética, donde rige la cultura del engaño o del abuso del tipo que sea. A lo mejor puede aguantar un tiempo —no olvidemos que vivimos en una época en la cual no es nada fácil encontrar un empleo, y menos uno del todo acorde con nuestras necesidades—, pero tarde o temprano la persona altamente sensible empieza a rebelarse.

Esto le pasó a Silvia. Ella trabajaba de dependienta en una exclusiva tienda de marca, donde se vende ropa cara y también, y especialmente, bolsos de diseño. Tocabas estos bolsos y daba gusto: suaves, suaves, suaves, tan suaves como el terciopelo. A Silvia, muy altamente sensible y con un sentido del tacto muy desarrollado, le encantaba tocar la suave piel de estos bolsos.

> Hasta que un día tuvimos un curso, una presentación sobre la fabricación de estos bolsos. Pusieron una película y la cosa empezó genial. Me alegraba mucho ver que los bolsos se fabricaban en nuestro país, en condiciones normales y sanas, en talleres limpios y con mucha luz. No había niños trabajando y sentí una profunda gratitud y orgullo por ser parte de una empresa ética que no quería saber nada de la esclavitud, la explotación y el abuso como el trabajo infantil infrapagado, como todo el mundo habrá visto en reportajes sobre la línea de producción de algunas otras firmas.

Sí, te lo juro, me sentía verdaderamente orgullosa. Pero entonces cambiaron las imágenes y nos enseñaron de dónde procedían las pieles que utilizan para fabricar nuestros bolsos. Mi mundo se derrumbó y el orgullo se transformó en una vergüenza profunda. No quiero ni puedo entrar en detalles, es demasiado fuerte, pero nos mostraron cómo esa piel tan suave, tan aterciopelada, era de corderos sin nacer que sacaron de la tripa de su mamá; cuanto más «bebé» es el animal, mejor es la calidad suave de su piel. No quiero volver a recordarlo, era terrible. Lo único que quiero añadir es que enseguida busqué otro trabajo.

Llama la atención, y se relaciona perfectamente con lo dicho, que no cuenta tanto la remuneración como la satisfacción personal, sentirse identificado con el trabajo porque se aporta algo. Ese «algo» lo podemos encontrar en muchos campos. Cabe añadir que casi todas las PAS, lo mismo las introvertidas que las extrovertidas, buscan un trabajo acorde con sus valores. Y, seamos honestos, no hace falta ser PAS para buscar un trabajo con el cual te puedes identificar. Según un artículo de Bruce N. Pfau, la prestigiosa firma KPMG supo motivar a un altísimo porcentaje de sus empleados haciéndoles creer que eran capaces de cambiar el mundo. Fue mediante pósteres. Algo similar, la motivación, sugiriendo que se comparten ideales, vemos también en empresas como Apple, Semco (la empresa de Ricardo Semler), la banca ética, y otras.

La primera condición para que una PAS se sienta bien en su trabajo es que crea que allí puede contribuir algo al progreso de la humanidad, cuidar el planeta o aportar belleza. Necesita que la empresa tenga valores, una ética que concuerde con su talante.

Esto nos lleva a pensar en varios tipos de trabajos, que se pueden agrupar de la siguiente manera:

El preferido de la gran mayoría de las PAS. Es el favorito porque teóricamente es el que más favorece la libre expresión de las emociones. La pintura o el dibujo, la escultura, la música en todas sus facetas, el diseño en el sentido más amplio, el baile en sus diferentes disciplinas, la escritura, el teatro, el cine y la fotografía ofrecen a las PAS una manera de exteriorizar aquello que les mueve por dentro, aquello que les emociona, que les toca la fibra de su gran sensibilidad. Es absolutamente fantástico que la PAS pueda vivir de las artes, de la creación y de la creatividad que casi siempre corre por sus venas. Muchas veces me dicen: «No soy creativo y no tengo ningún talento». Este, querido lector, puede ser un mensaje de los saboteadores o consecuencia de que en la infancia el ser creativo no era visto como algo necesario o importante, ya que vivimos en una época en la que el intelecto generalmente es valorado por encima de la emoción y la belleza, dos conceptos que no tienen «utilidad» aparente y no te «conducen a una existencia con un buen sueldo y prestigio garantizado». Es una idea muy equivocada basada en un materialismo puro y duro, que niega el gran valor de lo bello. Por cierto, en la crisis laboral que estamos viviendo en estos tiempos ese seco intelectualismo tampoco nos ha aportado felicidad: basta pensar en todos los jóvenes que se volcaron en carreras y más carreras, másteres y más másteres de todo tipo, quedándose al final sin un puesto digno y, en muchos casos, teniendo que emigrar a otros países.

Es posible que el «no tienes talento» equivalga a «no eres Rembrandt o Velázquez, o sea, no te molestes porque te vas a morir de hambre». Lo triste es que por esa mentalidad mucha gente no ha podido dedicar ni un minuto de su vida a tareas artísticas, a pintar o tocar un instrumento por el mero placer de hacerlo, sin aspirar a nada más.

Si tu trabajo no tiene que ver con este campo, solo te puedo aconsejar que en tu tiempo libre realices alguna actividad artística para entrar en contacto con la parte de tu ser donde los altamente sensibles, predominantemente emocionales, podemos dar rienda suelta a nuestros sentimientos.

### *Educación*

Cuando pienso en el concepto de enseñanza enseguida me remito a mi propia educación, la que pude disfrutar en el colegio Waldorf de Ámsterdam hace ya muchos años. Luego pienso en una frase que de vez en cuando aparece en los medios y que dice: «Educar no es llenar cubos, es encender fuegos». Acto seguido pienso en algunos de los maestros y profesores que tuve, la mayoría expertos en encender fuegos, y después me vienen a la mente imágenes de unas cuantas PAS que conozco hoy día y que hacen exactamente eso: ¡saben encender fuegos! El arte de despertar la individualidad de un niño, de conseguir que se entusiasme por algo, por un tema, por un héroe, por una historia, una asignatura gracias al profesor que sabe transmitir su propio entusiasmo y dispone del don de saber presentar algo de una manera viva y vivificada, lo podemos encontrar en una PAS que se siente llamada a trabajar en el ámbito de la educación. Muchos maestros y profesores vocacionales son PAS. No es una profesión fácil, y hacerlo bien y de manera PAS exige mucha fuerza interior, pero si los niños —o algunos de ellos— responden, el maestro tendrá la sensación de que está contribuyendo a algo mayor que su propio interés. La capacidad de ver a cada niño como una individualidad, con su propia chispa divina, provisto de su propia tarea aquí en la Tierra, es algo que podemos encontrar en muchos educadores de este tipo.

Las PAS que deciden entregarse a la enseñanza gozan de mi admiración. Está claro que se trata de trabajo vocacional requiere mucho compromiso y constancia, y cuanto más rígido es el sistema educativo en el cual tiene que moverse, más le costará mantenerse fiel a su fuego interior. Mientras pueda seguir transmitiendo la llama de su entusiasmo, siempre cuidándose a sí mismo y tomándose el tiempo necesario para cargar sus pilas (¡esto es extremamente importante!), podrá superar las dificultades que se irán presentando en su camino. Conozco a una profesora PAS, *requetesensible*, que se dedica en cuerpo, alma y mente a la educación de su clase, se vuelca con su familia y además está sacándose otro título universitario. No podría seguir haciendo lo que hace si no se tomara tiempo para dar paseos, para estar en la naturaleza y para tocar ese pequeño y maravilloso instrumento que le ha cautivado el corazón: el ukelele. Si tú, que estás leyendo esto, trabajas en la educación, has de saber que son indispensables las actividades relajantes para el cuidado de tu propio ser y para manejar los niveles de estrés y de agotamiento inherentes a esa labor tremendamente importante que estás llevando a cabo. Por cierto, ¿os acordáis de esa gran película, *El club de los poetas muertos*?

### *Salud*

El ámbito de la salud en su sentido más amplio llama mucho la atención de las personas altamente sensibles. Y no es de extrañar, ya que sabemos que una de las características del rasgo es la profunda e innata necesidad de ayudar. Entre mis clientes tengo a médicos, a enfermeras, a masajistas y terapeutas de todo tipo, tengo a personas que son trabajadores sociales especializados en el campo de la salud física y la salud mental. Trabajar en este ámbito implica un contacto intenso con la propia emocionalidad y con la emocionalidad ajena. Cada paciente que entre en su consulta o en su despacho conlleva su propio contexto emocional que, en muchos casos, llega a afectar al profesional PAS.

Aunque la mayoría de las PAS que optan por una ocupación de este tipo hace su trabajo por vocación y con la convicción de que aquello que hace es importante y necesario, no pocas veces los niveles de estrés y de presión laboral son tan elevados que la persona se va desgastando poco a poco, dando más fuerzas de las que es capaz de reponer. Pienso, por ejemplo, en el caso de Carla, una médico residente de oncología que trabaja en un hospital de la sanidad pública. Se percibe a sí misma como una persona sensible e insegura, y tiene la sensación de no ser muy comprendida por sus colegas. Carla explica que le encanta su trabajo, aunque le gustaría tener más tiempo para poder entablar un verdadero contacto personal con sus pacientes, un deseo que no es compartido por la gran mayoría de sus colegas, y menos todavía por la Administración de la sanidad pública.

> Por un lado me conviene que no esté permitido dedicar mucho tiempo al paciente —me dice—, ya que si de mí dependiera, estaría horas con un paciente para escucharle y para darle la sensación de que realmente quiero saber quién es y que me importa como persona. El hecho de que ahora solamente disponga de unos minutos, hace que el contacto sea superficial y bastante impersonal. He notado que cuanto menos sé de un enfermo, menos vueltas doy a su problema y menos me involucro. Lo cual está bien, o por lo menos eso creo. O sea, por un lado las reglas me convienen. Por otro lado, sin embargo, no me convienen en

> absoluto, ya que la parte difícil para mí está en la presión laboral y el estrés que me produce el ritmo de trabajo, las horas interminables y la cantidad de gente que tengo que ver en un día. La enorme cantidad de información que esto aporta me hace dudar de si seré capaz de seguir trabajando en este lugar.

Hace medio año que Carla vino a verme por primera vez. Por el momento sigue en el mismo puesto, ha aprendido métodos para controlar los niveles de estrés y está haciendo un curso de *mindfulness* que le ayuda a controlar la ansiedad.

La absorción de las emociones y energías ajenas es un auténtico problema para muchas PAS, y especialmente para los terapeutas. Hay que pensar en la extrema permeabilidad de las PAS, en el hecho de que captamos enormes cantidades de información sin discriminar, para bien y para mal. Sin duda, gracias a ese don una PAS puede ser buena terapeuta. Pero puede tener consecuencias negativas.

Claudio es quiromasajista y cuenta lo siguiente:

> Me encanta mi trabajo, me llena y no quiero hacer otra cosa. Lo que sí quiero es no cansarme tanto y no cargarme como lo estoy haciendo. A veces hasta percibo que una nube de energía oscura se va soltando del cuerpo de un paciente y se me pega a mí. Y cuando esto pasa, me invade un profundo cansancio, la sensación como de tener que aguantar una mochila llena de piedras.

Este tipo de cosas le puede pasar a todo el mundo, pero no dudo de que a las PAS les ocurre antes. Parte del trabajo de masajista y de cualquier terapeuta, especialmente si utiliza las manos para tocar el cuerpo de su paciente, es la limpieza de su campo energético. Muchas veces los terapeutas no son conscientes de que están haciendo esto. Las PAS tenemos esa porosidad que nos facilita transmitir energía sana y limpiarle la carga emocional al paciente, pero algunas veces absorbemos esa carga que no es nuestra y que, por lo tanto, no nos pertenece. Normalmente en el periodo de formación aprendes maneras de cerrarte a energías o entes que no te corresponden. Puede ser que te lo hayan enseñado y se te haya olvidado. Lo importante es tomar conciencia de que como terapeuta PAS te conviene cuidarte un poco más de lo que lo haría alguien en una situación similar, pero con un nivel de sensibilidad más bajo. También es importante que te des cuenta de que cuanto más estrés llevas encima, más «poroso» te haces y más fácil es que te quedes con algo que no te pertenece.

En ambos casos hemos visto que el trabajo dentro del ámbito de la salud es algo que les va muy bien a las PAS. Casi siempre tiene su componente vocacional, por el profundo deseo de ayudar y curar, pero para que el terapeuta pueda desarrollar este tipo de trabajo con ilusión y desde su idealismo, es de máxima importancia que preste atención especial a su propio equilibrio físico y emocional. Si tú, el terapeuta, estás bien, puedes ayudar bien; si tus baterías están flojas, corres el riesgo de entrar en un bucle de estrés que, entre otras cosas, dificultará el control de tu emocionalidad, haciéndote cargar con energías dañinas que no te pertenecen. Para cualquier PAS que trabaja en el campo de la salud es importante realizar algún tipo de «higiene emocional y energética» como el *mindfulness*, practicar la meditación, ducharse a menudo, hacerse limpieza de chakras, trabajar con visualizaciones o técnicas similares, por un lado, y mantenerse alerta a los niveles personales de estrés, por otro. No es un lujo, es una necesidad, y si crees que no tienes tiempo para esas «tonterías», a lo mejor te conviene replantearte el trabajo antes de que empieces a sentirte mal.

*Administrativo*

Parte del don de la alta sensibilidad es, como hemos visto, el ojo para el detalle, el gusto por la claridad y el orden y el carácter concienzudo, características que pueden hacer de la PAS un excelente profesional administrativo. «Administrativo» es un concepto muy amplio y no solamente se aplica a personas que trabajan en oficinas, archivos o departamentos de facturación, por ejemplo, donde no suelen entrar directamente en contacto con clientes o usuarios. Me gustaría incluir trabajos como los de las telefonistas, secretarias, personas que trabajan en bibliotecas, recepcionistas de todo tipo de despachos y consultas, contables y hasta empleados de gestorías. Si tenemos en cuenta las cualidades que acabamos de mencionar, además de su carácter amable, su afán de ayudar y de prestar servicio, es evidente que la PAS es la persona ideal para empleos en los cuales se combina la parte administrativa con el contacto con los ciudadanos. Está claro, sin embargo, que en cuanto la PAS ocupe un puesto que requiera manejar información administrativa y el contacto con clientes a la vez, los niveles de estrés irán en aumento, ya que la cantidad de información que tiene que asumir y digerir se multiplica. Recuerdo el caso de Almu, que trabaja en una clínica donde es jefa de recepción.

> Somos tres en recepción. Las otras dos chicas apenas se ocupan de la parte administrativa, siendo esta mi tarea principal. En realidad son las otras las que tienen que atender, mientras que lo mío es el papeleo. Muchas veces, cada vez más, en la recepción hay cola de gente que pide información de todo tipo, saber dónde está el médico que buscan, qué hay que hacer para solicitar tal prueba... a pesar de que todo está muy bien indicado en los paneles.

Cuando hay cola me veo obligada a ayudar a las chicas. Tener que contestar a este tipo de preguntas en el fondo innecesarias me agota y apenas me queda luego energía para dedicarme a la tarea propiamente administrativa. Es más, no sé cuánto hacerlo, porque casi siempre estoy atendiendo a pacientes y por eso me llevo mucho trabajo a casa. Algo tiene que cambiar, si no tendré que buscarme otro empleo, porque así no puedo seguir.

Cuenta que las tres están detrás del mostrador y el visitante no puede saber que la función de ella no es la misma que la de sus compañeras, porque «desde fuera» parecen iguales. A través del *coaching* vamos encontrando soluciones. Almu tiene la suerte de que sus compañeras entienden su problema y la apoyan en sus experimentos. Lo primero que probamos fue cambiar algo en la imagen proyectada hacia los usuarios. No tiene permiso para poner algún letrero que diga «cerrado», pero su jefe no tiene problemas en que ella se ponga unos cascos bien grandes y visibles, mientras intenta mantener la vista bajada y enfocada en su trabajo. El beneficio de los auriculares es doble, porque no solamente desanima al visitante, sino que a ella la defiende de los ruidos del lugar de trabajo. El efecto es positivo y la mayoría de los visitantes la deja tranquila. Aunque el jefe parece entender su problema y acepta los cascos, queda pendiente una conversación con él. Dedicamos una sesión de *coaching* a lo que le va a decir, a la manera en que se lo planteará y a las posibles reacciones que puede esperar. El jefe la escucha tranquilamente cuando explica que, por estar expuesta a los visitantes, no consigue hacer su trabajo administrativo como es debido; cuenta que en su puesto detrás del mostrador de la recepción se estresa mucho, aunque ahora con los cascos hay una mejoría, y que casi a diario se lleva trabajo a casa por no poderlo terminar en la clínica. Viene a decirle que, básicamente, no se siente a gusto detrás del mostrador. Repite que los cascos ayudan, pero no son una solución ideal, puesto que, cuando ve a sus dos compañeras desbordadas por la gran cantidad de personas que necesita información, se estresa y se siente como si se estuviera escaqueando, se quita los cascos, deja su propio trabajo y se pone a ayudarlas, cuando, en realidad, es la administración lo que necesita toda su atención. Añade que sabe perfectamente que debería seguir con lo suyo, pero le pesa más la lealtad a sus compañeras. Lo que no añade es que, como PAS, percibe la impaciencia y la irritación de las personas que están esperando su turno.

El jefe valora mucho a Almu y le pregunta si tiene una solución.

> Como veníamos hablando del tema en la sesión le pude explicar mis ideas. En primer lugar, que me parecía una buena solución mejorar la señalización para evitar preguntas innecesarias, pero también le propuse que me dejara, por lo menos durante dos días a la semana, una mesa de trabajo cerca de la recepción, pero un poco más apartada del mostrador, donde sería capaz de trabajar sin ser interrumpida cada dos por tres.

La señalización nunca cambió, pero Almu sí consiguió el permiso de colocar una mesa en el armario amplio que había en el recinto de la recepción, donde había sitio suficiente para crear el minidespacho que ella necesitaba. Consiguió una mejora de la calidad de su espacio laboral sin tener que dar explicaciones sobre su alta sensibilidad, algo que generalmente no es una buena idea. Quien no es PAS no puede comprender lo que pasa en el pensamiento y en el sentir de una persona altamente sensible (como ser consciente de la irritación y la impaciencia de la gente que está esperando), pero todo el mundo sabe exactamente qué significa tener estrés. Sobre el estrés se puede hablar, y a veces también sobre ataques de ansiedad y problemas de sueño.

La de Almu es una historia de éxito, lo sé, porque ella tiene la suerte de que el jefe se da cuenta de que es una muy buena empleada. No todos los jefes son así. Creo que hablar siempre es importante y para que una conversación tenga éxito también es muy importante tener claro qué es lo que vas a decir y de qué manera, desde qué actitud. En este sentido es mejor que no te presentes como una PAS (casi nadie te va a entender) ni desde una posición de víctima. Tener claras tus cualidades y la parte positiva que puedes aportar a la empresa que te emplea te permite comunicarte con una actitud proactiva y positiva. En el capítulo 5 puedes informarte sobre herramientas de comunicación y sobre el papel de víctima.

Espero que quede claro que los trabajos administrativos generalmente son aconsejables para una PAS. Pero ningún trabajo es igual al otro en cuanto al espacio en el que tienes que desarrollar tu actividad laboral o en cuanto a la cantidad de información sensorial que el puesto te hace captar. Lo mismo puede decirse en cuanto a los compañeros, que no pueden elegirse, como tampoco puedes escoger al jefe. Evidentemente ocurre así en todo tipo de trabajo, no solo en el ámbito administrativo. Lo único que digo es que la PAS, en función de sus cualidades ya mencionadas, puede ser una buena administrativa. Por cierto, vemos a muchas PAS trabajando en los muchos departamentos y despachos de la administración pública.

### *Justicia*

A nadie le extrañará que haya un gran número de PAS que optan por la carrera de Derecho. Si pensamos en la importancia de los valores como una de las características del rasgo de la alta sensibilidad, está claro que muchos se sienten llamados a buscar una ocupación laboral que les permita defender lo justo, lo correcto y lo bueno en cualquier ámbito de la sociedad. Como vimos en las PAS que optan por trabajar en la educación o en la sanidad, también en el ámbito de la justicia se puede hablar de la vocación como factor que lleva a la PAS a decantarse por un trabajo en el cual tiene la sensación de poder aportar algo, de ser útil. Evidentemente el campo laboral que se presenta a la persona que acabó la carrera de Derecho es muy amplio y muchas veces el título en sí solo sirve de mero trampolín, permitiendo a la persona realizar un trabajo acorde con sus propios valores. Conozco a PAS que han estudiado Derecho y que acabaron trabajando en despachos jurídicos (lo más lógico), en grandes aseguradoras, en la banca, en el departamento jurídico de empresas de todo tipo, como en alguna ONG y en muchos sitios más. La PAS no siempre se encuentra a gusto en el trabajo, ya que es posible que, en función de la tarea que le toque, no tenga la satisfacción de contribuir al bienestar de la sociedad en general, y se vea únicamente como un empleado más que trabaja para el bien de la empresa. Sé de dos PAS que, encontrándose en una situación de este tipo y no aguantando la traición a su propio ideal, dejaron ese empleo de poca satisfacción personal y optaron por otra carrera totalmente distinta para poder satisfacer su profundo deseo de hacer un trabajo que mejore el mundo. Una de ellas optó por la arteterapia y la otra acabó ayudando a mujeres maltratadas.

Si eres una PAS que siente una fuerte vocación por la defensa de los más débiles de nuestra sociedad, la distribución igualitaria de lo material, el comercio justo, los derechos humanos fundamentales, seguramente es en el ámbito de la justicia donde tienes que buscar tu puesto de trabajo. Soy la primera en animarte. Eso sí, hay que saber que trabajar en estos ámbitos laborales no siempre es fácil; en general son muchas horas relativamente mal pagadas, las vivencias pueden ser duras y suele requerirse una dedicación y un compromiso de más del cien por cien, lo cual a la mayoría de las PAS no les supone ningún problema. Las PAS que conozco y que están haciendo esta labor son gente absolutamente maravillosa. Pueden aguantar la pesada carga laboral porque se cuidan a sí mismos con técnicas de minimización del estrés y el cansancio. También cabe comentar lo que dice Mónica:

> En realidad no me canso. Hago lo que el alma me pide. Bueno, es duro, sí, y a veces me pregunto si no me iría mejor otro tipo de trabajo más tranquilo y con menos carga emocional, pero son dudas que van y vienen; son saboteadores que atacan cuando estoy muy cansada, claro. Hay momentos en que tengo la sensación de que algo me lleva, me ayuda y me da soporte. Supongo que tiene que ver con el hecho de que lo hago porque realmente creo en ello. Y si me preguntas si lo que hago es vocacional, te contesto que sí, ya que de otra manera no aguantaría.

Creo que en esta categoría también cabe incluir a los (pocos) políticos PAS; personas que, desde un profundo deseo de mejorar la sociedad, se sienten llamados a luchar para hacer cambios. Es gente motivada desde sus valores y no desde el deseo de llenarse los bolsillos a costa de la sociedad. Les llama lo correcto, lo justo, o sea que buscan la justicia para todos. Una distribución justa de la riqueza en la cual unos tendrán que dejar de tener un poco para que otros, que no tienen nada, también puedan llevar una existencia digna. Conozco a gente así y nada tienen que ver con la imagen típica del político corrupto e inmoral. A lo mejor no tienes la suerte de conocer a este tipo de gente en tu entorno, pero todos sabemos quiénes son: Nelson Mandela, Mahatma Gandhi o José Mujica, el presidente de Uruguay.

### *Trabajo enfocado a la flora y la fauna*

Existen pocas personas altamente sensibles que no sienten alegría en el corazón cuando piensan en la naturaleza en su sentido más amplio. A mí, en este momento, me vienen imágenes de bellos paisajes, lagos, bosques, montañas, glaciares, pero también de árboles, hayas, un ciprés, un abedul, un castaño, y de una gran cantidad de flores y de frutas... Puedo seguir, pero me imagino que a ti, lector, te pasa algo por el estilo. ¿Y la fauna? Pues más de lo mismo: desde mi perrita y la gata de mi hija (y los gatos y otros perros que he tenido en el curso de mi vida) hasta los caballos, los burros y las ovejas de mi vecino, y los pájaros... Me invade una sensación de gratitud profunda por los milagros de la creación. La naturaleza representa belleza y calma, pero no todo es bello y bueno o pacífico en el reino animal, ya que también existe la parte que, desde nuestra perspectiva humana, vivimos como crueldad.

Muchas PAS dedican su vida laboral a alguna tarea relacionada con el cuidado del planeta, y no me refiero necesariamente a las ONG que lo tienen como su objetivo principal. Entre mis clientes cuento con jardineros, arquitectos, paisajistas, agrónomos y agricultores, por un lado, y con veterinarios y biólogos de todo tipo por otro. También una técnico de medio ambiente, una mujer muy PAS a quien en verano le toca apagar incendios en el monte. Les motiva esa fuerte llamada interior que es puro amor por todo lo que crece y se mueve, por la sostenibilidad de nuestro maravilloso planeta; cada uno de ellos es una persona con un fuerte compromiso. De casi todos se podría decir que trabajan para el bien común, cuidando, protegiendo y vigilando la sostenibilidad para que futuras generaciones puedan disfrutar de un medio ambiente sano y equilibrado. Sé que a veces se preguntan si tiene sentido tanto sacrificio para algo que —en la gran mayoría de los casos— no muestra un resultado inmediato, pero esa duda suele durar poco, ya que enseguida vuelven a tomar conciencia de la faceta más trascendental de su trabajo.

Muchas PAS de este grupo desarrollan su actividad laboral fuera, en el campo, en la naturaleza, lo cual les sienta bien, ya que una persona altamente sensible por lo general se encuentra mejor fuera de la ciudad, en lugares con menos información sensorial. Muchos hablan también de lo emocionalmente enriquecedor que es poder dedicarse a algo vivo, al cuidado de la vida misma.

### *Autónomos*

Finalmente existe un gran grupo de PAS que han optado por una existencia independiente, por ser sus propios jefes. Conozco a diseñadores gráficos, a dos filólogas que han montado su propia librería, a un filósofo que se dedica a la escritura y la traducción, sé de un inventor, dos capitanes de barco que viven del alquiler de sus naves haciendo travesías chárteres, unos cuantos bioconstructores, un fontanero que en realidad es poeta y fotógrafo, una directora de una escuela de música, terapeutas de todo tipo, un notario, varios psicólogos y médicos, una diseñadora de moda... y podría seguir. Lo que motiva a estas PAS es la autonomía laboral, el hecho de no tener que responder ante nadie ni obedecer a nadie. Se evitan conflictos con compañeros y la obligación de tener que aguantar a otros. Muchos han empezado su carrera laboral en una empresa, por cuenta ajena. Algunos han salido por decisión propia cuando se dieron cuenta de que trabajar como lo estaban haciendo no solamente no les gustaba, sino que les suponía un desgaste físico y emocional que (ya) no estaban dispuestos a sufrir. En algunos de estos casos podemos hablar incluso de abusos de varios tipos (explotación, *mobbing*) y de situaciones laborales ilegales. Otros decidieron arriesgarse después de haberse quedado en la calle (por quiebra de la empresa o por ser despedidos).

La mayoría de las PAS vive cualquier cambio como un desafío. Ya hemos visto que tomar una decisión sin ser asaltado por las dudas es algo bastante ajeno a la personalidad de una PAS. Tanto en el caso de vivir un cambio como en el de tener que tomar una decisión, siempre se abren muchas posibilidades, y eso abruma. Y si abruma porque se capta un exceso de información, también puede aparecer el miedo. Ya sabes que una PAS, por todos los detalles que va recogiendo en el curso de su vida, dispone de un enorme banco de datos. Poder disponer de muchos datos es bueno y sumamente práctico en el momento en que te toca buscar soluciones, pero de la misma manera puede llegar a abrumarte cuando llega el momento de tomar una decisión.

Emprender algo nuevo, tomar la decisión de montar tu propio negocio da pavor. Lo sé y siendo PAS es bastante normal. Aun así, se puede decir que a muchas PAS la decisión de hacerse autónomo les ha resultado una experiencia positiva.

Una de las características PAS es la duda, la dificultad de llegar a tomar una decisión, en parte causada por el miedo a equivocarse. A mis clientes les enseño que el concepto «equivocación» no aporta mucho; es mucho más positivo pensar en el posible error como una enseñanza. Si partes de la idea de que nunca puedes tener al cien por cien la seguridad de que tu decisión te dará el resultado que esperas, pero que, pase lo que pase, siempre aprenderás algo, te será más fácil soltar ese miedo paralizante (¡y ese perfeccionismo irreal e inalcanzable!) y dar el paso decisivo.

Hago hincapié en la duda y el miedo porque sé que hay muchas PAS que desean dar el salto hacia el estado de «autónomo», pero que no se atreven. La enorme ventaja de poder trabajar por tu propia cuenta, muchas veces con la posibilidad de ajustar el horario a tu necesidad como PAS de desconectar de vez en cuando, te aportará un mayor bienestar. Trabajar en un entorno que elijes (una iluminación que no te molesta, las plantas y los cuadros que quieres ver, tu propio tono de llamada en el teléfono, ventanas que puedes abrir o cerrar cuando quieras para adecuar la temperatura a tus necesidades), con la gente que quieres tener cerca, o trabajar a solas, significa para muchas PAS una mejora inmediata y considerable en cuanto a sus niveles de estrés.

No digo para nada que tengas que hacerte autónomo aunque no quieras. No intento convencerte para que te lances sin más a una aventura para la cual a lo mejor (aún) no estás preparado. Lo único que me gustaría transmitirte es que ser autónomo ofrece claras ventajas para muchas PAS, aunque sé que no todas las PAS serán capaces de perseverar y de luchar si la cosa no sale a la primera (algo que puede pasar y conviene tener en cuenta). La imagen que os acabo de pintar quizá sea ideal, pero la realidad no siempre es tan bella y raras veces es fácil salir adelante como autónomo. Aparte la perseverancia y las ganas de luchar también conviene contar con el apoyo de los tuyos y —casi siempre— con un margen financiero, ya que el peligro de tener un duro tropiezo económico no te lo quita nadie. En todo caso, te aconsejo buscar un buen asesor que te ayude a valorar las posibilidades y las dificultades que puedes esperar en tu nueva aventura. Eso sí, la duda paraliza, la decisión te saca de tu zona de confort.

Hemos visto pasar muchas profesiones, muchos perfiles laborales desde la perspectiva de la personalidad altamente sensible. Está claro que el «perfil» PAS simplemente no existe. En sí esto no es extraño, ya que somos mucho más que altamente sensibles; la alta sensibilidad es solo una faceta de nuestro ser. Eso sí, es una faceta muy importante que va determinando la manera en que nos desarrollamos en la vida y cómo nos enfrentamos a ella, abrazándola o rechazándola.

Sea cual sea el tipo de trabajo que elige la PAS, siempre vemos que, dentro de lo posible, buscará uno que le pueda aportar algún tipo de bienestar emocional, sentirse bien y considerarse útil porque está haciendo algo conforme a sus valores. Está claro que la recompensa económica es importante, porque hay que vivir y pagar las facturas, pero para la mayoría de las PAS el sueldo pesa menos que el bienestar emocional.

Para que la PAS se sienta bien en un trabajo, no solamente tiene que compartir los valores y la ética de la empresa, también influyen los distintos factores del entorno físico. Ya lo hemos dicho antes, pero no está de más repetirlo, ya que se trata de algo fundamental para una PAS. Como bien sabes, la persona altamente sensible se distingue por la peculiaridad de que tiene un sistema neurosensorial muy desarrollado, mucho más sensible en cuanto a la recepción de la información que, como le pasa a cada ser humano, le va llegando de forma continua desde el entorno. Dicho de otra manera, la PAS recibe muchísima más información que una persona de una sensibilidad mediana y que dispone de un sistema neurosensorial normal. Por lo tanto, se puede decir que la PAS está sometida a un constante bombardeo de sus sentidos. No puede remediarlo, ya que es algo sobre lo cual no tiene control. Eso sí, puede ir en busca de lugares con menos luz, menos ruido, menos gente, menos información visual, vamos, un lugar más o menos tranquilo con poca información sensorial en general. Un trabajo puede ser muy acorde a los valores y la ética de nuestra PAS, pero si le obliga a pasar varias horas en una planta o en un despacho con mucho ruido o con luz artificial y sin ventanas, no va a aguantar mucho. Y no será porque no quiera, es simplemente porque estará sometido a demasiada información sensorial que no tardará mucho en cansarle y saturarle, llevándole al cabo de cierto tiempo a una situación de sobrecarga y de sobreestimulación. Es probable que el estrés le llegue a producir algún tipo de bloqueo, alguna señal de su cuerpo que le obligará a parar. El estrés por lo general se manifiesta empezando por una sensación de irritación, por una incapacidad de refrenar las contestaciones malas y bruscas, para, más adelante, dar lugar a posibles ataques de pánico o de hiperventilación, sudoración intensa, temblores, mareos o similares. Si quieres profundizar sobre el tema del estrés en relación con la alta sensibilidad, encontrarás más información en la guía de consejos al final del libro.

## Por qué somos buenos empleados

En su charla después del estreno del documental *Sensitive*, que tuvo lugar en San Francisco en septiembre del 2015, Elaine Aron dijo: «Las personas altamente sensibles son los mejores empleados que un jefe pueda desear. Trabajan bien, son leales, tienen tendencia a ser perfeccionistas, por lo que raras veces se equivocan. No perderán tiempo valioso en todo tipo de tonterías. Harán todo para ayudar a los compañeros, cuidarán de los espacios comunes, son ordenadas y cumplidoras. Eso sí, necesitan calma y tranquilidad a su alrededor, posiblemente también necesiten luz natural, alguna planta o algo de arte en su despacho, y necesitan ser respetados y valorados por su constancia, por su creatividad y por sus ideas intuitivas. Requieren un horario a su medida. Si sus necesidades son cubiertas, pueden llegar a ser los mejores empleados de la empresa». Y riéndose, añadió: «Ahora, a ver qué jefe se atreve a aceptar todas esas condiciones para darte una oportunidad».

Es verdad, si nuestro entorno estuviera dispuesto a aceptar nuestras diferencias, esas características específicas que hacen que en general no encajemos demasiado bien en el sistema, pero que, justamente, nos hacen trabajar con tanta dedicación y compromiso, no tendríamos ningún problema. Al contrario, estaríamos encantadas de la vida y dispuestas a sacrificarnos por la empresa que sepa valorarnos de esta manera. El problema, sin embargo, es que no podemos pedir que nos acepten, ya que la cosa no funciona así. De nosotros depende asumir que tenemos nuestras «cosillas», y a nosotros nos toca responsabilizarnos de ellas.

El capital de una empresa es su gente; cada vez hay más empresas que se dan cuenta de ello, pero es un proceso lento. La gente, los empleados, no son robots, sino seres humanos, seres vivos con emociones. Intentar suprimir la emoción en el entorno laboral es una equivocación. ¿Qué se puede pensar de alguien que hace su trabajo con alegría? Las PAS vivimos desde la emoción; es la emoción lo que nos motiva, lo que nos abre y que nos pone en contacto con la intuición. Cuando la PAS se siente a gusto y valorada en una empresa puede aportar muchas buenas ideas para renovarla y crecer, puede animar al compañero que tiene un bajón, puede ayudar a humanizar el entorno en el cual PAS y no PAS trabajarán con gusto y ganas, formando de manera natural y orgánica ese *team*, ese equipo que muchas compañías intentan imponer a base de cursillos, premios e incentivos y sentimientos no siempre muy auténticos.

No poder trabajar ocho horas seguidas, o no poder con un día laboral que vaya de las diez de la mañana hasta las diez de la noche como consecuencia del nefasto invento del horario partido, no es una señal de debilidad. La PAS no es débil; de hecho, es muy fuerte, ya que sabe aguantar mucho más que la no PAS. La no PAS no se puede imaginar la cantidad inmensa de información que recogemos en una hora, en un día laboral. No sabe cómo se «siente» eso por dentro. Es una pena que las no PAS no puedan entendernos, y no podemos hacer mucho más que intentar explicar cómo funcionamos, dar alguna información seria sobre nuestra forma de ser. Por lo demás, hemos de asumir que esto es así. Pero lo que es importante, muy importante, es darnos cuenta de nuestras muchas cualidades. Hemos de tener muy claro que para nada, para nada en absoluto, somos débiles. Somos diferentes, nuestra fuerza se manifiesta de otra manera.

## Encuentra tu vocación

A lo mejor has leído *El elemento*, de Ken Robinson. Si no lo has hecho, te recomiendo hacerlo, o por lo menos buscar las conferencias de este autor en TED o en YouTube. Robinson es un hombre interesante. Es un educador, escritor y conferenciante británico que ha investigado mucho sobre la necesidad de implantar actividades creativas en la enseñanza, algo que, desgraciadamente, cada vez se hace menos. La máxima intelectualización rige las normas de la enseñanza pública y para el arte, para la creatividad, cada vez hay menos dinero y menos tiempo disponible. «Un grave error», dice Robinson, y estoy completamente de acuerdo.

Es un hecho de sobra demostrado que el aprendizaje intelectual es mayor si va acompañado de actividades creativas o deportivas. Trabajando con los miembros, manos y piernas, se digiere la información cognitiva y se evita la saturación cerebral. El método no solo es bueno para a las PAS, sino para todos los alumnos. En una enseñanza como la que se imparte en Waldorf y, en cierta medida, también en las escuelas Montessori el alumno puede disfrutar de mucha actividad artística.

La creatividad en la enseñanza no solo es importante para la mejora de la actividad cognitiva, sino que también ayudará al niño a descubrir su propia emocionalidad y, también, sus posibles talentos en campos artísticos como la música, el teatro, el dibujo, la escultura, etc. Si la oferta estándar de asignaturas no sienta las bases para una posible carrera artística, evidentemente no es una oferta completa. No todo el mundo quiere estudiar ciencias o idiomas. Es difícil descubrir tu vocación como violinista si en la vida no te dejan tocar y experimentar con un instrumento de cuerdas, ¿verdad?

No hace mucho tuve una conversación muy interesante con Pablo, quien después de haber leído *El elemento*, se dio cuenta de que todavía no tenía nada claro cuál era su «elemento», su vocación, su tarea vital. Lo interesante fue que, en el curso de esta conversación, llegamos a darnos cuenta de que la pregunta «¿Qué vengo a hacer en esta vida?» puede no tener una respuesta clara. Miramos los trabajos que había tenido hasta entonces y el nuevo que le esperaba (le acababan de contratar en una empresa joven y dinámica) y por el cual se sentía muy ilusionado. Investigamos la parte que le gustaba, que le motivaba en todos esos trabajos, los pasados y el futuro. Vimos cómo lo que le llamaba la atención no era tanto el trabajo en sí, sino el componente humano, la conversación, el contacto con otras personas. Los envases que vendía en una empresa, las mermeladas que vendía en otra fábrica o la maquinaria que vendía en la tercera eran la excusa para poder tener conversaciones de verdad con los clientes.

Una vez que tuvo claro que el trabajo que hacía le importaba, no tanto por el producto que vendiese, aunque era por eso por lo que cobraba, como por poder escuchar al cliente y verlo como un ser humano, comprendió que ese es su elemento.

> Siempre soñaba con dejar una huella, y no sabes la cantidad de libros de autoconocimiento que he leído, intentando descubrir mi verdadera tarea en el mundo. Ahora lo entiendo. Ahora sé qué es. Aunque en mi contrato pone «marketing y venta», no es lo que hago principalmente. Lo que hago es algo nuevo, algo que aún no tiene nombre, ya que el concepto no se ha creado todavía. Se podría pensar que soy o *coach* de los clientes, o... no sé. No me compran porque les vendo algo, me compran porque les escucho con interés por lo que desean, lo que piensan y lo que buscan y necesitan.

La conversación sigue y le pregunto por su relación con los compañeros. Se ríe.

> No me había dado cuenta, pero creo que se puede decir que es un poco más de lo mismo. No me gustan los conflictos, y tengo facilidad para captar si hay ciertas tensiones entre la gente, situaciones que, si no se hace nada, desembocarán en un conflicto. Siempre que detecto algo así, me pongo a hablar con la gente. Les escucho y les ayudo a expresarse, a sacar aquello que les moleste. Supongo que puedes decir que lo que estoy haciendo es ayudar a crear una cultura empresarial que se caracteriza por el respeto y la escucha.

Se calla y reflexiona; le doy el tiempo que necesita, y después de una breve pausa, sigue: Es una especie de *coaching*, pero no exactamente eso. Va más allá, es como si abarcara más. A lo mejor me equivoco, porque nunca he seguido una formación en *coaching*, pero me baso un poco en los comentarios de mis colegas y compañeros. Nunca me he puesto a pensar sobre esto, porque es algo que hago sin darme cuenta. Es más, en mis trabajos anteriores lo hacía, y cuando había conseguido cierta armonía en mi lugar de trabajo, me iba y buscaba otro empleo. Me iba porque tenía la sensación de que necesitaba un nuevo desafío, un nuevo proyecto, y no porque me hubiera cansado de vender lo que en cada empresa tenía que vender, pues eso, oficialmente, era mi trabajo.

Esta conversación me hizo ver algo que en el fondo ya sabía, pero que quizá no tenía tan claro. Las nuevas generaciones vienen con nuevos retos, con nuevas ideas. Las profesiones clásicas tal como las hemos conocido hasta ahora no han servido ni sirven para resolver los grandes retos de nuestro tiempo, como son, por ejemplo, la creciente desigualdad, injusticia y deshumanización, la pérdida de valores y el sufrimiento del planeta. Necesitamos nuevas maneras de ver las cosas, nuevas ideas y, evidentemente, nuevas profesiones basadas en la conciencia y en la hermandad. Estamos hablando de nuevos conceptos que todavía carecen de un nombre adecuado y, por lo tanto, no nos queda otra opción que la de utilizar palabras (conceptos) conocidas que nos ayuden a buscar las correspondientes definiciones.

¿Por qué os cuento todo esto? Porque creo que se trata de un campo en el que las personas altamente sensibles pueden jugar un papel. «Innovación» es un concepto conocido que sirve de receptáculo para nuevas maneras de comunicar y de crear, basándose en el respeto y la igualdad. Las PAS pensamos y sentimos de una forma diferente. Muchos son conscientes de que el consumismo materialista ya no sirve porque, entre otras muchas cosas, está acabando con los recursos y provoca una fuerte desigualdad y mucho sufrimiento en personas y animales. Las PAS, la mayoría de ellas dotadas de una gran creatividad, pueden desempeñar un rol importante en la creación de nuevas soluciones sostenibles, basadas en valores éticos. Lo he dicho más de una vez y me gustaría repetirlo: ¡yo creo en la persona altamente sensible!

**RESUMIENDO**

- La persona altamente sensible suele ser un buen empleado. Sus muchas cualidades —lealtad, afán para hacer bien su trabajo, entrega, compañerismo…— hacen que un jefe solamente pueda estar contento con ella. Sin embargo, muchas veces no es así y la PAS no se siente valorada ni a gusto; aparte de la gestión del estrés, que puede acarrear problemas respecto a los valores de la empresa que la emplea.
- Igual que la gran mayoría de los seres humanos, la PAS necesita sentirse útil y valorada, pero también necesita saber que con su trabajo puede contribuir algo al mayor bienestar del planeta. Le suelen mover temas como la justicia, la sostenibilidad, la dignidad... Dado que es alguien con visión, puede aportar buenas ideas e, incluso, crear nuevos tipos de trabajo para sacar el máximo provecho de todos los talentos que tiene.

# 4

# PAS Y RELACIONES SENTIMENTALES

Relacionarse de la manera que sea nunca es fácil para nadie, tanto si eres altamente sensible como si no; el buen contacto intensivo mantenido a diario se aprende, y no conozco a nadie a quien no le haya costado en mayor o menor medida. Gracias al contacto con la otra persona tenemos la oportunidad de descubrirnos a nosotros mismos, de llegar a conocernos. Cuanto más intensa es la relación y más grande el compromiso que existe entre los dos, más nos iremos encontrando a nosotros mismos, descubriendo los puntos de nuestra personalidad que requieren atención.

A lo mejor recuerdas que una de las características básicas que determinan el perfil de la persona altamente sensible es su fuerte emocionalidad, y esto en sí ya puede servirnos para entender el hecho de que, como PAS, por lo general y en la medida en que se va prolongando, experimentamos la relación de pareja como un enorme desafío. Los altamente sensibles solemos operar desde nuestro centro, desde la emoción, el corazón, que tan fácil se desborda. Cuando esto ocurre, puede que pensemos con menos claridad, lo cual influye en nuestros actos.

Las PAS, aunque no tengamos la exclusiva de esta tendencia, generalmente nos solemos enamorar con facilidad. Parece ser que los flechazos son lo nuestro. En el flechazo nos enamoramos de la luz que tiene la otra persona, de su parte más bella y noble o, como suelo llamarlo, de su chispa divina. Como PAS percibimos más de lo que ofrece la realidad aparente, y por lo tanto es posible que ya en la primera impresión podamos ver su alma, su potencial. Esta chispa puede deslumbrar, y si pasa, enseguida ponemos al objeto de nuestro amor en un pedestal y le adoramos a través de unas gafas que lo ven todo de color rosa. Más de una vez, en silencio, a distancia. A veces todo se queda ahí, en el enamoramiento platónico, pero en muchas ocasiones hay un siguiente capítulo.

El objeto de tu amor responde, se enamora también de ti y nace la relación. Los dos estáis llenos de ilusión: has encontrado tu pareja perfecta y todo es maravilloso. Cada relación afectiva pasa por un tiempo inicial de fuerte enamoramiento. Si eres PAS es posible que tu estado emocional sea tan intenso que casi no puedas pensar en otra cosa. Toda tu vida gira alrededor del chico o de la chica que ha llegado a poseer tu corazón. Es precioso, pero también duele, ¿no es así? Está claro que no hace falta ser PAS para experimentar el enamoramiento de esta manera, pero diría que la gran mayoría de las PAS lo viven como algo que es casi más fuerte que ellas mismas, sobre lo cual no tienen control; un fenómeno que es maravilloso, pero que al mismo tiempo también da miedo, y no en último lugar, porque la relación conlleva un cambio, y ya sabemos muy bien que las PAS comúnmente necesitan algún tiempo para poder encauzar los cambios. En cuanto la relación empiece a cuajar, irán surgiendo cuestiones que habrá que gestionar, y para poder hacerlo con éxito se requiere cierto nivel de conocimiento del rasgo a *grosso modo*, pero también una notable dosis de autoconocimiento.

## ¿Somos diferentes?

Partiendo de las necesidades básicas que tenemos como seres humanos, parece que no hay mucha diferencia entre lo que necesita una PAS y lo que necesita una persona con una sensibilidad menos desarrollada. Todo el mundo busca más o menos lo mismo: ser respetado, amado y valorado, tener intimidad, cercanía, comunicación y seguridad. Pero pese a ello creo que sí hay diferencias, porque parece ser que una PAS necesita lo mismo, pero en mayor medida. Otra cosa que los altamente sensibles necesitamos mucho más que la mayoría de la gente es tiempo. Tiempo para estar a solas, tiempo para desconectar, para dedicarlo a las actividades creativas o deportivas que prefiramos, o simplemente para meditar. También necesitamos conexiones profundas, que nuestra relación de pareja sea un proyecto en común, lleno de sentido. No suelen irnos las relaciones superficiales

Somos, ya se ha dicho varias veces, intensos. Nos enamoramos con intensidad y amamos de la misma manera. No sabemos amar a medias. Más de una PAS me ha dicho estar segura de querer más a su pareja de lo que su pareja la quiere a ella.

Solemos querer más a la pareja que a nosotros mismos, y esto puede llegar a ser un problema. Si quieres más a otra persona que a ti mismo, puede pasar que no te cuides como es debido, porque siempre estarás pendiente de la otra persona, dando, dando y dando. Si eres así, si eres una PAS y haces todo eso, si realmente llegas a sacrificarte para que la otra persona sea feliz y no tenga motivo de queja, no eres la única. Pero, aunque te sale como algo natural, como algo bueno, en realidad no lo es tanto y no es muy conveniente para ti. Cada uno tiene un límite de fuerza vital, de energía, y lo sano es no dar más de lo que puedes generar. Generamos energía cuidándonos a nosotros mismos. Por ejemplo, estando a solas, dando un paseo por la naturaleza, meditando, cantando, leyendo un buen libro, o incluso en compañía, manteniendo una buena conversación o haciendo el amor; cada uno sabrá qué tipo de actividad le va mejor para reponer sus fuerzas y cargar las baterías. Es cierto, para una PAS probablemente es mucho más fácil, más lógico y del todo natural estar pendiente de la gente de su entorno. Antes comentaba que la PAS tiene sus antenas apuntadas hacia fuera, rastreando el entorno. Esa es su posición natural y en este sentido nos solemos ver como buenos novios, buenos amantes, buenas parejas. Dirigir las antenas hacia nuestro interior, haciendo un escaneo de lo que nuestro organismo necesita y pide, no es tan fácil para gente como nosotros y casi siempre requiere voluntad, una decisión, un acto consciente.

## Generosidad en la relación, ¿hasta qué punto?

Hemos dicho que las PAS tenemos las mismas necesidades básicas que las no PAS, pero que necesitamos más de cada uno. Y aparte, necesitamos más tiempo: tiempo para nosotros, para poder generar energía y poder desestresarnos. Eso es vital. Sin embargo, lo que pasa es que tenemos la tendencia natural a dar, y donde más damos de nosotros mismos y generalmente también de nuestros recursos es en la relación. Somos gente amable y queremos que los demás se den cuenta. Somos capaces de cuidar de todo el mundo, pero nos cuesta cuidarnos a nosotros mismos.

«Mientras Pedro está contento, yo también lo estoy», comenta Marisa. Ella es médico y trabaja en la sanidad pública; un trabajo intensivo y de muchas horas, lo cual, como es PAS, le hace gastar muchas fuerzas. Pedro y Marisa tienen dos hijas pequeñas y, además, ella tiene una madre mayor que necesita mucha atención. Pedro trabaja en una empresa y también tiene jornadas laborales largas e intensas. Marisa es PAS, Pedro es una persona atenta y sensible, pero no es PAS. Y ella está cansada, muy cansada. Se da cuenta de que no puede con la carga laboral, el cuidado de las niñas, las preocupaciones por el bienestar de su madre, la casa y la atención que, como pareja, requiere Pedro. La totalidad de sus cargas pesa demasiado y sus baterías están vacías. Le pregunto si tiene tiempo para ella misma. Se ríe. «Sí, claro, cuando voy al baño». Por mucho que trata de convencerse de que todo eso es temporal, que ya vendrán tiempos mejores, que las niñas crecerán y que (con una sonrisita culpable) su madre no tendrá una vida eterna, no se siente mejor.

«Cuáles son tus opciones?», pregunto. «No tengo opciones», contesta. «A no ser que deje de trabajar, y esa no es una opción, porque necesitamos el dinero».

Hablar con Pedro tampoco es una opción. Él cree que es una Superwoman y, según ella, da por sentado que lo sabe manejar todo sin problemas, y encima feliz y sonriente.

> Hago lo que puedo para dar la impresión de que, efectivamente, puedo con todo, porque lo quiero ver contento. Mientras que esté contento no hay conflicto, y no se verá defraudado. Quiero evitar a toda costa que se sienta engañado. Cada vez que me llama Superwoman me siento horriblemente culpable, me encojo por dentro. Porque le he engañado, lo sé. Le he hecho creer que soy fuerte, muy fuerte, mientras que sabía muy bien que, siendo una PAS, no soy fuerte a la manera, digamos, convencional, como él se piensa que lo soy. Sé que, en realidad, debería cuidarme más y trabajar menos. Estoy atrapada.

Marisa ha entrado en la relación como la persona generosa que es, pero olvidándose de sí misma en el proceso. No es extraño, nos ha pasado a casi todos; nos encanta cuidar al otro, hacer todo para que él o ella se sienta bien y amado y, gracias a ello, sentirnos bien nosotros porque recibimos el mensaje de que nos quieren. Dicho de otra manera, en muchos casos dejamos que nuestra felicidad dependa del bienestar de nuestra pareja, y esta es una posición que tarde o temprano pasa factura. Sin excepción.

En el caso de Marisa no cabe dudar: tendrá que hablar con Pedro y explicarle qué le pasa y por qué. Tendrá que contarle que es PAS, que está saturada, que necesita un ritmo de vida menos intenso. Teme un conflicto, pero si pregunto por los conflictos que Pedro y Marisa han tenido entre ellos, o por los conflictos que Pedro tiene con otras personas, deduzco que él no es para nada una persona conflictiva. Ella sabe que, en el fondo, su miedo puede ser una proyección de su propia inseguridad. Se siente culpable por haberse hecho pasar por quien no es. También dice estar segura de que Pedro le va a llamar de todo, que odia a las mujeres débiles y que pensará que sus supuestas necesidades son una excusa para poder llevar una vida fácil, propia de una persona perezosa. Hablando un poco más sobre el carácter de Pedro se da cuenta de que todas las cosas que acaba de decir son fruto de su imaginación, ya que Pedro nunca le ha dicho nada cuando decía sentirse cansada o cuando hizo comentarios sobre la intensidad del trabajo.

Me pide consejo, una idea de cómo empezar la conversación que tiene pendiente. No soy muy de consejos, ya he dicho que pienso que generalmente la persona misma sabe mejor que nadie lo que tiene que hacer para sentirse mejor, pero en casos como este, cuando tenemos que explicar que somos PAS, o que nuestro hijo es PAS, sí puedo dar alguna idea que contribuya a romper el hielo y abrir un diálogo. Existen ya varios libros y documentales que podemos utilizar para dar a conocer la alta sensibilidad a personas cercanas sin miedo a quedar mal, o a dar la impresión errónea de que ponemos excusas.

En este caso propuse a Marisa que le comentase a Pedro que había visto en internet un documental que le había llamado la atención, porque se siente muy identificada con su contenido. Debía decirle que le gustaría que lo viera con ella, porque allí se explican las cosas de una manera que ella no puede igualar. La idea era preguntarle cuándo sería un buen momento para él (y sin que estén las niñas) y, simplemente, quedar como si de una cita se tratara.

Pedro y Marisa no solo vieron el documental de *Crónicas*, «La sensibilidad al trasluz», sino también la película *Sensitive* sobre la vida y el trabajo de Elaine Aron. Pedro no juzgó, no se enfadó y no puso verde a Marisa. Consiguieron tener una muy buena conversación llena de amor, de respeto y de cariño, y el marido le dijo que buscarían soluciones para que ella tuviera más tiempo con el fin de desconectar y de sentirse mejor y menos estresada y sobrecargada. Y así lo han hecho.

Evidentemente las cosas no siempre se solucionan con tanta facilidad. Marisa tiene la suerte de tener un marido que, aunque quizá no llega a comprenderla, es capaz de aceptarla y respetarla con las necesidades que tiene porque es una persona altamente sensible.

He compartido el caso de Marisa y de Pedro porque esa característica de dar, dar y dar es algo que vemos en muchas PAS y es un tema muy a tener en cuenta a la hora de empezar una relación. También es típico de las PAS que acaban de enamorarse sobreestimar las propias fuerzas, olvidándose de sus propias limitaciones y necesidades. Siempre digo que ser PAS no es el problema, el problema es pretender que no lo eres. Claro que somos de dar y de ayudar, pero también somos propensos a pasarnos en ese aspecto porque, por un lado, ese fuerte entusiasmo inicial nos arrastra y nos hace olvidar nuestros límites, y, en segundo lugar, son justo esos límites, o la falta de ellos, lo que hace que acabemos teniendo problemas de sobresaturación y de sobrecarga, de estrés y de agotamiento.

Siempre, en todas las relaciones que tengamos, lo mismo da que sean relaciones familiares o laborales, es de la máxima importancia conocer nuestras propias fuerzas, nuestras necesidades y nuestros límites. Una vez que lo tengas claro, tendrás que saber establecerlos y comunicarlos, lo que implica saber decir «no», preferiblemente sin sentirte culpable por ello. En la guía de consejos encontrarás las maneras de hacerlo.

## ¿Una PAS necesita pareja PAS?

Hay preguntas que son imposibles de contestar con un simple sí o no, y esta es una de ellas. Para empezar, diría que ser una persona altamente sensible es solo una faceta de tu forma de ser, de tu carácter. Es cierto, es una faceta muy importante y determina el tono de fondo en cuanto a la manera en que percibes la vida y te mueves en ella, pero no lo es todo. Y aunque lo fuera, hay que tener muy claro que hay grados de sensibilidad. No por ser una PAS eres igualita a otra PAS, y sería absurdo decir que si eres PAS exclusivamente puedes ser feliz con otra PAS a tu lado.

Lo que está claro es que, como ya hemos comentado, a todo el mundo, PAS o no, le gusta sentirse comprendido y apoyado. Evidentemente, siendo PAS, las probabilidades de ser entendido y apoyado son bastante mayores si compartes tu vida con alguien que también es altamente sensible. ¡Qué alivio no tener que explicar por qué ciertas situaciones llegan a saturarte en relativamente poco tiempo! Mejor dicho, qué alivio no tener que *intentar* explicarlo, porque no puedes hacerlo, por mucho que quieras explicar sensaciones, emociones y hasta ciertas ideas a alguien que no tiene la capacidad de experimentarlas en la misma medida. Y no es porque no quieran entenderte, es porque no pueden. Esto no les hace malas personas, para nada. Simplemente tienen un sistema neurosensorial diferente al nuestro. No podemos reprocharles que no nos entiendan. Lo máximo que puedes esperar de una no PAS es que te acepte como eres y que te lo demuestre con cariño, con tiempo de escucha y de atención y ausencia de juicios.

Además, también entre las no PAS existen grados de sensibilidad. Si tú eres PAS y tu pareja no, como comprenderás, es importante para tu bienestar que por lo menos tenga cierto grado de sensibilidad.

Como PAS nos toca responsabilizarnos de nuestro rasgo, es nuestra tarea aceptarnos, entendernos y trabajarnos, y no podemos ir echando culpas a otros, porque, simplemente, no es justo. Esto es así en cualquier tipo de relación, sentimental o no. Y también es así en una relación con otra PAS, por mucho que esa pareja te entienda. Ahora, si buscas compartir tu vida con alguien que sea muy receptivo a tu lado sensible y que te entienda porque comparte tu rasgo, casi diría que no te conviene tener una no PAS a tu lado. Repito, una persona puede no ser PAS, pero puede ser una muy buena persona y tener un alto grado de sensibilidad, de la misma manera que uno puede ser PAS y, a lo mejor, no ser tan buena persona, sino más bien lo contrario. Ser PAS no equivale a ser un ángel.

En su libro sobre la relación de pareja, Elaine Aron nos cuenta que ella es PAS mientras que su marido, Art, no lo es. Tuve el placer de conocerla a ella y de verlos a los dos, juntos, con ocasión de la presentación del documental *Sensitive* en San Francisco en el otoño de 2015. Os garantizo que Art, quien, según su esposa, no es PAS, sí es un hombre muy atento y con un comportamiento sensible. Me impactó ver el lazo de amor que los une. Ella dice que sin él nunca hubiera llegado a realizar el trabajo que está llevando a cabo, porque Art ha sido la persona que siempre la ha motivado y apoyado en determinadas facetas del trabajo que a ella, siendo PAS, le costaba sacar adelante más que a él.

Elaine y Art forman un equipo en el sentido de que se complementan. Y eso, lo de complementarse, es la gran ventaja de tener una pareja no PAS. La diferente manera que cada uno tiene de gestionar un sinfín de situaciones puede ser muy provechosa. Se complementan en la toma de decisiones, en las visitas a instancias oficiales, a la hora de contactar y negociar con profesionales y servicios de mantenimiento de la casa, al hacer la compra en sitios donde hay mucha gente… Incluso en tareas domésticas como bajar la basura. Es un hecho que en el día a día nos vamos encontrando con tareas que una PAS lleva mejor que una no PAS, y viceversa. Evidentemente, también la división de tareas es algo muy personal y cada pareja tendrá su propia dinámica, pero en las parejas de PAS y no PAS lo normal es como lo acabo de describir: aquello que a uno le cueste mucho, al otro le costará menos. Y entre ambos abarcan todo el espectro de posibles tareas.

Cada relación necesita un motor, y si la PAS de una relación tiene tendencia a la introversión, esa necesidad posiblemente es todavía más grande. Ayuda mucho si tú, PAS introvertida, puedes contar con alguien que no se satura de la misma manera y tan relativamente rápido, alguien que es más resistente al estrés y que no tiene inconveniente en hacer los pequeños trabajos y las tareas que a ti te cuestan o te causan rechazo.

Con esto no quiero decir en absoluto que una PAS solo pueda ser feliz con una no PAS a su lado. Lo que quiero decir es que es importante que, si eres PAS y tu pareja no, la otra persona tenga la capacidad de aceptar y abrazar tu lado altamente sensible, tal como lo vimos en los ejemplos de Elaine Aron y su marido Art, y con Marisa y Pedro, dos matrimonios en los que el amor, la comprensión y el respeto son los valores determinantes.

La dinámica en la relación entre dos PAS evidentemente es distinta, pero no tiene por qué ser más feliz, aunque es muy posible que la mayoría de las PAS se sienta más a gusto con otra PAS. Desde luego habrá muchísima comprensión y entendimiento por el simple hecho de que ambas partes experimentan la vida y la sociedad más o menos de la misma manera, lo que es un enorme alivio. No tener que explicar nada, poder experimentar una conexión profunda y tener conversaciones que realmente tratan de temas importantes y a veces existenciales, poder compartir valores, intereses... Ese es el sueño de la gram mayoría de las PAS, y habrá poca gente que lo dude. Desde mi experiencia personal, y compartiendo mi vida con un hombre PAS, puedo confesar que me siento mucho más relajada y sin esa carga de estrés que me producían las relaciones que en el pasado tuve con hombres que no eran PAS. Pues sí, es un lujo tener una relación de este tipo, pero también es verdad que no existe relación que, una vez pasada la euforia inicial del primer enamoramiento, sea fácil en todo momento. En la relación PAS-PAS vamos viendo cómo cada uno es mucho más que altamente sensible, y que es justo esa sensibilidad la que ha determinado en gran parte la mochila que la persona lleva a cuestas.

Por ser PAS y por experimentar la vida con mucha emoción, intensidad y profundidad nuestra mochila muchas veces contiene una buena cantidad de heridas. Todo el mundo, PAS o no PAS, tiene cicatrices, está claro, pero las heridas que muchas veces siguen abiertas en el alma de una PAS pueden significar una dificultad inesperada en la convivencia de dos personas altamente sensibles. Habrá mucha empatía, lo cual evidentemente es una ventaja tremenda, pero en la mayoría de los casos puede ser una ilusión pensar que la relación de PAS con PAS es de por sí un idílico lecho de rosas. Y con esto no digo que una relación de este tipo por definición sea algo difícil, doloroso y duro, ¡claro que no! Y si eres feliz con tu pareja, si os lleváis de maravilla y si hay un entendimiento y una complicidad total, me alegro muchísimo, porque es uno de los regalos más grandes que te puede tocar en la vida. Es más, incluso diría que nos lo merecemos, pero he visto demasiados casos de otro tipo para saber que la relación no siempre se desarrolla como esperábamos al principio.

Buscamos, establecemos y tenemos relaciones para aprender, para poder crecer como personas, como seres humanos. Según el tipo de relación que tengamos los aprendizajes tendrán un carácter u otro. Habrá lecciones dulces y lecciones amargas. Nadie se libra, puedes estar tranquilo. Y, por favor, no me lo tomes a mal y no creas que soy negativa.

Aprender de los tropiezos no significa que para alcanzar la sabiduría nuestra vida tenga que ser una sucesión de dramas. Topar con dificultades, con diferencias o con desafíos son oportunidades para conocerte mejor, para cambiar algo en ti si procede, para salir de tu zona de confort y probar cosas distintas, adquirir herramientas nuevas y, sobre todo, hacerte responsable de la parte que te toca.

Mucho se habla de «ser feliz». En el cuestionario que doy a mis clientes antes de empezar las sesiones de *coaching*, les pregunto por las metas que quieren alcanzar en los meses venideros. Muchos me responden justamente eso, ser feliz. Cuando les pregunto qué significa para ellos ser feliz, me miran como diciéndome: «Pues eso está claro, ¿no?». Y luego dicen cosas como estar bien, estar tranquilos, sin conflictos, sin discusiones, sin sufrimiento, tener una pareja que te quiere, que te acepta, un trabajo chulo y con mucho éxito y dinero, que todo fluya... Y les pregunto: ¿te gustaría vivir solo en la cima de una montaña?

La felicidad no depende de no tener conflictos, de conseguir éxito o dinero, de no estar enfermo ni tener personas a tu cargo que exigen tiempo y que posiblemente te compliquen la vida aportándote más estrés del que puedes gestionar. Ya sé que tener amor, salud y dinero suficiente son cosas que ayudan, claro que sí. Pero la felicidad, sentirse contento con lo que hay, depende de uno mismo, de la actitud interior y de la manera en que la persona sepa acoger todo cuanto vaya encontrando por el camino. Depende de la capacidad de ver las dificultades y los contratiempos como aprendizajes y como una posibilidad de crecer, depende de la medida en que sepas sentirte responsable de ti mismo, de tus actos, de tus palabras y de tus pensamientos. Depende también de tu implicación y de tu grado de compromiso. Depende de la gratitud que seas capaz de sentir por la vida en general y por cada encuentro, cada detalle en particular, por el sol que se levanta, por el cielo estrellado y por el agua caliente que sale de tu grifo. Depende de la manera en que sepas asombrarte por el milagro de la existencia y todo lo que conlleva. Y esto no quiere decir que siempre y en todo momento debas sentirte eufórico y pleno, porque sufrir, sentir dolor y pena, rabia e impotencia también forma parte del paquete. Si se te muere un ser querido, o tu mascota preferida, si tu pareja te deja, si pierdes el trabajo... si llegan dramas (porque lo son) de este tipo es normal que te sientas terriblemente afectado y triste. No es realista aspirar a un estado de felicidad continuo, pero tampoco resulta sano vivir sumergido en un permanente estado de tristeza, dolor, victimismo y soledad.

En la vida de pareja, con o sin una PAS, te pasará de todo, y no tienen por qué ser siempre cosas propias de una novela rosa. No es realista, la vida no es así. Si te sientes mal y la relación no va como te hubiera gustado, siempre puedes hacer algo, aunque sea un pequeño gesto. Puedes cambiar de actitud y buscar herramientas nuevas, como, por ejemplo, ciertas técnicas como la Comunicación No Violenta, según el método maravilloso de Marshall Rosenberg. Esto siempre y cuando no haya circunstancias límite como maltrato emocional o físico, por ejemplo. En esos casos lo único que puedes hacer es dejar la relación y cuanto antes mejor, incluso si piensas que la otra persona no puede vivir sin ti: si es un maltratador puede vivir perfectamente sin ti, y tú estarás mejor sin él.

## Relaciones malsanas

A lo mejor te extraña que hable de relaciones malsanas. Es un tema muy delicado y no quiero dejarlo de lado. Conozco a varias PAS que han aterrizado en relaciones de ese tipo. La gran necesidad de afecto de una PAS la puede llevar a entrar ciegamente en una relación que no le conviene, que no es buena para nadie, sensibilidad aparte. Nos solemos enamorar con facilidad, y en muchos casos nos enamoramos del primero que nos hace caso, que nos dirige la palabra y que parece tomarnos en serio. Esto en teoría le puede pasar al cualquiera, pero la probabilidad de que te ocurra a ti es mayor si eres una PAS con la autoestima más bien baja.

Entiendo que añores a alguien a tu lado, una persona con la que compartir el día a día, las noches largas y solitarias, tus experiencias. También puede influir cierta presión social. A lo mejor te comparas con otros que tienen pareja, y no quieres quedarte soltera y te sientes juzgada por tu soledad. Como sabemos, son muchas las PAS que dan importancia al qué dirán, y por ello este factor suele tener bastante peso.

La gran mayoría de la gente desea «tener pareja». Si me lo permites, voy a darte un consejo: no tengas prisa. Si el amor es bueno y verdadero, puede esperar, de verdad. No suele ser la mejor idea lanzarse más o menos a ciegas a la aventura, a veces dejando tu ciudad natal, tu propio país, tu trabajo o invirtiendo dinero; lo digo por propia experiencia y como testigo de un buen número de historias similares. Entiendo que lo ves todo como ese sueño del príncipe azul que «finalmente» se ha hecho realidad, pero, la verdad, decisiones de tanto peso merecen un largo tiempo de reflexión y un extenso periodo para llegar a conocer a la otra persona. Y también para conocerte a ti mismo como parte de una relación sentimental. ¿Te ríes? Pues es así, por mucho que hayas llegado a conocerte en el día a día, en relaciones de familia o en las de trabajo, las afectivas son diferentes y por su intensidad suelen despertar reacciones emocionales que, a lo mejor, te sorprenderán.

Quiero contaros la historia de Karen, porque es una experiencia que ella comparte con un buen número de clientes míos, cada uno a su manera. Karen es PAS y se enamoró de Tomasz, un no PAS alto, guapo y, a los ojos de Karen, muy atractivo. Fue un flechazo.

Perdí la cabeza —dice ella—. Bueno, perdí el corazón y se me fue la cabeza. Finalmente había encontrado a ese chico de mis sueños, y lo dejé todo, mi trabajo y la seguridad financiera que tenía, para ir a vivir a Polonia, de donde era él. Francamente, ahora no lo entiendo, porque normalmente me cuesta tomar decisiones y valoro mucho las diferentes opciones, como también aprecio la opinión de mis amigos y de mis padres. Pero esta vez ni me lo pensé. Por supuesto, hoy me arrepiento. —Me mira y suspira—. Aquí, cuando lo conocí, pareció amable y educado. Estaba muy pendiente de mí y tenía muchos detalles conmigo. Es más, me trataba como a una reina, lo cual era una experiencia totalmente nueva para mí. Pero una vez allí, en Polonia, su comportamiento no tardó mucho en cambiar. Vivíamos con su madre, una señora mayor y enferma de Alzheimer. Cada vez le veía menos, y después de algún tiempo empezó a desaparecer días enteros. ¿Quién crees que cuidaba a la madre? Cuando le hacía un comentario, cuando le decía que había ido a Polonia para estar con él y no para cuidar a su madre, o cuando le hablaba de los asuntos de la casa, me insultaba, y de los insultos pasó a un comportamiento violento. Bueno, ya he vuelto a España y la cosa está más o menos superada, pero ahora no tengo casa, vuelvo a vivir con mis padres y estoy buscando empleo.

Es esta la historia triste de una PAS que conoció al chico guapo de ojos azules que estaba de vacaciones en su pueblo. Siempre había soñado con tener una familia, adora a los niños, pero nunca había tenido «suerte», como dice ella. Llegó este chico, hubo un flechazo y decidió que Tomasz sería el padre de sus hijos. Mirando atrás, no solo se dio cuenta de que su comportamiento no había sido muy PAS en el sentido de que no se había tomado el tiempo necesario para investigar y valorar la situación, como solía hacer a la hora de tomar decisiones importantes, sino que se había perdido en un sueño irreal de un optimismo engañoso, que no le permitía ver la realidad tal como era. Tomasz a lo mejor era guapo, pero no era amable ni educado, tenía un carácter abusivo y encima, mientras ella estaba viviendo con él y cuidaba a su madre, tenía otra novia.

> No me fui antes porque me daba vergüenza volver a casa. Me trató mal, pero luego siempre decía que me quería y que no podía vivir sin mí. Y decidí creerle. Creerle era más fácil que afrontar un conflicto y la vergüenza de volver a la casa de mis padres como una fracasada. Y encima me sentía culpable.

¿Puedes evitar caer en este tipo de relación? Ahora que todo ha pasado y Karen vuelve a estar en casa, es muy fácil ver las banderas rojas. Eran tan obvias que incluso le cuesta entender que no se diera cuenta en el momento mismo de conocerlo. La mayor trampa, como ella ahora sabe, fue su baja autoestima, por un lado, y el enorme deseo de tener pareja, por otro. Cayó por unos ojos azules y un puñado de piropos. Ingenuamente, creyó todas sus bellas historias y sus promesas; asumió sin más que él estaba tan enamorado como ella. En ningún momento se le pasó por la cabeza que ese chico no estaba enamorado, sino que tan solo buscaba a alguien que le hiciera la vida un poco más fácil.

Altamente sensible o no, una persona enamorada ve a su pareja a través de unas gafas rosas. Todo parece bello, bonito y fantástico. Y si eres PAS es muy probable que tengas, más que la persona con menos sensibilidad, la capacidad de entrever las cualidades y el gran potencial de la persona de la cual te has enamorado. Y como se ha cruzado el amor, solo captas lo bueno. Y lo pones en un pedestal.

Se dice que el amor es ciego, y es verdad. Me atrevo a añadir que generalmente una PAS enamorada está especialmente ciega. Si eres altamente sensible con la autoestima baja, existe la posibilidad de que estés intentando convencerte de que la relación a la cual te has lanzando «tiene que» funcionar, y para que eso ocurra estás dispuesta a saltarte unos cuantos avisos, empezando por la pequeña reflexión necesaria y muy importante a la que estamos obligados antes de lanzarnos a la aventura. Por ejemplo, te puedes preguntar sobre tu motivo personal para estar en esa relación y sobre los patrones que vas desarrollando. ¿Tienes un comportamiento dependiente? ¿Siempre eres tú quien llama al otro? ¿Sientes una fuerte necesidad de ayudar a la otra persona? ¿Qué es lo que te atrae de él o de ella? Preguntas de este tipo te ayudarán a limpiar tus gafas para conseguir claridad sobre lo que está pasando y sobre cuáles son tus expectativas. Las expectativas irreales harán que construyas la relación sobre una base poco fiable. En la guía de consejos puedes encontrar más preguntas de este tipo, y sobre determinadas facetas del comportamiento de tu pareja que pueden anunciar futuros problemas.

Creo que lo más importante es tener claro que una relación que está basada en el miedo, en cualquier tipo de interés económico o social o en la cual una de las partes exige cierto comportamiento a la otra, nunca se puede calificar como relación amorosa. Solamente tienen futuro las relaciones basadas en un mismo porcentaje de amor y de compromiso de cada uno.

Nadie es perfecto, yo no lo soy, tú no lo eres, y tampoco lo es la persona de la cual nos hemos enamorado. Desde el momento en que nacemos nuestra chispa divina se irá oscureciendo por las vivencias de nuestro recorrido vital. Poco a poco desarrollamos la personalidad con la que vamos afrontando los desafíos de la vida. Tú, igual que la persona de quien te has enamorado, no solamente eres luz, también tienes sombras. A veces, y dependiendo también del trabajo de autoconocimiento que hayamos realizado, somos conscientes de algunas de nuestras sombras, pero las de la otra persona por lo general las vamos descubriendo lentamente y por partes. Por eso insisto, no hay prisa. El amor de verdad no se muere si tiene que esperar unos meses o un año hasta que se decide dar un paso importante. Más vale mirar un poco más que recibir luego una lección que quizá te podías haber ahorrado, aunque bien sabemos que cada lección en sí vale la pena por aquello de que vamos aprendiendo sobre nosotros mismos.

Para que tú, como PAS, te encuentres bien en una relación es muy importante conocerte a ti mismo. Es importante saber cómo y de qué manera te afecta nuestro bello rasgo. Llegado a este punto del libro seguro has podido identificarte con muchos de los ejemplos que se han mencionado y habrás reflexionado sobre tu propia manera de reaccionar ante las distintas situaciones: por ejemplo, qué te estresa y cuándo, cómo te saturas y te sobreactivas y de qué manera lo vas notando en tu cuerpo, cuáles son tus técnicas para cargar las baterías, cómo y de qué manera te afectan los conflictos, cuándo te sientes bien y cuáles son las situaciones que te quitan energía. Sabes cómo eres y te has familiarizado con tus límites. Sí, sí, dicen que el amor es ciego, y es cierto que el enamoramiento tiene algo de mágico y de especial, y por eso nos solemos olvidar de cosas menos agradables que nos causaron problemas en relaciones anteriores. Cada vez que te enamoras te sientes fabuloso, y con la certeza de que todas esas pequeñas sombras quedan superadas. Para siempre. ¡Ojalá! La realidad, sin embargo, casi siempre demuestra que, en la medida en que el enamoramiento inicial se va apagando y la rutina poco a poco se empieza a instalar, aquellas sombritas no resueltas de antes vuelven a despertarse; aquellos saboteadores vuelven a levantar cabeza. Y es entonces cuando empieza el camino del aprendizaje, un camino que generalmente recomiendo abrazar, siempre y cuando haya amor y compromiso a partes iguales y que la relación esté libre de miedo, dependencias u obligaciones.

## La sexualidad

Para la gran mayoría de las PAS la sexualidad no es un tema cualquiera, ya que la intimidad para la persona altamente sensible implica mucho más que un mero contacto superficial. Claro que no hace falta ser PAS para experimentar la sexualidad como algo intenso, completo, hasta mágico, pero sí es un hecho que para la mayoría de las PAS tener sexo equivale a una experiencia mística, profunda y poderosa.

Sabemos que aparte de ser PAS somos muchas otras cosas y que no hay reglas generales válidas para todos, pero sí hay ciertas «constantes» en cuanto a la experiencia de momentos tan íntimos como la vivencia del sexo. Claro, la enorme sensibilidad puede darnos experiencias extraordinarias como llegar a ver colores o a escuchar la música más bella de todo el universo, pero no siempre es así ya que nos podemos topar con muchos «estorbos» que, para una pareja no PAS, generalmente son difíciles de comprender.

Tener los sentidos tan alerta hace que seamos fáciles de despistar. Un olor desagradable nos puede matar las ganas, igual que un sonido inesperado, una palabra mal dicha o un gesto mal interpretado. Más de un cliente me ha contado cómo, en estado de excitación, su piel se hace tan sensible que el contacto de otro cuerpo, el simple roce, le produce una sensación muy desagradable, como de dolor.

Si no sabes que esto es algo que te puede pasar como PAS, existe el triste riesgo de que te veas como una persona con graves problemas sexuales, o que te hagan reproches de ese tipo y llegues a creerlos. Si estas cosas te pasan debes saber que es más que probable que no tengas ningún problema de tipo sexual, sino que solamente sufras una pequeña complicación por ser PAS. Esto te permite comprenderte y aceptarte desde esta misma perspectiva. A lo mejor también consigues explicárselo a tu pareja y tomar medidas, como, por ejemplo, darte una ducha antes de ir a la cama y apagar los teléfonos. También puede ser una buena idea cambiar un poco el juego erótico, tomándolo con más calma, con pequeñas pausas para evitar momentos de saturación.

La sobreactivación o la saturación que forma parte del paquete PAS, evidentemente, también puede llegar durante el intercambio sexual. En determinados casos, la excitación en sí ya es suficiente para que te sobreactives. Sabiendo que los sentidos de la PAS captan cientos de veces más información que los sentidos del no PAS, comprenderás que puede pasarte que la intensidad con que vives el juego amoroso te llegue a saturar y que te bloquees en el momento menos oportuno, o que te distraigas y pierdas la concentración. Teniendo en cuenta que esto puede ocurrir, y que es una experiencia muy frustrante tanto para ti como para tu pareja, te aconsejo pensar en maneras de limitar el exceso de información que recibes... seguro que se te ocurren modos de minimizar luces, sonidos, perfumes, y otro tipo de información, como puede ser el estrés por tener poco tiempo. Curiosamente, comenta Elaine Aron, en su libro *The Highly Sensitive Person in Love* [La PAS enamorada], que las PAS generalmente no son muy partidarias de hacer el amor con música de fondo (si es tu caso, ahora comprenderás por qué) y que no suelen sentirse muy aventureras, ni inclinadas a probar nuevas posturas.

En relación con otra investigación que realizó sobre el mismo tema, en la que buscaba encontrar las similitudes entre PAS y no PAS, leemos: «El resultado me tranquilizó, ya que dejó claro que, como PAS, no nos sentimos diferentes de cara al grado de satisfacción en temas de sexualidad, somos capaces de tomar la iniciativa y de ser activas y estar excitadas y no sentir culpabilidad. En resumen, parece ser que, como PAS, no somos más inhibidas que las no PAS, y en general tampoco tenemos más problemas con la sexualidad en sí misma».

**RESUMIENDO**

- No existen pruebas que confirmen que una relación PAS-PAS funciona mejor que una relación de una PAS con una no PAS. Aunque entre dos PAS puede haber una gran facilidad de comprensión mutua y una complicidad profunda y natural, esto en sí no es ninguna garantía de que los novios serán felices y comerán perdices. «Relación» es un término que sugiere trabajo, atención. La relación ha de ser alimentada, y esto vale tanto para las relaciones PAS-PAS como para las mixtas. Cuidar la relación es necesario en todos los casos, incluidos los de parejas formadas por dos no PAS.
- La PAS se encontrará mejor en su relación (y no solamente en la relación sentimental y amorosa) si ha hecho un trabajo de autoconocimiento. Es importante que se conozca bien, que sea consciente de cómo influye el rasgo en su estado emocional y en su comportamiento. Necesita conocer sus límites físicos y emocionales y es importante que sepa imponerlos y mantenerlos. El amor y el respeto a uno mismo es básico para poder tener una relación plena, sana y equilibrada.

- Puede pasar que la PAS, por una serie de motivos, como por ejemplo tener una baja autoestima, llegue a verse implicada en una relación destructiva. No tener prisa, hacerse una serie de preguntas de cara a la propia motivación por un lado y, por otro, respecto a patrones de conducta de la pareja, ayudará a evitar problemas de este tipo.
- No hay motivo para que una PAS no llegue a tener una relación de pareja feliz y satisfactoria, pero conviene cierto grado de conocimiento del rasgo de la alta sensibilidad en sí. Además, una buena dosis de autoconocimiento y capacidad reflexiva aumenta considerablemente la posibilidad de alcanzar la felicidad.

# 5

# GUÍA DE CONSEJOS

## ¡No corras!

Has leído todo lo anterior y te has dado cuenta de que eres una persona altamente sensible. Te has visto reconocido en las cuatro características básicas del rasgo. Te sientes enormemente aliviado porque, de pronto, eres consciente de que no eres tan raro, ese perro verde o patito feo que siempre te habías creído que eras. Saber que uno forma parte de un grupo importante, de ese 20 por ciento de la gente, un grupo de millones y millones que comparten este rasgo contigo, es muy emocionante. A lo mejor te preguntas dónde se esconde toda esa gente, pero te garantizo que están aquí. Recuerda que siempre has intentado mostrarte menos sensible de lo que realmente eres para evitar que te tachen de «débil» y de «llorón». ¿No crees que muchas PAS también se están comportando de esta manera, que hay muchos que pretenden ser lo que no son?

El caso es que ya sabes que eres PAS. ¿Y ahora qué? Me puedo imaginar muchas cosas. Descubrir que ser altamente sensible es un rasgo bastante normal y frecuente y que, además, hay muchas personas como tú, quizá te cause un sentimiento que puede ir desde una gran alegría hasta una euforia difícil de contener. Lo sé. Muchos, como me pasó a mí, sienten una enorme necesidad de hacer saber a todo el mundo que son PAS. Es como si de repente hubieras ganado el derecho a existir. Por mucho que entienda este deseo, no lo recomiendo. No es una buena idea. ¿Por qué? Porque te harán muchas preguntas, y algunos incluso se reirán o se burlarán de ti. En este momento tan inmediato a tu descubrimiento, no solo no sabrías explicar de una manera bien fundada en qué consiste el rasgo, sino que la reacción de los otros —que seguirán sin comprenderte— hará que acabes sintiéndote aún más vulnerable que antes de contarlo.

Entonces, ¿qué hacer? En primer lugar, te recomiendo aprender todo lo que puedas sobre la alta sensibilidad. Es importante que investigues, que te prepares para poder contestar bien a los comentarios, dudas y preguntas que te llegarán. Si quieres ser respetado como eres y por tu faceta sensible, te conviene saber de qué hablas. Tienes que conocer todas las características de la alta sensibilidad, tener claro cuál es el lado positivo de ser sensible, y de la misma manera es importante que seas consciente de las trampas que puedes encontrarte. Cada vez existe más información sobre el rasgo: aparecen libros, artículos en revistas en papel y *on-line*, hay vídeos, hay blogs. Día tras día se van publicando investigaciones que, una tras otra, hacen patente que el cerebro de una PAS no funciona de la misma manera que el de otras personas. Nuestras «particularidades» quedan bien plasmadas en los muchos *fMRI-scans* que se han hecho y se siguen haciendo. Si entiendes el inglés, no te pierdas la web de la doctora Elaine Aron, donde puedes encontrar mucha información científica bajo la pestaña *research*. También te puede interesar el importante documental *Sensitive*, sobre la vida y el trabajo de la misma doctora Aron, en el cual también se habla de las investigaciones que se han llevado a cabo.

Teniendo en cuenta que la baja autoestima es uno de los trazos con más peso en el perfil de la PAS, más vale que sepas de qué hablas para sentirte fuerte a la hora de hablar sobre la legitimidad de tu lado sensible. No solo te harás un enorme favor a ti mismo, sino también a todas las PAS, pues todos queremos ser respetados y valorados por este don que aportamos al mundo.

El consejo más importante que puedo darte es que no corras. ¡No corras! Tómate el tiempo que necesites para leer e investigar. No salgas del armario antes de tener la seguridad de que lo podrás hacer con dignidad. Sé que la tentación es enorme. Cuando estaba en tu situación, me faltaba poco para salir a la calle gritando: «¡Soy PAS, soy PAS, soy PAS!». Evidentemente no es lo mejor que puedes hacer para generar comprensión, aceptación y respeto. Es más, el efecto sería totalmente contraproducente, de eso puedes estar seguro.

Aparte de empezar una investigación sobre el rasgo y cómo se va manifestando en ti (recuerda, eres más que altamente sensible, y también conviene que te des cuenta de las diferencias entre ser PAS introvertida o PAS extrovertida) poco a poco, puedes emprender otras iniciativas, como buscar otras PAS y ponerte en contacto con ellas. Facebook, odiado por muchos, de momento es nuestra mejor herramienta de contacto. Cada vez hay más grupos y desde que TVE emitió el documental «La sensibilidad al trasluz», del programa *Crónicas*, en febrero del año 2015, incluso están apareciendo grupos con el nombre del lugar donde vive la gente. Busca y apúntate, o crea tu propio grupo. Puedes organizar encuentros o acudir a los organizados por otros. Puedes asistir a conferencias y talleres que te ayudarán no solo a conocer a otra gente, sino también a algo tan sumamente vital como conocerte mejor. Recuerda que conectarte con otros como tú y compartir experiencias, vivencias y herramientas es lo mejor que puedes hacer para sentirte más fuerte y menos aislado e inseguro.

Todo esto es un buen principio. Todos los que hemos salido en el documental hemos pasado por ello. La mayoría antes no teníamos idea de lo que nos pasaba y nos veíamos como bichos raros, de imposible encaje; el descubrimiento y los siguientes pasos nos han dado la fuerza necesaria para mostrarnos en público, para ayudar a muchos otros a reconocerse y vivir ese maravilloso «antes y después». Tú también puedes ayudar a muchos otros.

## La importancia del trabajo personal

La alta sensibilidad es un rasgo más, una faceta del carácter que destaca entre otras. Uno puede ser introvertido o extrovertido. Uno puede tener una disposición alegre o tener un carácter más bien melancólico o pesado. Cada uno es como es, con rasgos más dominantes que otros. La alta sensibilidad no es un trastorno, no es una enfermedad, como no lo es el buen o mal humor. Solo es una parte de tu carácter. En principio es un don, pero en la práctica puede causar dificultades en el día a día, especialmente en las relaciones personales y/o laborales. Y como cada uno es diferente no es difícil de comprender que cada una de las PAS experimentará esas dificultades a su manera.

Como ya hemos visto, no es raro que la persona altamente sensible se sienta abrumada por el mundo. Lo percibe como un lugar hostil, materialista y bastante ajeno a sus valores. Es muy posible que se sienta un bicho raro, que no encaja. Sin embargo, estamos en este mundo, formamos parte de él y por lo tanto tenemos que movernos en él. Tenemos familia, compañeros de clase, amigos, relaciones amorosas, vecinos, colegas en el trabajo... Dependemos de otras personas para que nos presten ciertos servicios, para recibir enseñanza, alimentarnos, curarnos... Aunque no quisiéramos, que no es el caso, tendríamos que relacionarnos constantemente con otros seres humanos, los cuales por lo general no comparten nuestro rasgo y en muchos casos tampoco nuestros valores. Somos una minoría: de cada diez personas solo hay dos que son más sensibles que el resto.

¿Qué puedes hacer para no sentirte tan incomprendido, para no sufrir tanto? La única manera de sentirte bien con este mundo (¡que también es el tuyo!) es aprender a sentirte mejor contigo mismo, con quien eres y como eres. Dicho de otra manera, de ti depende encontrar puntos de referencia internos que te permitan llegar a sentirte bien, tranquilo y equilibrado: en paz con lo que tienes y con lo que te deparará el camino.

Tenemos tendencia a buscar culpables externos: los políticos, los jefes, los padres, cualquiera al que hayamos dado un cierto poder sobre nosotros y sobre nuestra existencia. Echando la culpa a otros no necesitas sentirte responsable... Total «tú no puedes cambiar nada». Es verdad que tú solo no puedes cambiar la Constitución del país, o las reglas de tu empresa, pero eso no quiere decir que debas ir por la vida de víctima, ni justifica que te quedes cruzado de brazos. ¡Eres alguien, tienes una voz, tienes un corazón sensible y tienes manos y piernas para entrar en acción! Tienes mucho, y sobre todo tienes una responsabilidad a la hora de empezar a generar cambios a nivel personal, social o político. Nadie puede cambiarte. Tú eres la única persona que puede realizar cambios en ti mismo, en tu manera de percibirte como parte de la sociedad. Si crees que puedes cambiar a los demás, olvídalo, porque no puedes ni podrás. Es imposible cambiar a otra persona si ella no quiere cambiar, o si no le interesa...

«Si quieres cambiar el mundo, cámbiate a ti mismo» es una de las frases más famosas de Mahatma Gandhi. Y efectivamente, así es. Cambiarte, aprender a ser responsable de tus pensamientos, de tus palabras, de tus errores, de tus actos y de las consecuencias de tus actos, es recorrer el camino del desarrollo personal.

«Conócete a ti mismo» son las palabras que se podían leer en el vestíbulo del templo del dios Apolo, en Delfos, Grecia. Todo discípulo que entrara en aquel recinto sagrado recibía ese importante mensaje. Los antiguos griegos lo tenían muy claro: el primer paso en el camino del desarrollo personal es descubrir quién eres, conocerte a ti mismo. El autoconocimiento como primer paso en la senda de la existencia.

No solo eres altamente sensible, eres más cosas. Tienes valores, tienes miedos, deseos, necesidades, talentos, capacidades... ¿Alguna vez te has preguntado cuáles son y hasta qué punto vives en consonancia con ellos? ¿Qué es importante para ti? Si tienes pareja, ¿eres feliz? ¿Cómo te ves a ti mismo? ¿Sabes cómo te ven los otros? ¿Recuerdas cómo te veías hace cinco años? ¿Te gusta la última imagen que tienes de ti mismo? ¿Eres consciente de los juicios que tienes de ti mismo y de las cosas que te vas diciendo en el curso del día? ¿Y eres consciente de los juicios que tienes del mundo en general? ¿Quieres cambiar?

Aprendiendo cómo eres y cómo actúas en determinadas circunstancias, tomando conciencia de tus actos, conociendo y reconociendo tus propios miedos y venciéndolos poco a poco, pasito a pasito, ganarás una fuerza interior que antes a lo mejor te faltaba. Esa sensación de que el mundo te puede desaparecerá lentamente. Te dirás a ti mismo: «No me gusta», y te preguntarás: «¿Qué puedo hacer para cambiarlo?», «¿Cómo contribuyo a que haya menos sufrimiento y más justicia?». Cada uno tiene algo que compartir, una pequeña huella que dejar en la existencia humana. Ojo, no hace falta descubrir la rueda, ni construir hospitales ni catedrales, basta con defender tus valores y practicar y enseñar respeto. Todos tenemos talentos y capacidades con los que hemos nacido y que son, en realidad, nuestros propios referentes internos.

La tarea de conocernos mejorará la capacidad de actuar desde nuestro Yo, libres de miedos (irracionales) y de limitaciones y viejas creencias; llegaremos a actuar desde nuestros valores, desde aquello en lo que creemos firmemente.

La sensibilidad, lejos de limitarte, te proporcionará las alas que te permitan vivir tu vida plenamente.

## Trampas, enemigos y saboteadores

La alta sensibilidad, a pesar de ser percibida como un «don», no siempre proporciona alegrías. A muchas PAS les cuesta ver su rasgo como algo bonito y enriquecedor. Aunque la mayoría es consciente de algunas de sus ventajas —especialmente la enorme capacidad de disfrutar a un nivel muy profundo—, se suele quejar de la gran cantidad de dificultades que encuentra en el día a día. Está claro que la gente que viene a verme no lo hace porque su existencia le resulte fácil y bonita. Es un hecho que el mundo en que vivimos, creado por personas no especialmente sensibles, a la mayoría de las PAS les viene grande. Demasiado duro, demasiado ruidoso, demasiado agresivo, demasiado rápido, demasiado materialista... demasiado de todo. Desde la perspectiva de una PAS, formar parte de este mundo es, por decirlo eufemísticamente, un desafío.

Hasta el momento en que descubren que su forma de ser y de percibir tiene un nombre y que es fruto de un rasgo legítimo, las PAS tratan de superar como pueden las muchas dificultades que van encontrando. Muchas desarrollan estrategias de supervivencia que les permiten mantener el tipo durante mucho tiempo, negando parte de su ser, de su emocionalidad y de sus valores. Muchas llegan a tener problemas físicos y emocionales por pretender ser alguien que no son, intentando llevar una vida demasiado exigente, comparándose continuamente con la gran mayoría que, como ya sabemos, no es PAS.

Cuando la persona no sabe que es una PAS ni lo que eso conlleva, sus quejas no hacen más que aumentar, y así las cualidades del rasgo van perdiendo fuerza e importancia. La lucha por la supervivencia requiere tanta fuerza que cada vez sobra menos energía para disfrutar, para dar salida a la creatividad, para buscar el trabajo bien hecho, para ser empático, para defender los valores...

### *Las quejas más comunes de una PAS*

- Saturación físico-mental y estrés.
- Ataques de pánico y de ansiedad.
- Depresión.
- Dolores de cabeza (migrañas), contracturas, colon irritable, alergias, irritabilidad, *burnout*, cansancio crónico.
- Fuerte sensación de no encajar, de no pertenecer, de sentirse un bicho raro o un extraterrestre, de no comprender el mundo.
- No (re)conocer los propios límites, no saber decir NO.

- Incapacidad de exteriorizar los propios deseos y necesidades.
- Baja autoestima.
- Frustración por falta de reconocimiento.
- *Mobbing* y *bullying*.
- Estancamiento e inacción por exceso de perfeccionismo.
- Incomprensión de los jefes ante las ideas y soluciones creativas que proponen.
- Inseguridad, continua necesidad de adaptación, viviendo en función de estrategias de supervivencia.
- Sensación de que todo el mundo les endosa trabajos desagradables y los utiliza para desahogarse, lo cual lleva a un cansancio profundo.
- Molestias por los ruidos, los olores, el exceso de tráfico, las aglomeraciones de gente, los comportamientos de colegas, vecinos y gente en la calle, la violencia de todo tipo.
- Miedo a criticar y ser criticado.
- Dificultades en las relaciones como consecuencia del cansancio y el estrés, y también por tener que adaptarse constantemente a la (supuesta) demanda/necesidad ajena, negando las propias necesidades, sacrificándose por los demás.
- Extrema necesidad de mantener el control.
- Excesiva consciencia del dolor del mundo y bloqueo/paralización por ello, vivido como un conflicto interior, ya que la PAS anhela paz, armonía y conexión.
- Hipersensibilidad hacia los juegos de poder, las mentiras, las injusticias y el maltrato personal y laboral (y animal).
- Malestar por las expectativas que no se cumplen.
- Tensión por la constante comparación con los demás, casi siempre con las no PAS.

En los pequeños apartados que vienen a continuación, hablaremos de muchos de estos puntos, saboteadores y trampas en toda la regla que nos pueden dificultar la vida. Intentaremos aclarar el origen de las quejas y su relación con la alta sensibilidad, aportando entendimiento y consejos para afrontarlas.

Muchos de los puntos están relacionados entre sí. Por ejemplo, el estrés con el cansancio, la saturación, la depresión, los ataques de pánico y de ansiedad...

## Sobreactivación

Una de las características más difíciles de sobrellevar en el día a día de una PAS es la sobreactivación. En realidad, hace falta poca cosa para que nos alteremos y nos sintamos nerviosos e irritados. Cuando estás sobreactivado, te puedes quedar bloqueado; de repente parece que pierdes la coherencia y te cuesta pensar de una manera racional o formular de forma comprensible lo que quieres decir. La lengua se traba y a lo mejor te pones rojo como un tomate. Sientes máxima confusión.

Un ejemplo típico es la visita al médico: te pones nervioso, mucho antes que la gran mayoría de los pacientes, y te olvidas de lo que querías preguntar, de lo que tenías que decir, por ejemplo, que eres una PAS y que es probable que reacciones más a los medicamentos. También es posible que estés nervioso porque el problema que tienes te preocupa mucho y te genera inseguridad o incluso miedo. Lo que puedes hacer es prepararte una lista con preguntas. La sobreactivación también tiene como consecuencia que oyes lo que te están diciendo, pero la información no penetra, no te llega, no eres capaz de registrar y menos de retener lo que te dicen. También puede ser una buena idea llevar a alguien de confianza que te acompañe, para que escuche por ti.

Otro ejemplo es la entrevista laboral (¡ay, esos nervios!), normalmente caracterizada por un deseo extremo de causar buena impresión. La tensión puede llegar a tal punto que nos sobreactivemos, lo cual nos lleva a lo contrario de lo que queríamos: un bloqueo total y la incapacidad de escuchar las preguntas que nos están haciendo. Si añadimos a esto las expectativas que llevábamos, e incluso la simple necesidad material de encontrar empleo, la carga se hace insoportable y el peso que sentimos encima puede con nosotros.

También conduce a la sobreactivación, como ya he dicho, la estancia en lugares con mucha gente y la consiguiente sobrecarga de información que nos llega de todas partes, bombardeo de datos inclyendo recuerdos de las veces que lo pasamos mal en situaciones similares.

En fin, la pregunta es: ¿qué podemos hacer para no sentirnos tan afectados? Solemos pensar que hay que mantener el control, creyendo que este aporta seguridad. Pero ¿realmente puedes controlarlo todo? ¿Todo? ¿También a las otras personas? ¡Si te cuesta controlar tu propia emotividad! Pues no, querer controlar la situación no es la solución en absoluto. Habrá que poner énfasis en el descontrol, en la entrega y en la aceptación. Puedes prepararte para lo que te espera, pero sabiendo que no influyes en las reacciones ajenas, como tampoco decides si hará sol o si lloverá, o si habrá mucho tráfico o no. ¡Relájate! Una vez que hayas contestado afirmativamente a la pegunta «¿He hecho todo lo que está en mis manos y me he preparado debidamente?», puedes afrontar la situación. Confía. ¿Es difícil? Al principio sí, pero lo puedes practicar y cada vez te saldrá mejor, de verdad.

- Aprender un mantra y repetirlo en los momentos complicados.
- Hacer respiraciones profundas, concentrándote en el flujo del aire.
- Beber sorbitos de agua e imaginarte cómo el líquido va bajando por el organismo.
- Salir fuera y caminar un poco.
- Tomar una valeriana (no pasa nada) o unas gotas del *rescue remedy* de las Flores de Bach.
- Sonreír en los buenos momentos (seguro que los hay).
- Tensar y soltar la musculatura de los hombros varias veces, luego respirar profundamente, levantar la cabeza, enderezar la respalda y fijarte en el contacto de los pies con el suelo. ¡Verás que eres maravilloso!
- Ponerte los auriculares y escuchar música que te calme.

Prueba estos trucos y comprueba cuáles te son más útiles en una u otra circunstancia.

También puedes leer con detenimiento el apartado siguiente, lo que te hará entender mejor la relación entre la alta sensibilidad y el estrés.

## Saturación físico-mental y el estrés

El estrés es un mal inevitable para la persona altamente sensible, que vive bajo un continuo bombardeo de información sensorial. La ingente cantidad de estímulos que tiene que procesar en un solo día es muchas veces superior a la que afronta una persona con una sensibilidad media. Evidentemente hay varios tipos o niveles de estrés, cada uno con su efecto a corto o a largo plazo. Repasemos uno a uno:

### *1. El estrés puntual*

Está ligado a los infinitos estímulos diarios: la convivencia con la familia, tener que preparar la comida y hacer la compra, los desplazamientos en coche o transporte público, perder las llaves, no encontrar el coche en el parking, lo que dice la televisión, el ordenador y el móvil que no paran de mandarnos información muchas veces carente de interés y totalmente superflua, los ruidos de nuestro entorno, los contactos y conversaciones con todo tipo de gente, los momentos y las situaciones en que pretendemos ser la persona que en realidad no somos... La estimulación producida por todos estos factores y elementos se multiplica si tenemos prisa o miedo de no dar la talla. Si no has dormido lo suficiente, si tu condición física deja que desear o si tomas alcohol o drogas, la estimulación es todavía mayor. Aunque la mayoría de las PAS lo viven como algo desagradable, a veces un poco de estrés y una leve dosis de adrenalina —la hormona que se activa cuando nos vemos ante un desafío— puede venir bien como elemento motivador. En el grupo de las PAS extrovertidas o buscadoras de sensaciones, este tipo de estrés es necesario para sentirse vivo.

### *2. El estrés a corto plazo*

Aparte de los estímulos diarios, conocemos los estímulos a corto plazo. Por ejemplo, tener programada una comida o una cena, una fiesta de cumpleaños, una despedida de soltero, una boda, una reparación en casa, gastos imprevistos, un problema familiar, un trabajo extra, una visita, un examen, una aparición en público en la cual se dispara tu propia inseguridad y el miedo a causar una mala impresión o a caer mal, a fallar...

### *3. El estrés a medio plazo*

Estrés ante la preparación para la selectividad o para unas oposiciones, ante la toma de una decisión importante, por tener una fecha límite para acabar un trabajo, por una reforma en casa, por la reorganización de la empresa donde trabajas, por una enfermedad que te obliga a guardar cama, por un embarazo, por tener que cuidar a un familiar enfermo durante cierto tiempo, por una mudanza, porque la pareja pierde su puesto trabajo, por la muerte de alguien cercano, por haberte enamorado...

### *4. El estrés a largo plazo*

Puede ser la prolongación de algunas de las situaciones mencionadas en el punto 3, pero también se trata de problemas relacionales: de un divorcio, la menopausia, la creación de tu propia empresa, problemas de fondo en el trabajo (*mobbing*, por ejemplo), descontento con la vida que uno tiene, tener que hacerse cargo al cien por cien de un familiar mayor o enfermo, no llegar a fin de mes, estar en paro, padecer una enfermedad, inseguridad, el estrés postraumático... También hablamos de estrés a largo plazo tendiendo a crónico en el tipo de personas que siempre se preocupan por todo, viendo problemas y obstáculos donde no los hay. Resulta que la gran mayoría de las PAS tiene esa tendencia, la de ver dificultades donde no existen indicios objetivos de que vayan a presentarse. La preocupación exagerada es una de las trampas PAS que pueden hacer mucho daño.

### 5. *El estrés crónico*

Se trata del estrés que te es tan familiar que ya no lo cuestionas. Está ahí, siempre, constante, cuando vives una situación límite, por ejemplo, la pobreza, un matrimonio tóxico, una catástrofe, una guerra, una enfermedad incurable y prolongada.

Para una PAS es bastante normal vivir varias situaciones de diferentes niveles a la vez. Es así, es inherente a su vida, y no suele cuestionarlo. Sobre la marcha se inventa una estrategia u otra para no ahogarse bajo el peso del estrés. Es muy probable que el cuerpo dé señales de alarma, pero las ignora por no llamar la atención y para evitar alguna crítica o juicios sobre su persona, que tanto le cuesta aceptar o refutar. Las PAS que no saben que son PAS, y que no están familiarizadas con las características del rasgo, se compararán continuamente con aquellos que no son altamente sensitivos, que no se estresan con tanta facilidad y esto conlleva el riesgo de que la persona todavía se estrese más intentando igualar (¡o superar!) los resultados, los ritmos, las circunstancias de la gran mayoría no PAS. Mientras no sepas que eres PAS y mientras no hayas comprendido que la enorme cantidad de estímulos que una PAS recibe de manera continua hace que te canses y te estreses mucho antes, te seguirás viendo como un bicho raro y seguirás escuchando de manera más o menos consciente los mensajes de tu juventud, cuando te inculcaron que hay que ser fuerte, que no tienes ningún motivo para quejarte, que no es para tanto, que te imaginas cosas... y otras perlas similares.

## Señales de estrés

Cuantos más factores estresantes tienes que manejar, antes te saturas. Es importante tener una idea de los estresores presentes en tu día a día. Muchas veces no somos conscientes de la cantidad de cosas que nos producen tensión, y las vamos acumulando y acumulando sin darnos cuenta.

Tanto el cuerpo como nuestro estado emocional nos van dando señales de que algo no está muy bien equilibrado. Podemos, pues, distinguir entre señales emocionales y señales corporales o físicas.

En cuanto a la emocionalidad, la rabia, la irritabilidad, la ansiedad y la depresión son claros indicadores de que estamos en estado de alerta y algo no va bien.

Es lógico que el cuerpo se resienta con tanta presión. Una de las primeras señales suele ser el cansancio, que es algo más que tener sueño. Nos decimos: es normal que esté cansado, pero ya descansaré el fin de semana, o en las vacaciones. No pasa nada. Todo el mundo está cansado y no puedo quejarme. Asumimos el cansancio y aguantamos el tipo. Luego viene el dolor de cabeza, pero hemos aprendido a no hacerle caso y tomar un analgésico. Dolor muscular en los hombros o cervicales, o dolor de espalda: otra señal. No hay problema, más pastillas. Se te acelera el corazón y tienes palpitaciones..., piensas en ir al médico, pero como es algo puntual, te olvidas y tampoco haces caso. Es posible que empieces a sudar más que antes; vaya, es molesto, pero hay cosas peores.

Algunos sufren bruxismo, manos y pies fríos, presión en el pecho. Una señal de estrés muy típica para las PAS son los eczemas, urticarias y alergias. Podemos seguir con problemas intestinales y tics, y con un nerviosismo que te produce malestar general, mareos y náuseas, irritabilidad... El cuerpo es muy sabio.

## Escaneo corporal

Una de las mejores maneras de reconocer el nivel de estrés que soportas es tomarte un minuto para escanear tu cuerpo.

Cierra los ojos y chequea tu cuerpo para detectar musculatura tensa. Empieza por la coronilla y baja poco a poco hasta llegar a los dedos de los pies. Pregúntate:

- ¿Tengo el ceño fruncido?
- ¿Tengo la mandíbula apretada?
- ¿Están mis labios apretados?
- ¿Tengo los hombros encogidos?
- ¿Siento tensión en los brazos?
- ¿Siento tensión en los muslos y en las pantorrillas?
- ¿Tengo los dedos de los pies encorvados?
- ¿Noto tensión, malestar o dolor en alguna otra parte de mi cuerpo?

Procura hacer este ejercicio tres o cuatro veces al día para conocer tu nivel de estrés y motivarte para hacer algo que lo alivie.

## Gestión del estrés

Primero busca el origen del estrés que sientes. Segundo, pregúntate qué puedes hacer para mejorar la situación y quitarte factores estresantes (cambiar algo en tus circunstancias, en tu actitud o en ambos terrenos). Tercero, haz algo para aliviarlo: un ejercicio de relajación, meditar, dar un pequeño paseo, respirar profundamente, dormir, tocar un instrumento, pintar... o cualquier otra técnica que suelas utilizar y que te funcione. Conviene tener unas cuantas herramientas de las que echar mano según la situación en que te encuentres.

Cuidado con las trampas, ya que los saboteadores serán muy rápidos intentando convencerte de que no puedes perder un tiempo valioso con algo tan «estúpido» como los ejercicios de relajación... Atento a voces que te dicen «no tengo tiempo», «luego; ahora tengo demasiadas cosas que hacer», «demasiado esfuerzo», «eso es algo de la nueva era que a mí no me va», «ya lo probé una vez y era tiempo perdido», «si me ven voy a quedar en ridículo», «otra tontería más; ya sé que no funciona».

## Algo más sobre el estrés

Siempre digo que el estrés es el enemigo número uno de las PAS. Vamos recibiendo información sensorial (y extrasensorial) desde que abrimos los ojos por la mañana hasta que nos dormirnos por la noche. Piensa que toda esa información, toda esa inmensa cantidad de estímulos y datos, necesita ser procesada. El mundo está hecho y calculado por y para no PAS, para gente que no recibe ni una décima parte de la información que nos llega a nosotros. Necesitan menos tiempo, aguantan más sin cansarse y tardan más en estresarse. Un día laboral de ocho horas, o más si es de horario partido, no tiene en cuenta la forma de ser de una persona altamente sensible. Añade a esto el tiempo que necesitas y el ajetreo por el cual hay que pasar para llegar a tu lugar de trabajo, y después lo mismo para volver. Ten en cuenta también los compromisos familiares, como llevar los niños al cole, hacer la compra, limpiar, lavar, cocinar, y comprenderás que mantener este ritmo para una PAS es, dicho suavemente, un desafío. Llegamos a ser malabaristas y expertas en mantener una impresionante cantidad de pelotas en el aire, hasta que...

No solemos prestar mucha atención a los estímulos «normales» como el continuo ruido del tráfico, la tele del vecino, la excesiva luz en tu lugar de trabajo, muchas horas de permanencia frente al ordenador, la cola en la caja del supermercado, encuentros, reuniones y muchas otras emociones diarias, pero están ahí siempre, como base de la vida diaria. Y a esta base se suman los extras que ya hemos mencionado. Seguro que comprenderás que en el fondo es normal que, como PAS, no tardemos mucho en saturarnos, especialmente porque suele faltarnos el tiempo necesario para poder procesar los efectos de este bombardeo sensorial. Muchas cosas que ni siquiera inmutan a una no PAS causan estrés en la persona altamente sensible. Si pensamos que la vida moderna consiste casi al cien por cien en la emisión de estímulos ante los que las PAS son vulnerables, es comprensible que estas corran un riesgo muy alto de acabar con estrés crónico.

Es preocupante que muchas PAS no sean conscientes de su extrema sensibilidad de cara al estrés o de la manera en que se van cargando con muchísima información de la que los demás ni se enteran. Al mismo tiempo vemos en muchas PAS la tendencia a compararse continuamente con aquellos que parecen más fuertes y más duros, intentando conseguir los mismos resultados que ellos. Como nuestras cualidades son otras y como nos saturamos mucho antes que los «fuertes y duros», podemos llegar a sentirnos avergonzados y débiles, y más todavía si la gente del entorno nos dice que nuestro ritmo de trabajo deja que desear. Poca gente valora la calidad y la precisión del trabajo de las PAS, lo que es chocante cuando se habla tanto de productividad.

Vemos, pues, que la PAS se agota cuando continuamente intenta alcanzar el tempo y los niveles de producción de los demás. Eso sí, todo lo hace con más entrega, con mayor perfeccionismo y cuidado por los detalles, profundizando más en cada tarea que se le pone por delante. En esto generalmente va gastando más energía y más fuerzas de las que dispone, mientras la presión por no alcanzar los objetivos impuestos o autoimpuestos como resultado de su tendencia a compararse con los demás va in crescendo. Con esto, la PAS entra en un círculo vicioso de estrés del cual cada vez es más difícil salir.

En una pequeña charla que dio con ocasión del estreno de la película *Sensitive*, Elaine Aron, dijo: «No es fácil ser una persona altamente sensible y en el trabajo suele ser complicado. Conviene que te preguntes si tu sensibilidad beneficia la productividad y las ganancias de tu empresa. Generalmente no sirve de mucho ni te conviene decirle a tu jefe que necesitas más tiempo, más espacio, más respeto o más de lo que sea. Tampoco te aconsejo quejarte por los ruidos y por el hecho de que el entorno te produce sobreestimulación, a no ser que seas un empleado muy, pero que muy valorado, o que puedas demostrar que rindes más y que eres más productivo que tus colegas».

El estrés hace que la persona altamente sensible se vuelva vulnerable hasta llegar al punto de no aguantar nada; los síntomas se agravan y, con cada vez más estrés acumulado, en teoría necesitaría cada vez más tiempo para poder gestionar toda la carga acumulada; algo que, llevando una vida «normal», difícilmente conseguirá.

Algunas investigaciones señalan que a los empleados que tienen que hacer algún esfuerzo extra e intenso (sobreactivación) les cuesta mucho más relajarse después de la jornada laboral. A mí me ha pasado más de una vez estar muy cansada después de un día con muchísimo trabajo, y luego no poder dormir; estar tan sobreactivada que me resulta imposible desconectar. Seguramente sabes de lo que estoy hablando.

Si no duermes, no descansas y no puedes desestresarte. Si los días con trabajo extra se prolongan y la carga laboral no afloja, existe un riesgo real de que, poco a poco, tu estrés se haga crónico. Una vez que este se haga crónico, el tiempo que vas a necesitar para volver a estar relajado será bastante largo. Del estrés crónico hasta el agotamiento o el *burnout* hay un paso pequeño. El *burnout*, o dicho coloquialmente estar quemado, es una de las muchas enfermedades serias que la medicina actual relaciona con el estrés crónico. Sabiendo que, como PAS, te saturas, te cansas y te estresas mucho antes y con mucha más facilidad que las demás personas, realmente conviene que estés muy atento a tu nivel personal de estrés, que lo vigiles y tomes las medidas necesarias (¡herramientas!) para controlarlo.

Quiero decir algo sobre dolencias como la fibromialgia, el cansancio crónico, las piernas inquietas, etc., de las cuales a veces se dice que son típicas de las personas altamente sensibles. Se trata de patologías que hoy se conocen bajo el término de Síndrome de Sensibilidad Central (SSC). Es cierto que muchas personas que padecen enfermedades de este tipo son PAS, pero otras muchas no lo son. Para desarrollar un mal de esta clase, para enfermedades relacionadas con el sistema autoinmune, la persona por lo general debe tener alguna predisposición genética, que se puede «despertar» o no. Para que se despierte una enfermedad tienen que presentarse determinadas circunstancias en la vida de uno. Aunque todavía no existe una investigación que demuestre con certeza la causa y el origen de algunas de estas dolencias, es posible que tengan más probabilidad de aparecer en personas altamente sensibles que viven altos niveles de estrés durante mucho tiempo, por la simple razón de que sufrir altos niveles de estrés durante un tiempo prolongado debilita el sistema.

## Los juicios perjudican. Cómo gestionarlos

«¡Qué torpe eres!». «¡No seas quejica!». «¡Qué susceptible!». «Eres tonto, ¿o qué?». «¡Qué tímido eres!». «¡Aguafiestas!».

¿Te suena? ¿Te lo han dicho alguna vez? ¿Muchas veces? A mí sí. Si te lo dicen cuando eres niño, el mensaje que te llega es que no vales, que no eres como los demás y que a lo mejor te estás inventando cosas, o sea, que eres un mentiroso.

Muchas veces, cuando somos jóvenes, nos esforzamos por ser como los otros; querer «pertenecer» es una necesidad que vive en el alma de cada ser humano, y pocos se dan cuenta de que puedes «pertenecer» incluso siendo un poco diferente. No hace falta ser igualito que los otros (aquellos que llevan la voz cantante) para «pertenecer». Creo que puedes «pertenecer» al ámbito que sea mientras te aceptes como eres y si consigues reírte de ti mismo y tus «diferencias». Otra cuestión es si quieres pertenecer a un determinado grupo, pero esas preguntas te las harás cuando ya seas un poco mayor.

Si te critican por algo que tú vives como una verdad, como tu verdad, por algo que realmente sientes o piensas, te puede doler. Duele mucho cuando, mediante palabras o gestos, alguien emite el mensaje de que mientes, que engañas, que quieres llamar la atención. Los juicios que recibes —este tipo de reacciones verbales se basan en la opinión personal de quien la emite— en realidad no son más que afirmaciones subjetivas. El que emite un juicio lo hace no solo porque percibe el mundo a través de sus gafas personales —que es algo que todo el mundo hace—, sino también porque posiblemente tiene poca empatía o porque quiere demostrar que él es mejor que tú. Emitir juicios es una manera de colocarse por encima de la otra persona. Si quien recibe ese comentario ingrato es PAS y si encima —como la mayoría de las PAS— tiene la autoestima baja, suele pasar que lo vive como una bofetada. Como una ofensa. Una vez más se sentirá incomprendido y un bicho raro. Hasta culpable, incluso. Y lo entiendo, claro que lo entiendo. He recibido muchas bofetadas en mi vida, pero dejé de darme por aludida cuando comprendí qué son los juicios, de dónde vienen y por qué vienen.

**NO OLVIDES QUE...**

- Si alguien te llama «torpe», en realidad está diciendo: «No entiendo por qué no eres tan rápido como yo; creo que si te dieras más prisa podrías mejorar y ser como yo».
- Si alguien te llama «quejica», en realidad está diciendo: «Esto a mí no me duele, no puedo comprender que tú te sientas molesto».
- Si alguien te llama «susceptible», en realidad está diciendo: «No tengo tantas emociones como tú; no veo dónde está el problema, cálmate».

El juicio, que no es una crítica positiva, es sobre todo una constatación de alguien que se da cuenta de una diferencia entre él y tú, y aunque tú lo percibes como un ataque, en el fondo no lo es. Mientras que una crítica a veces es justa, los juicios nunca lo son, y en ese sentido no tienen nada que ver contigo.

Me di cuenta del carácter defensivo y engañoso de los juicios cuando empecé a observar mi propio pensamiento y las cosas que decía. ¡Estaba llena de juicios! Manejaba un repertorio de insultos horribles: inculto, irresponsable, borde, antisocial, necio, agresivo, egoísta... y podría seguir. Me asusté, de verdad que me asusté de mí misma. Fíjate, estaba sufriendo por los insultos (juicios) que recibía de los otros, ¡pero los míos eran mucho peores! ¿Y qué pretendía con semejante comportamiento? ¡Sentirme mejor! Si conseguía verme moralmente por encima de la otra persona, me sentía emocionalmente más fuerte y mejor persona. Vaya, qué autoengaño más inútil. Además, ¿qué buscaba con tanta arrogancia? ¿Qué sabía yo de la persona a la que llamaba de todo? ¿Qué sabía de su vida, de sus problemas, de sus «incompetencias»?

Desde entonces no solo no me afectan ya los insultos, sino que procuro retener mi propia reactividad y controlar mis juicios. No soy un ángel, ni lo pretendo (¡por favor!), pero exclusivamente depende de mí vigilar mis pensamientos. Puedo ser consciente de lo que pienso, quizá no todo el tiempo, pero cuanto más lo practico menos me cuesta. Lo que me motiva es que no quiero insultar a nadie; los insultos —los juicios— matan la compasión y el entendimiento mutuo. ¿Por qué me quiero sentir superior a alguien si no lo soy, sino que solo soy diferente, con mis propias cualidades, pero también con mis muchas imperfecciones y carencias?

Si tú, querida PAS, como yo, llegas a darte cuenta de la reactividad de tus pensamientos, si consigues corregir los juicios que pueden pasar por allí (y, ¡ojo!, quiero incluir los juicios/insultos que sueltas hacia ti mismo), te garantizo que llegarás a sentirte mucho mejor y serás más comprensivo, y el nivel de tu autoestima irá subiendo. ¿A qué esperas para probarlo?

## Una herramienta de comunicación, la CNV

Una de las cosas más naturales, pero al mismo tiempo más difíciles de gestionar, es la comunicación, y me refiero en primer lugar a la comunicación hablada. La manera más común de pasar un mensaje a otra persona es a través de una secuencia de palabras que transmiten un contenido. Es curioso que ese contenido transmitido no siempre se recibe de modo acorde con nuestra intención: tú dices algo desde tu propia experiencia y la otra persona lo recibe también desde su propia experiencia. Si el mensaje trata de un tema objetivo, en general no hay problema. Si dices «hace sol», habrá poca gente que entienda que está lloviendo. La cosa cambia si hablamos de emociones, y ya sabes que las PAS somos bastante emocionales. Lo que tú sientes en función de tus experiencias vividas poco tiene que ver con lo que siente otra persona que va cargando su propia mochila emocional, y la consecuencia de esto es que mucho de lo que vamos diciendo y comentando va cargado de una fuerte subjetividad.

Los mensajes que surgen del malestar son los que suelen causar problemas: algo te molesta, algo te duele, algo te irrita, algo te sobrepasa, algo te satura, algo te da miedo... Muchas veces ni siquiera somos conscientes de lo que sentimos, simplemente notamos un malestar que se puede convertir en mensajes cortos, críticos y no muy amables. Y no solo no somos muy conscientes de lo que sentimos, tampoco solemos tener claro cuáles son nuestras necesidades. Y si ni siquiera lo sabemos nosotros, ¿cómo lo podrá saber la otra persona, la que recibe nuestro mensaje?

Existe una maravillosa técnica de comunicación, la llamada Comunicación No Violenta, la CNV, desarrollada por el psicólogo americano Marshall Rosenberg. Es un método empático que se basa en la importancia de expresar con claridad las observaciones, sentimientos, necesidades y peticiones a los demás, sin juicios de ningún tipo, para evitar que quien recibe el mensaje se sienta etiquetado o definido y, por lo tanto, atacado. Se trata, pues, de que el que quiere comunicar algo se haga responsable de lo que siente y lo que necesita, sin proyectarlo en la otra persona y sin cargarle las propias culpas. No es lo mismo, por ejemplo, enfadarse y decir algo como «¡Siempre dejas la toalla en el suelo!», que decir: «Esta mañana has dejado la toalla en el suelo y ayer también. A mí me gusta el orden y tengo poco tiempo, y verlo me pone triste. Me sentiría apoyada y valorada si pudieras recoger la toalla y volver a colgarla. ¿Crees que me podrías ayudar haciéndolo?».

Es solo un pequeño ejemplo, pero suficiente para dejar claro que en lugar de escupir un mensaje lleno de irritación y cargado de otros mensajes implícitos, existe otra manera de comunicar partiendo de la observación de un hecho concreto (la toalla estaba hoy en el suelo y ayer también, opuesto a «siempre» que es una generalización), libre de juicios o de críticas (no te digo que eres malo) y de expectativas (si me enfado ya no lo volverás a hacer), sino asumiendo la responsabilidad por lo que uno siente y necesita. No solo vemos cómo la persona que emite el mensaje se respeta a sí misma reconociendo sus sentimientos y necesidades, sino que también respeta al interlocutor, invitándole a que haya una consideración mutua.

Por lo general, los altamente sensibles sentimos mucho y muchas cosas distintas a la vez. Nos suele costar expresar lo que sentimos y con frecuencia ni siquiera lo tenemos claro. Esta técnica nos puede ayudar a aclarar toda esa bola de emociones que, a veces, nos hace ser críticos e incluso sentirnos superiores. Si somos capaces de entender por qué sentimos lo que sentimos y cuál es la necesidad de fondo que genera ese sentimiento, practicamos la responsabilidad, el respeto y la empatía hacia nosotros mismos.

Si crees que te gustaría aprender a comunicarte más cariñosamente, te invito a investigar este método humano y empático. Más adelante verás otro apartado en el cual puedes aprender a decir «no» de una manera elegante y honesta, que también está basada en esta técnica.

## Relaciones tóxicas

En el capítulo 4, «La relación sentimental», hemos hablado sobre relaciones desequilibradas y malsanas. Hemos visto que personas con la autoestima baja corren cierto riesgo de verse implicadas en relaciones dañinas. A lo mejor te acuerdas de la historia de Karen, una PAS que al final encontró un amor y que dejó todo atrás para seguirle al extranjero. Una vez en Polonia ella se dio cuenta de que se había montado su propia película de la relación, que no tenía nada que ver con la realidad que le esperaba.

Evidentemente nunca puedes saber con certeza total si una relación va funcionar o no, pero sí puedes hacerte una serie de preguntas que te ayudarán a ver un poco más clara la realidad, para evitar que tomes decisiones basadas en tus propias fantasías, que saques conclusiones equivocadas o te asalten ideas erróneas. Te aconsejo leerlas con antención y contestarlas lo mejor que puedas. Si no estás seguro de la respuesta, puedes consultar a otra persona cercana en cuya opinión confíes.

### *Preguntas que has de hacerte antes de tomar una decisión*

1. ¿Quiero ayudar (o rescatar) a esta persona porque veo su potencial?
2. ¿Me enamoré de esta persona porque él/ella estaba enamorado/a de mí y me sentí agradecido/a?
3. ¿Me fijo solo en uno o dos de sus atractivos importantes (dinero, sexo, humor, facilidad para pasarlo bien) y no pienso en lo que yo necesito (seguridad emocional y/o material, respeto, confianza, afecto, etcétera) y no recibo?
4. ¿Me fijo en las (muchas) cosas que tenemos en común, mientras que ignoro nuestras diferencias?

5. ¿Me quedo con él porque tengo miedo a estar solo/a, a pesar de que esta relación no es lo que realmente quiero?

Si has contestado a una (o más) de estas preguntas afirmativamente es posible que acabes de descubrir una bandera roja. Estate alerta. La cosa se complica cuando al mismo tiempo reconoces una o varias de las siguientes características:

*Señales de alarma*

1. Cuando mi amor se siente frustrado o cuando se enfada, reacciona con rabia y me echa toda la culpa.
2. Mi amor echa la culpa de su mala suerte o malas circunstancias vitales a los demás, en lugar de responsabilizarse de sus propias acciones.
3. Mi amor tiene tendencia a controlarlo todo; hasta me quiere controlar a mí (¡celos!).
4. Mi amor muestra a veces un comportamiento inmaduro y/o irresponsable.
5. Mi amor es emocionalmente distante y hasta ausente en muchos momentos.
6. Mi amor añora a su pareja anterior; incluso me lo hace saber, lo reconoce.
7. Mi amor cuenta conmigo para que aporte alegría y bienestar a su existencia triste y complicada.
8. Mi amor está casado/a con otro/a y no se puede comprometer conmigo.
9. Mi amor tiene problemas de adicción o tiene un comportamiento adictivo (que, según él/ella, no representa ningún problema).

10. Mi amor, en su contacto con otras personas, no es tan íntegro como debería ser y a veces se comporta de forma mezquina (amenazas, mentiras, manipulación, etcétera).

Hasta aquí las principales señales de alarma que debes tomarte en serio antes de dar un paso más en tu relación. Evidentemente, cuantas más banderas rojas (contestaciones afirmativas) hayas encontrado, más te conviene pensártelo. Nadie es perfecto y nadie está siempre igual de equilibrado y alegre. Cuando hayas notado un comportamiento en tu pareja que no te gusta demasiado, por favor, no decidas enseguida que esa relación no es para ti. Lo que sí te digo es que ¡no corras! Tómate tu tiempo para conocer a la persona, y preferiblemente en diferentes ambientes y circunstancias. También te digo que conviene tener en cuenta las tendencias PAS a:

**¡ATENCIÓN!**

- Ver solamente lo bueno y lo positivo de la otra persona (¡todos tenemos nuestras sombras!).
- Querer ayudar a la otra persona, sacrificándote a ti mismo (no conocer ni respetar los propios límites).
- Estar convencido de que todo se arregla con amor y con paciencia (muchas cosas sí, pero hay relaciones destructivas que solo pueden perjudicarte).
- Asumir el rol de víctima (no eres una víctima: eres un ser libre y siempre puedes elegir… aunque sea difícil).
- Confiar en que la otra persona cambiará (o peor, estar convencido de que tú le podrás cambiar).

La lista es larga, lo sé. Quizá pienses que estoy pintando un panorama negativo y realmente no es mi intención. Lo que me gustaría dejar claro es que sé por propia experiencia y en función de las experiencias de un buen número de mis clientes que hay relaciones que no funcionan por el motivo que sea. Esto no quiere decir que una relación no pueda pasar por una crisis ni que todo siempre tenga que ser igual de fantástico y genial. Para nada. Las relaciones sanas tienen sus crisis, sus momentos de desencuentro y de dificultad, y son justo estos momentos los que nos hacen crecer y evolucionar juntos como pareja y como personas. Las banderas rojas no tienen que ver con esto, se refieren al carácter de la otra persona, a ciertas actitudes que (casi) siempre están ahí.

Evidentemente las banderas rojas son válidas para todo el mundo, para PAS y para no PAS. Pero vistas las características de la persona altamente sensible está claro que tiene un mayor riesgo de acabar en relaciones malsanas, tóxicas o destructivas.

Recordad que una relación sana es la que está basada en amor mutuo, en una profunda amistad y en el respeto, el apoyo, en un fuerte compromiso y en la fidelidad. Solo cuando se dan estas condiciones, hay una buena base para seguir juntos, para dar el siguiente paso.

## La importancia de los límites y de aprender a decir ¡no!

Tu madre te pide que bajes al súper para comprarle algo («es solo un momento»), tu amiga te pregunta si puedes cuidarle a los niños porque tiene que hacer tal o cual cosa («vuelvo enseguida»), tu marido te pide que le cosas un botón de la camisa («no te cuesta nada, ¿verdad?»), tu jefe te pregunta si quieres llamar a veinticinco clientes para comunicarles un asunto muy importante («ya lo verás, lo harás en un pispás»)... Y seguramente tienes tus propios ejemplos y no pocos, ya que el día a día está lleno de pequeñas situaciones de este tipo.

No es que no quieras ayudar. ¡Faltaría más! Al fin y al cabo eres PAS, y por tanto siempre estás dispuesta a echar un cable. Y encima es más que probable que te des cuenta de lo que necesitan los otros antes que ellos mismos. No cuento nada nuevo, las PAS somos salvadoras natas.

En la mayoría de los casos no hay ningún problema en prestar ayuda, echar un cable o hacerle un favor a alguien, y generalmente nos encanta hacer feliz a la otra persona. No obstante, más de una vez habrás dicho que sí y no te has sentido bien, porque en realidad te hubiera gustado decir no. No tardas en arrepentirte de haber dicho sí y te das cuenta de que te tenías que haberte negado porque estabas cansada, porque justo tenías el plan de desaparecer con un buen libro, porque tenías la intención de hacer una excursión o por lo que sea.

*¿Por qué cuesta tanto decir no?*

- Quieres ayudar, y lo haces de manera automática. Además, es lógico y es natural. Querer ayudar es una cualidad positiva.
- Quieres agradar y gustar. En cada uno de nosotros vive el deseo de que los demás nos vean como una persona simpática, y temes que no gustarás si dices no, si te niegas a hacer aquello que te piden. A lo mejor escuchas una vocecita que te asegura que decir no es egoísta.
- Tienes miedo de que la otra persona se enfade y tienes alergia a los conflictos.

- No sabes cómo formular un no y el sí ya se te ha escapado antes de que pudieras frenar, y por no quedar mal lo asumes y haces algo que no quieres hacer.
- Sientes respeto por la otra persona, y dices sí porque entiendes que ella (alguien mayor, tus padres, un profesor) simplemente se merece un sí.
- Es la opción más fácil. La experiencia te ha enseñado que decir no te hace sentir culpable. Encima puede pasar que, siendo PAS, si a pesar de esto decides decir no, luego te autocastigues porque te ves como una mala persona, como una egoísta. La culpa es un factor de mucho peso.

Generalmente todos, o por lo menos varios de estos motivos, juegan un papel en el momento en que alguien te pide algo, como tu tiempo, tu energía, tu colaboración, algún objeto, lo que fuere.

Decir «no» a veces es necesario. Evidentemente no hay que decir no a todas las preguntas o peticiones. Al contrario, creo que en la vida conviene decir sí a la mayoría de las cosas que vayas encontrando. Pero tiene que ser una decisión libre, el resultado de una consideración sin miedos, inseguridades y otras influencias de ese tipo. Como PAS es sumamente importante que conozcas tus propios límites y los vigiles. Sé honesto en tus emociones, en lo que sientes. Sé honesto en tus necesidades personales. A nadie le interesa alguien que dice sí y que luego pone mala cara. Saber decir no sin sentimientos de culpa te hace libre.

*Por qué es importante decir no*

- Genera respeto. Quien siempre dice sí a todo curiosamente no es percibido como una persona simpática, más bien

como alguien amable pero tontín. La persona que sabe contestar con claridad es valorada y respetada como alguien con opinión propia.
- Es mejor decir menos veces sí para poder hacer las cosas de buena gana y con entrega. Un trabajo bien hecho y terminado a tiempo tendrá como resultado que la gente te considere fiable. Procura limitarte a cosas que sabes hacer bien.
- Si consigues decir no, te puedes ahorrar mucho estrés. Decir sí a todo el mundo, intentar complacer siempre, cuesta muchísima energía; posiblemente más de la que podrás (re) generar. La consecuencia directa de un déficit de fuerzas es el estrés. Eres PAS, ¡no te olvides de cargar tus pilas a tiempo!

Ahora llegamos a la pregunta clave, ¿cómo se dice «no»? Si alguien te pide ayuda y contestas con un «Bueno, eh, no sé», puede haber problemas y malentendidos, porque, aunque en tu mente a lo mejor crees que has dicho no, en realidad solo has dicho que *no lo sabes* con lo cual la otra persona puede pensar que lo harás. Decir no de una manera educada y amable, con toda la calma y sobre todo con claridad, puede parecer difícil, pero en el fondo no lo es tanto.

Evidentemente depende de las circunstancias y de la pregunta que te hagan; a continuación, te daré unas «formulas» que te pueden servir de base. Recuerda una situación en la que has dicho que sí cuando en el fondo te hubiera gustado contestar que no y busca la fórmula adecuada. Luego, y esto es importante, dilo en voz alta. No una vez, sino varias. Nota el sentimiento que esto te produce. Practicar con este tipo de fórmulas te ayudará a ganar seguridad y naturalidad de cara a este tipo de respuestas en el momento en que las necesites.

- «Anda, qué bien que hayas pensado en mí. Gracias, pero como en este momento no me va bien, no lo puedo hacer».
- «¡Me encanta la idea! Y qué pena que tenga muy poca experiencia en este campo. No lo puedo aceptar, porque me he prometido que solamente emprenderé tareas que puedo hacer bien».
- «Uf, no lo sé. Me parece que hay un elemento que no es cien por cien honrado. Pues no, no lo hago».
- «¡Qué pena! De verdad que me hubiera gustado ayudarte, pero no puedo. Tengo otras cosas que hacer, otros compromisos. Igual la próxima vez hay más suerte».
- «Me pides mucho. A lo mejor puedes ser un poco más específico. ¿Qué es exactamente lo que quieres que haga?». (Una vez que lo tienes claro, puedes volver a valorar la pregunta. Llegar a un acuerdo específico es tan importante como dar una respuesta clara).

A pesar de las fórmulas, hay muchos a los que les sigue costando decir no. Si por el motivo que fuere, no sabes qué te conviene contestar, o si necesitas tener más información o más tiempo, a lo mejor te sirve la siguiente respuesta: «Entiendo tu pregunta y entiendo lo que necesitas, pero en este mismo instante no te puedo dar una contestación. Necesito un poco de tiempo para pensarlo. ¿Me lo vuelves a preguntar la semana que viene?». Verás que, en la mayoría de los casos, no te lo vuelven a pedir porque mientras tanto han encontrado otra solución.

También encontrarás situaciones que no permiten una contestación negativa. Esto te puede pasar cuando, por ejemplo, formas parte de un equipo de trabajo que, como grupo, ha aceptado algún encargo. En este tipo de casos conviene que haya claridad sobre la parte del trabajo que te corresponde. Determina tus límites y obsérvalos. No caigas en esa trampa PAS de ofrecerte a hacer el trabajo que le toca a otra persona: ¡cada uno lo suyo!

Espero que, con estos consejos, te resulte más fácil decir no cuando sientes la necesidad de hacerlo. Un no bien claro en determinados momentos te puede ahorrar muchos problemas y mucho estrés.

## ¿Cómo evitar sentirse víctima?

Sentirse víctima del mundo, del entorno personal o laboral, de la propia vida, es algo que la mayoría de las PAS hemos experimentado en un momento u otro. No es extraño llegar a sentirte así si te ves como un bicho raro, un perro verde o un patito feo. Todos queremos pertenecer, pero si a cada instante —por lo menos así nos lo parece— recibimos el mensaje «no te queremos porque eres raro», tarde o temprano nos sentiremos una especie de parias y crecerá en nosotros la sensación de que somos víctimas. Empiezas a pensar y decir cosas como: «El mundo, la sociedad, la gente, todo es duro, cruel, egoísta y materialista y nadie me entiende»; «No puedo con esto, es demasiado. Me rindo. No puedo más. No es que no lo haya intentado, pero nadie lo valora, nadie me valora».

Hay muchas personas altamente sensibles que enseguida se sienten ofendidas. Alguien dice algo, una generalización, y la PAS se lo toma como un insulto personal dirigido directamente a él o a ella. Es como si tuviera una especie de imán que atrae las pruebas de que nadie se da cuenta de lo buena, buenísima persona que es:

la que siempre cumple, la que siempre ayuda y hace más (mucho más) que los demás, la que siempre limpia, cuida, llama, se preocupa, escribe, se interesa...

Lo sé. He pasado por eso y no es un buen lugar para instalarse. Es un sitio frío, oscuro y solitario. Lo único que aporta es amargura. Espero no volver nunca. A lo mejor quieres saber cómo he salido.

¿Conoces el fenómeno por el que alguien te comenta algo y es como si las palabras cogiesen una fuerza especial? ¿Has tenido la sensación de que un comentario es más que un simple comentario? Pues bien, cuando llevaba mucho tiempo siendo susceptible, alguien me dijo: «Oye, tú te quejas mucho, ¿no?». Tal cual. Y por primera vez no lo tomé como un insulto o una ofensa, no. Me di por aludida. De repente era como si escuchara todas mis quejas a la vez, a coro, y era... vergonzoso. Casi todo lo que decía eran quejas. Tomé conciencia y decidí cambiar.

Cuando tomas una decisión de verdad es como si los dioses se pusieran de acuerdo para ayudarte. No sé cómo ni de dónde venían, pero de repente me llegaron mensajes, libros, llamadas, todos con una idea central: gratitud. ¡Gratitud! Era una especie de misteriosa invitación: nombra diez cosas (o más) que te inspiren gratitud. Fue como estar en un cuartucho oscuro y que de repente se abriera una ventana a un paisaje lleno de luz y de belleza seductora. Creo que no saqué diez, sino treinta motivos para sentirme profundamente agradecida. Poco a poco empezaba a darme cuenta de que sentirse víctima es una actitud voluntaria, una decisión interior. El mundo es como es, da igual cómo te sientas. O, mejor dicho, no da igual, pues mientras te sientas víctima, ese mundo no cambiará porque no te has separado de él y no harás nada para que sea un lugar mejor. Sin embargo, cuando te quitas el papel de víctima y te vistes con las ropas coloridas de la gratitud, empiezas a ser dueña de ti misma y a sentirte fuerte. Y entonces puedes empezar a hacer cosas que, a lo mejor, conducen a pequeñas mejoras en tu entorno inmediato; cada uno hasta donde llegue.

Está claro, no podemos cambiar el mundo. Quejándome de los políticos no cambio la forma en que nos están gobernando. Voy a votar, claro, y voto por un cambio, aunque está claro que mi voto no llevará al cambio. Y si no voto, tampoco habrá cambio. Todos aquellos que se quedan en casa pensado que su voto (total, ¿para qué?) no cambia nada, ¿tienen razón? ¿Y si votaran? En cualquier caso, a lo mejor sí puedo hacer algo si observo mi propia conducta y me pregunto si lo que hago está en consonancia con mis valores. Puedo mirar y cambiar la manera de comportarme y de comunicarme; puedo empezar a ayudar sin esperar que algún día me devuelvan el favor (no sería correcto y condiciona a los otros); puedo dar buen ejemplo... no sé, como no soy perfecta puedo hacer muchas cosas para mejorar, haciéndome dueña de mi vida y dejando de sentirme víctima. De mí depende, de verdad.

Sobre esto me gusta mencionar el triángulo dramático de Karpman, una herramienta muy potente para comprender el baile de la «víctima» y sus dos compañeros, el «salvador» y el «acusador».

## El triángulo dramático de Karpman

Se trata de una herramienta potente que proviene del análisis transaccional y puede aportar mucho a cada PAS en su camino de autoconocimiento. Estoy convencida de que su conocimiento es clave en la vida de la persona altamente sensible que quiere aprender a encauzar su sensibilidad convirtiendo en algo positivo aquello que en muchos casos vive como un lastre. Dicho de otra manera: el autoconocimiento transformará la alta sensibilidad en lo que de verdad es: un don.

El triángulo dramático es, básicamente, un juego, un baile entre tres personajes que asumen distintos roles, tres comportamientos que todos podemos tener: el comportamiento de la *víctima*, el comportamiento del *salvador* y el comportamiento del llamado *acusador* o *perseguidor*.

A veces tienes una conversación con alguien y de repente te das cuenta de que no avanzas nada, de que el diálogo se estanca. O de que los interlocutores se están repitiendo y adoptando una actitud a negativa. O percibes que tu manera de reaccionar no coincide con tus intenciones.

Si esto pasa, es probable que el interlocutor y tú hayáis entrado en el «triángulo dramático». Si la conversación ha dejado de fluir, si el tono ameno se ha convertido en agresivo o conflictivo es más que probable que los interlocutores estén manejando patrones fijos de comunicación. Dichos patrones se basan en una de las tres posiciones del triángulo: víctima, salvador y acusador.

Cada rol es promovido por una emoción y los tres siguen un patrón más o menos fijo del cual cuesta salir, ya que el comportamiento de uno «invita» el comportamiento del otro, y viceversa.

### *El acusador*

El comportamiento del acusador, también llamado perseguidor, se basa en un sentimiento de rabia, de enfado. Lo que busca es castigar y reprochar. Es más, se siente justificado para castigar. Los patrones que utiliza, o sus frases típicas, son de este tenor: «Si no fuera por ti, ya lo hubiéramos solucionado». «Eso, ¡después de todo lo que he hecho por ti!». «De mí no esperes nada. Te había advertido». El acusador suele utilizar los puntos débiles de los otros para poder culparlos.

*El salvador*

Este es un papel fácil de reconocer para la mayoría de los altamente sensibles. El salvador quiere ayudar, quiere salvar y quiere solucionar los problemas de los demás. Suele intervenir sin haber recibido ningún tipo de pregunta: capta un problema, una carencia, y se apresura a remediarlo. Claro que para asumir este papel necesita una víctima. El salvador utiliza frases como estas: «Tengo la solución, pero no me escuchas». «¿Por qué no haces A, B o C?». «¿Dónde estarías sin mí?». «Ya les demostraré lo bueno que soy».

El salvador cree saberlo todo, y con su comportamiento se asegura la dependencia de la víctima. En el fondo se siente superior.

*La víctima*

Lo interesante del papel de la víctima es que el triángulo existe gracias a él. También es un rol que las PAS suelen conocer muy bien. La víctima suele caracterizarse por su postura pasiva y triste, y reacciona desde la posición del indefenso: tiene miedo (hasta pavor) a todo, a lo nuevo, a cometer errores y a arriesgarse de la manera que sea. El miedo le puede paralizar y le puede causar ataques de pánico.

Es interesante observar que puede jugar su papel de dos maneras: como «el pobrecito», con lo cual invita al rol del salvador, o como «el irritado o el pegado», con lo cual invitará al rol del perseguidor.

De la víctima conocemos frases como estas: «No puedo». «Es terrible, ¿no te parece?». «No encuentro gente como yo». «Sí, pero...». «Doctor, ¡es usted maravilloso!». (Pone a la gente —el salvador— en un pedestal).

*La interacción*

Imagínate que el Salvador —S— decide ayudar a Víctima —V—. V está contento y espera que S le resuelva la vida. Tarde o temprano llega el momento en que S se cansa porque V se engancha a él y no mejora ni sigue los consejos que le da. Si esto ocurre, cambiará el paso del baile, de manera que S cambia de rol y se coloca en el papel del Acusador —A—. «¡Cómo esperas mejorar si nunca me haces caso!». Incluso es posible que S adopte el rol de V: «No puedo más. He hecho todo para ayudarte. Te lo he dado todo. Me siento utilizado». Con esto, V no puede mantenerse en su papel y también tendrá que cambiar de posición en concordancia con el nuevo papel asumido por la persona que empezó como S. Este tipo de juego o baile lo vamos encontrando en cada relación. Es más, cada relación tiene su propio patrón. La pregunta lógica sería:

*Beneficios para cada uno de los roles*

- El Acusador evita involucrarse. Nunca tiene la culpa de nada y no se responsabiliza. Tal vez lo más importante es que puede mantener a todo el mundo a una distancia «de seguridad», con lo cual nadie llega a conocerle.
- El Salvador se puede sentir importante, y hace que los otros dependan de él. Mientras se puede ocupar de la vida de los

demás tiene la excusa perfecta para no mirarse a sí mismo. Este es uno de los motivos por los que la PAS se siente cómoda en este rol, y encima puede demostrar al mundo que es muy, pero que muy buena persona. La mala noticia es que, mientras que se involucra en salvar a V, se va agotando. Tarde o temprano tendrá que tirar la toalla y cambiar de rol, solo porque físicamente no puede continuar como Salvador.

- La Víctima no tiene que pensar, ni tiene que tomar decisiones o asumir la responsabilidad. Si no fuera porque S se cansa de cuidarle, probablemente siempre se quedaría en la comodidad del papel de Víctima. Es la Víctima quien ha inventado la bien conocida «zona de confort».

*¿Por qué se llama triángulo dramático?*

Hablamos de «drama» porque, como en el género teatral clásico, este juego tiene un desarrollo previsible y siempre es negativo. El problema está en que los actores no se hablan como iguales, desde un mismo nivel, sino que en cada diálogo siempre hay un personaje que se siente superior, y otro que se siente inferior. Un factor añadido es que especialmente el Salvador le niega a la Víctima su propia responsabilidad y, por eso, le quita la posibilidad de crecer.

Aun así, es muy importante tener en cuenta que se trata de roles basados en sentimientos, en actitudes. Uno no es Salvador, Acusador ni Víctima, sino que se comporta como tal durante el juego.

También es importante saber que una persona puede desempeñar varios roles a la vez.

*¿Cómo puedes evitar entrar en el juego?*

Ante todo, es importante tomar nota del juego y entender su mecanismo. Luego hay que ser capaz de ir identificando tu manera de participar en juegos de este tipo, sabiendo que, como PAS, tienes especial tendencia a los roles del Salvador y de la Víctima.

El conocimiento de tus características PAS y de la forma en que el triángulo se perpetúa puede ayudarte a verlo venir y no entrar en el juego. Esto te permite reaccionar de forma adulta, honesta y positiva, al mismo tiempo que asumes la responsabilidad de tus actos, palabras, pensamientos y emociones.

Es importante no exagerar sobre ti mismo, no generalizar y mantener tus mensajes claros y específicos. «Nunca me comprenden» no es lo mismo que «esta vez X no me comprende».

No ataques, no acuses. Si hay un problema no lo ocultes, háblalo lo antes posible con la persona responsable; evita, por tanto, el cotilleo. Recuerda, los problemas no desaparecen por ignorarlos; al contrario, se hacen más grandes...

El triángulo es un método fascinante, con muchas variantes. Solo he descrito la primera por no complicar la historia demasiado. Si te interesa investigar más, hay mucha literatura sobre el tema. Aun así, puede ser un buen ejercicio observar los triángulos de tu vida para ver cómo se desarrollan y cómo se siguen perpetuando los roles hasta que alguien hace algo por salir del suyo (cualquiera de los tres), con lo cual el baile acaba.

## Dormir bien

La mejor manera de desestresarse es dormir. Si te acuerdas de lo que dije sobre la relación entre ser PAS y la facilidad de estresarse, comprenderás que lo más importante que una PAS puede hacer para cuidarse es dormir. El sueño nos permite descansar y digerir toda aquella información que hemos absorbido durante el día. Ya sabes: a las PAS nos llega cientos de veces más información (de manera consciente y de manera inconsciente) que a las no PAS, a las personas con un sistema neurosensorial no tan sensible y desarrollado como el nuestro. Puede pasar que durante el día te llegue mucha más información de la que eres capaz de encauzar y que, como consecuencia de ello, entres en un estado de sobreestimulación, de sobreactivación. Cuanto más sobreestimulado estés, más te costará conciliar el sueño, lo que puede llevarte al insomnio. No hace falta ser PAS para sufrir insomnio, claro que no, pero el riesgo es probablemente más grande para la PAS que, siendo como es, necesita dormir lo suficiente (en general unas ocho horas) para poder afrontar el día siguiente. Durante el sueño la mente digiere toda la información absorbida en la jornada, con el resultado de que la persona se puede levantar por la mañana con las fuerzas restauradas y sintiéndose fresca y preparada para afrontar el nuevo día. Quien no duerme lo suficiente empezará el nuevo día con «restos» del anterior, y por eso podrá acoger menos información (parte de su mente todavía «contiene» elementos no procesados) y se estresará antes. Uno de los consejos más importantes para una PAS es, por tanto, el de dormir lo suficiente. Por supuesto, siempre puedes recurrir a las pastillas, pero no es lo más aconsejable. Menos mal que hay muchas cosas que puedes hacer para mejorar la calidad de tu sueño.

Más de una vez te habrá ocurrido que tan solo apoyar la cabeza en la almohada tu mente se haya puesto a funcionar a mil por hora. Cuanto más necesitas y quieres descansar, más pensamientos pareces tener. Y no son pensamientos anodinos, sino de esos capaces de despertar todo tipo de emociones: preocupación, miedos, inseguridad. Lo intentas con el famoso truquito de contar ovejas, pero antes de que llegues a treinta ya se habrá impuesto otro tema, tomando posesión de tu mente mientras las ovejas quedan olvidadas. Después de las ovejas, a lo mejor lo intentas con la respiración, y a veces funciona y a veces no. Igual ha llegado el momento de probar otros métodos. Me gustaría daros unas ideas que pueden ayudar a mejorar la calidad del sueño.

*Antes de irte a la cama*

- Procura no mirar pantallas electromagnéticas por lo menos una hora antes de acostarte (teléfono, *tablet*, ordenador, televisión). La llamada luz azul de este tipo de pantallas y su efecto en la retina no ayudan a conciliar el sueño. No es una tontería. Estudios científicos han demostrado que necesitamos la hormona de la melatonina para poder dormir; la luz fuerte, como la de las pantallas, frena la producción de la melatonina y desestabiliza tu reloj interior, el llamado reloj biológico.
- Si puedes, da un pequeño paseo antes de meterte en la cama. Que sea tranquilo, no un ejercicio estimulante. Oxigenar los pulmones antes de dormir tiene un efecto relajante.
- Reflexiona antes de irte a dormir. Es una buena práctica repasar tu día, recordar los acontecimientos en orden inverso, empezando por la misma noche y siguiendo el hilo hasta la mañana y, por ejemplo, observando tu propio comportamiento. Puedes preguntarte si tus actos han sido correctos, si hubo algo mejorable, si quizá te has olvidado de alguna cosa, si tus actos realmente han sido coherentes con

tus valores. También podrías fijarte en los momentos que te han inspirado alegría y gratitud y reflexionar un poco sobre ellos. En la misma línea podrías revisar el día fijándote en los hechos en que tu sensibilidad te ha aportado algo positivo, como, por ejemplo, algo bonito que hayas visto, una buena conversación que hayas tenido, una oportunidad de ayudar a alguien, una sonrisa que hayas intercambiado...

- Lee. La lectura también es aconsejable antes de dormir, siempre y cuando no sea estimulante. Es preferible no leer en la cama misma; la idea es que el subconsciente llega a saber que, si te metes en la cama, es para dormir. Vigila la intensidad de la luz: si es demasiado fuerte luego te costará más dormirte; si es demasiado floja, tendrás que esforzarte mucho para ver bien el texto y el esfuerzo tampoco ayuda a relajarse.
- Respira. Si has tenido un día con mucha información y te encuentras un poco saturado, puedes intentar aliviarte a través de la respiración, exhalando, no de manera fluida, sino sincopada, como diciendo: je-je-je-je-je.
- Salta. Otra forma de neutralizar la sobresaturación son los saltos. Cuanto más alto lo hagas, mejor, porque la descarga será mayor cuanto mayor sea la fuerza con la que tus pies toquen tierra. Pero, aunque te eleves mucho, has de hacerlo con suavidad. Procura que sea un ejercicio con un efecto calmante, en lugar de un ejercicio estimulante. Si la cabeza te da muchas vueltas, los saltitos pueden ayudar a pararlas.
- Controla las sustancias estimulantes. Ten cuidado con el consumo de cafeína durante el día. Muchas PAS presentan una elevada sensibilidad a este tipo de sustancia que se encuentra no solo en el mismo café, sino también en el té

negro, el chocolate y algún refresco de cola. En la misma línea, tampoco es muy aconsejable el alcohol. Aunque una copa de vino a lo mejor te ayuda a conciliar el sueño, sabemos por estudios que el alcohol tiene un efecto negativo sobre la duración del reparador sueño profundo: puede que te duermas antes, pero al día siguiente te sentirás menos descansado.

- No te acuestes recién cenado. Comer antes de ir a la cama no suele ser una buena idea; deja pasar por lo menos una hora. Vigila también lo que cenas, evitando especialmente las grasas. Son aconsejables las infusiones, las tortas de arroz, un ligero caldo...
- No te alteres antes de ir a dormir. A lo mejor es obvio, pero lo digo de todas formas: evita todo tipo de discusiones antes de irte a la cama.
- Mantén los pies calientes. Conciliar el sueño con los pies fríos es muy difícil. Los pies se suelen enfriar cuando llevas mucho tiempo trabajando con la cabeza, o sea, realizando una actividad cerebral o cognitiva (por descontado, también puede ser que la temperatura ambiental esté más bien baja). Piensa en la posibilidad de meterlos en agua caliente —añadiendo unas gotitas de aceite de lavanda, si quieres— o de poner una bolsa de agua caliente en la cama a la altura de los pies. También son útiles los saltitos antes citados. Al mismo tiempo que te desestresas, te calientas los pies.
- Mójate las muñecas con agua caliente. Cuando te despiertas durante la noche (la mayoría de las PAS tienen un sueño ligero) y te cuesta volver a dormirte puedes probar lo siguiente: mantén las manos y especialmente las muñecas medio minuto bajo el grifo del agua caliente. También

puede servir frotarse la parte baja de la espalda hasta notar calor (¡sobre todo en bebés y niños pequeños!) y ponerte calcetines gordos.

*Sobre el dormitorio*

- Toda persona altamente sensible sabrá valorar una buena cama y unas sábanas de algodón.
- Lo mejor para las PAS (¡especialmente para los niños!) es un espacio minimalista con un mínimo de información sensorial. Armarios con las puertas cerradas, poca decoración, colores suaves, luz leve e indirecta y quizá un solo cuadro con una imagen reconfortante y tranquilizadora.
- Conviene no tener una televisión en el dormitorio. Nada de enchufes cerca del cabezal de la cama y, en la misma línea, no cargar el móvil en la mesilla de noche. Si tienes un teléfono fijo inalámbrico, lo mejor es también sacarlo fuera del dormitorio, ya que tiene un fuerte campo de ondas electromagnéticas (con un radio de hasta quince metros), que es incluso mayor que la radiación del teléfono móvil. Muchas PAS tienen una elevada sensibilidad ante este tipo de ondas y conviene tomar precauciones. Por lo mismo, un despertador eléctrico es mucho menos aconsejable que uno de pilas, siendo el despertador ideal el modelo antiguo de cuerda.
- Coloca la cama con el cabezal hacia el norte. La Tierra tiene un campo magnético y tu cuerpo también. Cuanto más alineadas estén ambas fuerzas, mejor descansarás. A lo mejor te parece una tontería, pero si puedes, haz la prueba; es posible que la calidad de tu sueño mejore.

- Procura que el aire del dormitorio sea limpio y fresco; una vez al día abre la ventana y deja que se ventile la estancia. La temperatura ambiental ideal para dormir son 18 grados.
- Echa unas gotitas de algún aceite esencial, especialmente de lavanda, sobre tu almohada. Estos aceites tienen un gran efecto relajante.
- Evita el aire acondicionado en el dormitorio. La mayoría de las PAS no se siente bien en habitaciones o espacios con aire acondicionado. Aparte del ruido del aparato (por muy suave que sea), hay algo que no nos sienta en la calidad del aire y en la manera en que el flujo es lanzado en una sola dirección. En muchos casos —y me refiero a los días de calor— es más relajante un ventilador de techo. La manera en que el ventilador mueve el aire es más orgánica y resultará menos agresiva.

## Meditación

También puedes recurrir a la meditación. Existen muchos tipos de meditación que ayudan a calmar la mente. Me gustaría compartir la meditación que a mí me ha ayudado y me sigue aportando un gran beneficio. Te recomiendo practicarla todas las noches antes de dormirte, justo antes de irte a la cama. Lo puedes hacer como parte del ritual que tienes para acostarte. Se llama «control del pensamiento», es el primer ejercicio de las llamadas «seis ejercicios preliminares», que nos han sido dados por Rudolf Steiner. Puedes realizarlo de la siguiente manera:

> Escoge un objeto sencillo, como un clip, un lápiz, un martillo. Los objetos manufacturados son los más apropiados para este

ejercicio. Vacía tu cabeza de todos los pensamientos cotidianos ordinarios y dirige tu atención al objeto elegido. Piensa en él durante tres, cuatro o cinco minutos, de forma objetiva: su tamaño, su forma, cómo está hecho, cómo se usa, para que sirve... Cada pensamiento debería estar conectado con el siguiente. Hacia el final del ejercicio, cuando estés pensando en la función y el sentido del objeto, puede que llegues a meditar durante breves momentos en la esencia del objeto sobre el que estás pensando. No es necesario tener un ejemplar del objeto escogido enfrente de nosotros para mirarlo. Lo significativo de este ejercicio es estar activo en el pensamiento, más que en la observación. Si te das cuenta de que el hilo de tus pensamientos se ha desviado a otra cosa, simplemente redirige la atención al tema del ejercicio.

La meta es intensificar la habilidad para pensar y dirigir nuestros pensamientos, evitando un pensar disperso y asociativo que nos quita el sueño por la fuerte emocionalidad que despierta. Después de practicar este ejercicio durante algún tiempo notarás un sutil sentimiento de firmeza y seguridad. Termina imaginándote cómo viertes este sentimiento en tu cerebro y tu médula espinal.

## ¿Dormir solos o acompañados?

Y un apunte más... La gran mayoría de PAS dicen preferir dormir solos. Esto no lo digo yo, sino que fue el comentario predominante entre cuantos contacté para un artículo que publiqué hace un tiempo. Lo confieso, no me extrañó nada; de hecho, yo también pienso así, pero con el matiz de que como mi pareja es PAS no cuestiona mis rarezas y generalmente, cuando no estoy muy sobreactivada, me siento bien durmiendo a su lado.

La preferencia de dormir a solas encuentra su explicación en el hecho de que nuestros sentidos siempre se encuentran en estado de alerta. Los que habéis leído el libro de Elaine Aron seguramente os acordáis de la historia que cuenta sobre el incendio en su casa cuando era niña: cómo ella se percató del olor del humo, despertó a sus padres y logró salvar a su familia. Es un ejemplo extremo, pero explica algo sobre la forma en que dormimos las PAS. No solo nos cuesta desconectar, sino que, incluso estando desconectados, seguimos percibiendo olores, ruidos, texturas…

A muchas PAS les cuesta «soltar» el día, desprenderse de las vivencias, de las preocupaciones. Esto para empezar. Si encima tenemos a nuestro lado a una persona que nos aporta información sensorial que en ese momento no precisamos, más nos va a costar dormirnos. Si digo «información sensorial», en este caso en concreto pienso en cosas aparentemente tan inocuas o insignificantes como puede ser el contacto físico de otro cuerpo (su diferente temperatura, su peso, algún pelo que hace cosquillas…), el flujo de su aliento en nuestra cara o en la nuca, el ritmo de su respiración, los ronquidos... Por no hablar de los movimientos que pueda hacer, dormida, nuestra pareja.

Me viene a la mente un novio que tuve, que tenía la costumbre de despertarse de madrugada, encender la luz y ponerse a leer un buen libro. Aunque le dijera que tanto la luz como el ruido que hacía al pasar las páginas me molestaban, él siempre me decía con mucho cariño: «Tú, tranquila, no pasa nada. Duerme. Solo quiero leer un rato». Ahora, conociendo la alta sensibilidad y todo lo que conlleva, me río, pero en aquel momento me exasperaba por no sentirme comprendida.

Y si te molestan los pliegues en la sábana, un grano de arena o alguna (pequeña) irregularidad del colchón, no te preocupes, la Princesa del Guisante seguramente también era PAS.

## Cuando te molesta el ruido

Una de las cosas que más suelen molestar a las PAS, como a todo el mundo, pero en mayor medida, son los ruidos. Nuestro mundo está lleno de ruido y es prácticamente imposible encontrar un lugar donde reine el silencio absoluto. Si, como la mayoría de la gente, vives en la ciudad, estás todo el tiempo, de día y de noche, expuesto al ruido de la calle con su tráfico y sus transeúntes, y también te llegará el ruido de los vecinos. Hay barrios y calles con menos tráfico, pero siempre se escuchará algo y casi nunca será el canto de los pájaros. Hay ruido en el transporte público y en muchos lugares de trabajo. Los oídos no tienen párpados y no se pueden cerrar.

Cada sonido es información sensorial. Y ya sabes, la PAS tiene los sentidos muy desarrollados y por tanto la información sensorial le llega más que a las no PAS. Sonidos de todo tipo se van añadiendo al resto de la información sensorial (visual, olfativa, táctil, paladial…) que nos llega sin cesar, contribuyendo a la posible saturación de nuestra capacidad receptiva. Mientras estés bien, relajado y descansado, el ruido no te molestará; el problema empieza a presentarse cuando te estás acercando al límite de la capacidad de información que eres capaz de acoger. Notarás que las «pequeñas cosas» empiezan a irritarte y si consigues desconectar en ese momento, te harás un gran favor. Cuánto más te centres en un ruido que te molesta, más te molestará. Ahora me estoy refiriendo al ruido, pero es una ley que vale para todo, cualquier cosa molesta en la que pongas tu atención se amplifica.

¿Qué puedes hacer? En plan práctico puedes ponerte tapones. Los venden en las farmacias y no son demasiado caros. Eso sí, es posible que al principio te moleste tener un objeto extraño en la oreja, pero te puedes acostumbrar. Los de cera son mis favoritos. También puedes observar la totalidad de información que te llega y, a lo mejor, consigues tomar medidas como, por ejemplo, mantener cerradas las persianas para que te llegue menos luz o apagar la tele. La información se acumula, y cuanta menos recibas más tiempo puedes aguantar sin llegar a saturarte.

Aparte de practicar los pequeños ejercicios para desestresar ya comentados, puedes probar lo siguiente: un ejercicio basado en el refuerzo de tu propio espacio para hacerte menos poroso de cara al ruido u otro tipo de energía que no quieras recibir en tu sistema neurosensorial y físico. Lleva tu atención hacia el interior y busca tu centro, que es también el punto de anclaje de tu campo energético, o tu aura, que es el manto que te protege, por decirlo de alguna manera. Este campo tiene su propia vibración y su propio color, que es tuyo y por tanto es único. Mientras te fijes en este punto irás notando este color; tómate tu tiempo, permite que surja, que vaya brotando por sí solo, no te esfuerces. Imagina cómo se va llenando de este color todo tu campo energético. Una vez que lo hayas conseguido, puedes intensificar el color, sobre todo en los límites y en el punto de anclaje, tu centro. Imagínate ahora cómo recoges este campo de tal manera que se hace más pequeño y más concentrado, envolviéndote cariñosamente, como si de una capa de terciopelo se tratara. A lo mejor necesitas practicar varias veces hasta que lo consigas, pero una vez que lo sepas hacer te servirá como una manera eficaz y rápida —te bastará un solo segundo—

de protegerte frente al bombardeo de ruido o de cualquier otro tipo de información que asalte tus sentidos.

## Diálogo interior

Todos nos hablamos; algunos lo hacen sin abrir la boca, para dentro, otros lo hacen en voz alta. Nos decimos de todo, nos contamos lo que vamos a hacer y cuándo lo haremos, nos piropeamos cuando hacemos algo bien y cuando estamos contentos por algún logro, pero también nos castigamos y nos insultamos cuando hacemos algo que no nos parece bien, suficiente o logrado. Teniendo en cuenta que la mayoría de las PAS es perfeccionista y que, al mismo tiempo, casi todas tenemos esa dichosa costumbre de compararnos con otras personas que no suelen ser PAS, no te sorprenderás si te digo que la tendencia predominante del diálogo interior de una PAS es negativa. Raras veces estamos contentos con nosotros mismos. ¿Te acuerdas de la última vez que te decías que algo estaba bien hecho? ¿Cuándo fue la última vez que te sentiste orgulloso de algo que habías logrado?

Nuestro estado anímico, y con ello nuestro diálogo interior, se mueve entre la simpatía y la antipatía. Estas emociones se manifiestan a través de una gran cantidad de juicios de todo tipo que básicamente se pueden dividir en dos categorías: me gusta o no me gusta. Me gusto o no me gusto.

Existen circunstancias especiales que hacen que el diálogo interno se dispare, por ejemplo, a la hora de tomar una decisión o en aquellas situaciones que nos llegan al corazón por la fuerte indignación que despiertan: niños o animales maltratados, incidentes que tienen que ver con la violencia de género, las injusticias en el trabajo o en cualquier relación de superiores y subordinados.

Cada uno tenemos nuestros diálogos interiores preferidos. A ver si consigues identificarlos. Como PAS, es probable que tus conversaciones internas tengan que ver con el crítico interior («No puedo, no valgo, seguro que no me llamarán, ya lo verás»), con el perfeccionismo («¿Lo has revisado bien?, ¿seguro?, ¿está todo bien limpio?», «¡Venga, que no te vean sin maquillaje!», «¿Has visto cómo es la gente? ¡Qué maleducados!») o con esa tendencia tan fuerte de la gran mayoría de los altamente sensibles a complacer y ayudar.

Los psicólogos americanos Hal y Sidra Stone se han dado cuenta de que estas voces, estos saboteadores o subpersonas («subs») que viven en nosotros y que forman parte de nuestro ser, siempre operan en parejas. Los Stone desarrollaron una herramienta que se llama «diálogo de voces», que es muy útil a la hora de identificar a los saboteadores cuya tarea, entre otras, es mantener activas esas viejas creencias que en su gran mayoría se instalaron en nosotros en el curso de nuestra infancia.

¿En qué consiste esta herramienta? Básicamente se puede ver como una invitación a cambiar la manera en que te miras, o sea, a considerarte como alguien que está compuesto de una colección de yoes subordinados. Cada uno tenemos nuestros lados, facetas o subpersonas que, uno por uno, se sirven de sus propias gafas para ver el mundo. Eso sí, utilizando tus ojos. Cada subpersona o *sub* tiene su propia manera de actuar y de pensar, e incluso sus propias costumbres, reglas y valores, y aunque cada sub se ha creado en un momento determinado para ayudarte y protegerte a su manera, puede darse el caso de que lleve la voz cantante en momentos en los cuales su consejo, en lugar de ser un apoyo, llega a ser un estorbo, algo que te sabotea.

Aprender a reconocer estos subs que hablan y opinan dentro de tu ser tiene ventajas. Llegarás a reconocer los diferentes lados de tu ser y te darás cuenta de cómo, desde tu Yo, puedes volver a tomar las riendas de tu vida para adoptar la decisión correcta, para decidir aquello que realmente te conviene. Curiosamente llegarás a comprender por qué determinadas personas te parecen «simpáticas», mientras que otras te inspiran antipatía o te dejan indiferente...

Como he apuntado, Hal y Sidra Stone descubrieron que los subs siempre vienen a pares. Para entender esto basta con que pienses en lo que sucede en tu fuero interno cuando estás en una tienda y ves algo que te gusta: un libro, un vestido, una tableta de chocolate...

—¡Anda! Un libro sobre la alta sensibilidad... Qué interesante, me lo llevo.

—¿Otro libro de autoayuda? ¿Para qué? ¿Cuántos has leído ya y de qué te han servido? Es más, ¿cuántos te has comprado y están sin leer?

—Sí, pero este tema es nuevo y quiero conocerlo.

—Muy bien, pero ¿has visto cuánto cuesta?

—Quince euros no es mucho para entenderme mejor.

—¿Quince euros? ¡Piensa en todo lo que puedes hacer con quince euros! ¡Cosas útiles...!

—¡Me lo merezco!

¿Te suena? En teoría este tipo de diálogo puede seguir y seguir hasta que finalmente «gana» una de las voces o hasta el momento —y esto sería lo ideal— en que el Yo sepa valorar los dos lados en su justa medida y tome una decisión consciente y bien fundada.

Veamos otro ejemplo: el deseo de prestar ayuda. A las PAS, como bien sabes, nos encanta ayudar. No hay absolutamente nada malo en ayudar a otras personas o a los animales. Al contrario. La vocación de ayuda, ya lo he dicho muchas veces, es un valor muy importante y positivo. Agradar y apoyar hacen que la vida valga la pena. Hacer algo por alguien aporta alivio, provoca sonrisas. Ayudar hace que te sientas bien, te granjea respeto y cariño y en muchos casos esa cualidad incluso te puede dar trabajo (piensa en empleos en la hostelería, por ejemplo). El sub al que llamamos «Ayudante» es un buen aliado, siempre y cuando pueda disponer del sub opuesto, al que llamamos «Autonomía» (aunque también podrían ser el Egoísta o el Racionalista). Si tu «Ayudante» carece de su contrapartida, si se pasa de la raya y si «Autonomía» no tiene fuerza suficiente como para hacerte consciente de tus limites, puedes llegar a tener problemas de estrés.

Veamos un pequeño ejemplo de un diálogo que podrían tener Ayudante y Autonomía.

—La vecina tiene gripe, hay que ayudarla. Le haré la compra.

—Claro que sí, si está mal, habrá que ayudarla. ¿Ella ha llamado preguntándote si le puedes hacer la compra?

—Por supuesto que no. No hace falta. Sé qué cosas le gustan, compro y se lo llevo.

—¡Espera! ¡No corras! Si no quieres esperar su llamada, por lo menos llámala tú para ver si necesita algo.

—Pero si le doy la sorpresa, se va a poner contenta. Encima, sabemos cuánto le cuesta pedir ayuda.

—O no. A lo mejor ya le ha pedido a su hija que le haga la compra. Si no hablas con ella, si no le preguntas si necesita tu ayuda, a lo mejor haces que se sienta incómoda en lugar de contenta. Aparte de esto, los martes son tu día de descanso.

—No pasa nada. Puedo descansar después...

Si sabes escuchar atentamente este tipo de diálogo interior, puedes llegar a tomar una decisión equilibrada y no impulsiva, de manera que, por un lado, respetes tus propias fuerzas y, por otro, algo que a veces olvidamos: respetes la libertad de la otra persona.

Evidentemente son solo dos miniejemplos de los múltiples diálogos interiores posibles. Si puedes, presta un poco de atención a tus diálogos «preferidos». Mientras los diálogos son equilibrados, mientras puedes escuchar los dos lados de una cuestión, las dos caras de una situación, en general no hay ningún problema. Ahora, en cuanto te des cuenta de que solo te habla un lado, conviene estar muy atento. Esto puede pasar, por ejemplo, cuando notas que un tipo de comportamiento tuyo te está dando problemas. Para seguir con el ejemplo de Ayuda, es posible que Autonomía haya perdido su voz y que ayudes sin parar, sin discriminar y, lo que es peor, sin tomarte tiempo para ti, sin cuidarte a ti mismo, ignorando tus propios límites. Cuando Ayuda ha perdido su contrapartida, cuando no puede contactar con ella de manera espontánea, existe un elevado riesgo de acabar estresado y quemado...

Te aconsejo estar muy atento a tus pensamientos, vigilarlos. Al principio no te resultará fácil, ya que este tipo de pensamiento va muy rápido y suele ser poco consciente. Es un pensar que se puede llamar asociativo. Solamente si llegas a captarlo y a escucharlo puedes identificar los distintos subs o saboteadores, evidentemente para cuestionarlos, valorarlos y, si cabe, ponerlos en su sitio. Recuerda, sin embargo, que cada subpersona, cada faceta de tu ser, ha sido creada en ti en el momento en que se presentaba la necesidad de su existencia, generalmente durante la infancia. En aquel momento su apoyo era válido y legítimo; en la medida en que la persona va creciendo y haciéndose mayor, la mayoría de los subs se vuelven obsoletos, pero suele pasar que ya los hemos incorporado y no solemos cuestionarlos. Hasta que empiezan a molestar de verdad, causando malestar, problemas y conflictos.

## Limpieza energética

Lugares con mucha gente como aeropuertos, estaciones de tren y de metro, centros comerciales y autobuses suelen ser los sitios donde más nos cansamos. Como personas altamente sensibles que somos, nuestra atención tiende a estar enfocada en el entorno. Si nos fijamos, como solemos hacer sin que nos demos cuenta, en todo lo que se encuentra alrededor nuestro, no estamos en nuestro centro. Centrar la atención fuera conlleva el riesgo de «chupar» todo tipo de información que no nos pertenece. Esa información puede afectarnos en el sentido de que, por ejemplo, podemos llegar sentirnos tristes o tener dolor de cabeza cuando no hay ningún motivo personal para sentir esa tristeza o para tener esa jaqueca. Somos permeables, y se nos cuelan «cosas». Es un hecho y probablemente sabes de qué estoy hablando porque te habrá pasado.

La piel es la frontera entre tu cuerpo físico y el mundo; es donde tú acabas y el mundo empieza. Es tu límite. Curiosamente, muchas de las PAS que tienen problemas con el establecimiento de sus límites personales sufren problemas de piel, y no creo que sea casualidad.

Si quieres evitar que se te cuelen cosas que no te pertenecen, puedes tomar varias medidas preventivas. Siente, experimenta tu piel como esa barrera entre tu ser y todo lo que te rodea. Trabaja con tu piel en el sentido de tomar conciencia de ella a través de duchas, usando alguna leche corporal o algún aceite que huela bien (si puede ser ecológico, mejor). El romero es una hierba que funciona muy bien para limpiar la energía. Si te gustan los masajes, es otra cosa que puedes hacer para desarrollar más consciencia de tu piel. Y si no te gustan los masajes, no te preocupes; existen muchas PAS que no son partidarias de esta práctica por vivirlo como un exceso de información. Nuestra piel, la piel de PAS, es energéticamente porosa, pero también es físicamente muy sensible.

También la sal te puede ser útil a la hora de eliminar malas energías, especialmente en relación con los espacios físicos, por ejemplo, si cambias de casa y quieres limpiar tu nuevo hogar de restos energéticos de los anteriores inquilinos. En este caso te conviene utilizar sal de Himalaya, diluirla en agua (preferiblemente del grifo o agua dinamizada) y rociar las esquinas de cada cuarto.

Si notas emociones que te extrañan porque no las entiendes, pregúntate si te pertenecen y, en caso de duda, cuál sería su origen o su causa. Generalmente, si resulta que no tienen que ver contigo, esto ya es suficiente para poder soltarlas. Evidentemente también puede ser que en tu entorno haya personas que no te aporten exactamente una sensación de bienestar emocional y que te quiten energía: a lo mejor tienes la posibilidad de minimizar tu contacto con ellas.

También puedes visualizar un escudo de cristal alrededor tu cuerpo, una pared trasparente por la cual no puede pasar nada que no sea positivo o benéfico. Otra técnica preventiva sería visualizar un flotador azul eléctrico, protegiendo tu corazón y tu plexo solar. También podrías experimentar con la capa áurica que he descrito anteriormente en el apartado «Cuando te molesta el ruido». Experimenta con las diferentes técnicas para quedarte con la que mejor te funciona.

## Tomar tierra y desconectar

Tener la cabeza a tope, estar muy estresado y sobreactivado, sentirte dispersa… seguramente sabes de qué estoy hablando. La Madre Tierra nos puede ayudar porque es capaz de acoger y absorber lo que a nosotros nos sobra en sentido energético. «Con los pies en la tierra» es una expresión con mucho sentido. Andar descalzo por la playa o el césped, trabajar en el jardín, abrazar un árbol, moldear arcilla, visualizar cómo tus pies echan raíces que te anclen y que te ayuden a descargar el exceso de energía, estrés e información. Estar en la naturaleza, conectarte con ella, son las maneras favoritas de la gran mayoría de las PAS para desconectar y cargar las pilas. Busca la que para ti sea la más efectiva.

Tomar tierra así es una forma efectiva de desconectar, pero evidentemente no es la única. Hay métodos corporales como el baile, el yoga, el taichí, la euritmia. Conozco a unas cuantas PAS que practican *footing* o natación. Pienso también en las artes. ¿Te gusta la lectura? Desaparecer con un buen libro es una manera fantástica de relajarte, o a lo mejor te gusta escribir. Posiblemente tocas un instrumento, o te apetece apuntarte a clases para aprenderlo; la música sana. O quizá puedes cantar en un coro. Dibujar, pintar, fotografiar y hacer manualidades son otras formas de pasar un buen rato y trabajar con la luz, con formas y colores. Hagas lo que hagas, la idea es hacer algo para ti, algo que no sea rutinario, algo que alegre el corazón y el alma. Algo que sane.

No se trata de ser competitivos, no se trata de superarte, ganar medallas o aspirar a ser famoso. Se trata únicamente de aprovechar el proceso, disfrutar, desconectar.

## Llevar una vida sana y equilibrada

Parece una cosa lógica, eso de llevar una vida sana. Resulta que no siempre lo es tanto. Una vida sana es, en primer lugar, una vida equilibrada, una vida consciente cuidando el cuerpo tanto como el alma o, si prefieres, el espíritu.

Podemos decir que en la vida tenemos tres actividades principales: trabajo, ocio y familia y descanso (dormir). Si el día y su noche tienen veinticuatro horas, el equilibrio perfecto sería de ocho horas para el trabajo, ocho para el ocio y la familia y ocho para dormir. Ya veo vuestra sonrisa, porque sabemos que la realidad casi nunca es tan ecuánime. Aparte de que en muchos países el horario laboral, aunque oficialmente sea de ocho horas, ocupa mucho más entre el ir y venir, el horario partido, el trabajo que nos llevamos a casa... hoy día tenemos el estrés añadido de la crisis, que hace que tengamos que trabajar más, el empleado porque su jefe se lo exige y porque no quiere acabar en la calle, y el dueño de una empresa o el trabajador por cuenta propia porque tiene que luchar para mantenerse en el mercado y para pagar la cuota de autónomos y otros impuestos. Esto significa que tenemos que sacrificar horas de ocio y familia y, en muchos casos, también de sueño. Y si somos PAS y tenemos que vivir así, sacrificamos justamente lo más importante para nosotros, aquello que debe ser sagrado.

Sabemos por la experiencia de los deportistas que entrenarse demasiado es contraproducente. Un atleta que no hace nada más que entrenarse no llega a mejores resultados, es más, se hace daño. Muchas personas trabajan tanto y con tal intensidad que la salud les pasa factura en forma de ataques de ansiedad, depresión, dolores de cabeza, hipertensión o problemas intestinales. Y si esto le pasa a todo el mundo, a los altamente sensibles en mayor medida si cabe.

En cuanto rompemos este equilibrio vital de ocho horas para cada actividad principal, aparece el riesgo de agotamiento tanto para el cuerpo como para el ánimo. En lugar de ser más creativos y tener la suficiente energía para llevar adelante nuevas ideas, nos vemos cada vez con menos fuerzas, con más nervios y con una creciente incapacidad para encontrar soluciones positivas frente a los desafíos de todos los días.

¿Qué podemos hacer? Si me lo permitís, os quiero dar cinco consejos. Si ya tenéis un buen sistema para vigilar vuestro equilibrio vital, no lo cambiéis. Cada persona es diferente, y también lo son «las estructuras» en que vivimos y dentro de las cuales tenemos que encontrar nuestro equilibrio personal. Estos consejos, por lo tanto, no pretenden ser más que pautas de orientación.

*Consejos para encontrar el equilibrio*

1. Considera tus horas de trabajo en términos de horas efectivas de trabajo, que no es lo mismo que las horas que «pasas en el trabajo.» Sé consciente de tus actividades, y te sorprenderás cuando te des cuenta de cómo distribuyes (o pierdes) en realidad tu tiempo. Famosas trampas son mandar muchos correos electrónicos, pasar mucho tiempo utilizando el móvil o la *tablet* para contestar mensajes que no exigen contestación, entrar en chats, Facebook o Twitter. Apunta el tiempo que dedicas a este tipo de actividades. El tiempo innecesario que dedicas a esto supone a veces horas enteras que quitas al tiempo productivo en el trabajo, o al tiempo valioso en casa, a la práctica de algún *hobby* o a tus sagradas horas de sueño. ¡No lo subestimes!
2. Haz una lista de tus prioridades. ¿Cuáles son? Empieza con la tarea más importante, y acaba con la de menos importancia. Igual ves la posibilidad de borrar las últimas. ¿Hay algo que puedes delegar? Cuando consideras que todo es fundamental y que tú eres el único que puede resolverlo, te pasas el tiempo apagando fuegos en lugar de hacer cosas concretas. Concéntrate en lo que es de verdad necesario. Una vez completada una tarea, puedes empezar con la siguiente en im-

portancia, y así sucesivamente. En este sentido tengo que nombrar dos trampas PAS: el control y la perfección. Puede ser una buena idea la de preguntarte (o preguntárselo a personas de confianza) hasta qué punto tienes tendencia a querer controlar o a buscar la (inexistente) perfección.

3. Prepara tu plan. Muchos no tienen un plan, y muchos de aquellos que sí lo tienen lo guardan en un cajón y nunca lo vuelven a mirar para ver hasta dónde han progresado. Un plan te permite medir tu progreso y ver si llevas camino de alcanzar las metas deseadas. Sin plan y sin objetivos marcados en el tiempo es más que probable que acabes abrumado, agotado y frustrado por no cumplir los objetivos.
4. Dedica menos horas al trabajo. Pregúntate qué harías si tuvieras que trabajar menos horas y ser más eficaz en el tiempo disponible. Muchos se ven obligados a hacer justamente eso cuando, por un exceso de estrés prolongado, sufren problemas de salud como ansiedad, depresión o *burnout*, o cuando su pareja les ha dejado para siempre. Creando esta necesidad antes de que pase algo dramático que decida por ti, encontrarás la forma de actuar de una manera más centrada, eficaz y productiva. También responsable.
5. Busca maneras de cuidar los cuatro pilares de la salud: nutrición, ejercicio, sueño y relajación. Evita demasiada cafeína, además procura no entrar en la espiral negativa de cafeína durante el día y alcohol y calmantes (en todas sus formas) por la noche. Aprende técnicas de relajación, incluidas las de la meditación visual o guiada. Escucha música, aprende a tocar un instrumento o búscate un *hobby* como, por ejemplo, la pintura, el dibujo, la escritura o la fotografía. Y no olvidemos el ejercicio. El repetitivo es ideal para quitarte el

estrés, pero muchas PAS prefieren yoga, Pilates y taichí para mantenerse en forma porque resultan más suaves y más armonizadores. Experimenta. Y, para terminar, nada, pero nada, es tan efectivo como dormir bien y suficiente.

Espero que esto os sirva de algo, por lo menos para tomar conciencia de la importancia de cuidaros y de conquistar ese espacio propio imprescindible para eliminar el exceso de estrés y cargar las pilas. Es importante tener claro que, como PAS, te saturas y te sobreactivas mucho antes que una persona con una sensibilidad mediana. El hecho de que continuamente estemos recibiendo una gran cantidad de estímulos sensoriales hace que nuestra «esponja» se sature más rápido y que, por lo tanto, tengamos una mayor necesidad de desconectar antes y más a menudo para vaciar esa «esponja», es decir, digerir el exceso de información acumulada, desestresarse y cargar las pilas.

## La búsqueda del sentido de las cosas

Los altamente sensibles solemos ser gente profunda y reflexiva, la superficialidad no es lo nuestro. Lo que nos mueve es la conexión de alma a alma, la compenetración. Nos importan los valores.

Por eso no es extraño que muchos de nosotros busquemos y necesitemos sentirnos conectados con algo más grande que nosotros mismos, con la chispa divina, con lo cósmico, con las fuerzas creadoras... Queremos sentir que formamos parte de un Todo Universal. Existen muchos nombres para expresar lo mismo. Utilizamos la palabra «espiritualidad» para designar una actitud interior, el anhelo que vive en nuestra alma.

Sin esto la vida no tiene sentido. Si te reconoces en lo que acabas de leer, busca los rituales, las prácticas que te ayuden a vivenciar esta conexión con el Amor Cósmico, al cual yo llamo Cristo. Podrías practicar el asombro y la gratitud por todo que te rodea, que es una manifestación de la divina fuerza creadora: maravillarte ante una simple flor es la manera de experimentar algo mucho más grande que tú y que, sin embargo, también forma parte de ti.

Si me preguntan si tiene sentido ser altamente sensible, siempre pienso que los tiros van por ahí. Si somos capaces de captar tanta información y especialmente la información no visible y medible, si somos personas con intuición, con gran capacidad de ayudar, si somos empáticos, si nos importan tanto los valores, si todo esto es verdad, entonces sí, sinceramente estoy convencida de que tiene muchísimo sentido ser PAS.

Vivimos en un mundo duro y con mucha crueldad. La maldad, la fuerza destructiva, cada vez se disfraza de una forma más sutil, intentando apoderarse de la consciencia humana. Nos intentan envenenar el pensamiento con mensajes que inoculan miedo, pero también despistándonos con cosas que no tienen trascendencia alguna: deportes de masas, la importancia de tener un físico joven y atractivo, la posesión de más y más cosas. Jornadas laborales largas nos roban la energía que podríamos invertir en la relación con nuestros hijos y la pareja, en aprender y descubrir cosas nuevas, en hacer tareas —por pequeñas que sean— que ayuden al mundo y en buscar información enriquecedora. Se dice que la esclavitud ya no existe, pero casi todo el mundo está atrapado en una existencia que tiene todas las características de... la esclavitud. Gran parte de la humanidad está dormida, y no es una casualidad.

El descubrimiento del rasgo de la alta sensibilidad es reciente; solo hace unos cuarenta años que Elaine Aron dio con ello. En

España es justamente ahora cuando la gente empieza a tomar conciencia de que existe. Vemos cómo cada vez hay más gente que se está despertando, más conciencia de los valores que están directamente relacionados con los derechos humanos, los derechos de los animales y la defensa del medio ambiente. Esto, a mi parecer, tampoco es una casualidad.

Pues sí, ser altamente sensible tiene todo el sentido de mundo. Y es un don. Las características positivas de nuestra forma de ser pueden servir para generar una mayor conciencia en el mundo. Es más, lo veo como una responsabilidad.

Si has leído el primer libro de Elaine Aron, *El don de la sensibilidad*, recordarás que habla del rey que necesita tanto a sus soldados como a sus consejeros. Ambos son igual de importantes, los unos no son mejores que los otros, pero se complementan. Saber esto es importante. No somos mejores que las no PAS: no podemos existir sin ellos, ni ellos podrán sobrevivir sin nosotros. También en el reino animal podemos observar comportamientos PAS y no PAS; ambos grupos son necesarios para la supervivencia de la especie.

Para mí está claro que, en el ámbito social, la tarea de las PAS es velar por todos aquellos valores que hacen que el ser humano pueda vivir con dignidad. Sé muy bien que es difícil superar los miedos y salir de la zona de confort. Sin embargo, entrar en acción no tiene por qué ser tan complicado. Podemos empezar con iniciativas pequeñas como consumir productos locales y procedentes del comercio justo, podemos consumir productos bio, tener nuestro propio huerto, elegir un banco ético que no invierta en tráfico de armas ni en fármacos nocivos… Tampoco cuesta nada reciclar, no comprar más de lo que necesitamos, en lugar de consumir a lo loco. Podemos hacer muchísimas cosas pequeñas: aplastar los envases antes de llevarlos al contenedor para que quepan más y se necesiten menos camiones para vaciarlos, dejar el coche cuando sea posible y optar por el transporte público o coger la bici… Cada granito de arena vale la pena y siempre es mucho mejor hacer lo que se pueda que esperar a que el sistema arregle las cosas. Conviene despertar y responsabilizarnos del futuro de este mundo del que formamos parte; toca reconocer que ser PAS no es tanto un inconveniente como un instrumento para poder cambiar las cosas. A lo mejor te asusta leer eso, pero te digo que me sale del corazón porque lo vivo de esta manera. Es posible que todavía no te sientas preparado, y lo entiendo. Pero puedes empezar aprendiendo sobre el rasgo, conociéndote mejor, trabajando los aspectos de tu personalidad que necesitan sanar para que puedas ser dueño de ti mismo y manifestarte como el ser maravilloso que eres.

Llegar a conocerse a uno mismo y corregir los defectos que nos impiden crecer es necesario. Sé que es un trabajo duro y que, encima, nunca acaba; sé que requiere mucha voluntad y paciencia, pero ¡hay que hacerlo! No somos un capricho de la naturaleza, para nada. El creciente reconocimiento de nuestro rasgo marcha en paralelo a la necesidad de que se defiendan los grandes valores. Yo me siento llamada a defenderlos. ¿Tú también?

Yo no soy yo.
Soy este
que va a mi lado sin yo verlo,
que, a veces, voy a ver
*y que, a veces olvido* (…),
el que pasea por donde no estoy,
el que quedará en pie cuando yo muera.

JUAN RAMÓN JIMÉNEZ

**RESUMIENDO**

- Como PAS, tenemos que vivir y participar en un mundo hecho por y para la gran mayoría; ese 80 por ciento cuya sensibilidad resulta menos elevada que la nuestra. Esto no es fácil y requiere que nos responsabilicemos y que tomemos consciencia de nuestro rasgo con sus luces y sus sombras. Una vez que hayas descubierto cómo esa sensibilidad vive en ti, qué malestar te produce, puedes empezar a tomar medidas. Casi siempre significará realizar cambios en tu estilo de vida, tanto para combatir el estrés como para aprender y aplicar nuevas actitudes, formas de pensar y herramientas. Creo firmemente en que es algo posible para cada persona altamente sensible, siempre y cuando no existan problemas adicionales que (también) requieran tratamiento terapéutico; una cosa no quita la otra. Este libro está escrito para PAS.
- Es cierto, mucho podemos hacer y mucho está en nuestras manos. Y es importante que trabajemos con nosotros mismos. El mundo necesita personas que sepan valorar las artes, la justicia, los derechos... El mundo necesita personas despiertas y conscientes que no tiren la toalla y que, cada uno en su medida y dentro de sus posibilidades, quiera contribuir a que la humanidad vuelva a ser más humana y que nuestra Madre Tierra sea tratada con el amor y el respeto que se merece.

# ANEXO 1

# TEST DE LA ALTA SENSIBILIDAD

| | Nunca | | | De vez en cuando | | | | Siempre | | |
|---|---|---|---|---|---|---|---|---|---|---|
| | 1 | 2 | 3 | 4 | 5 | 6 | 7 | 8 | 9 | 10 |
| 1. Los ruidos fuertes te afectan, desde la imitación o el susto hasta el estrés | | | | | | | | | | |
| 2. Tienes el olfato muy sensible | | | | | | | | | | |
| 3. Te enamoras con facilidad | | | | | | | | | | |
| 4. Notas dolor antes que la mayoría de la gente. Tienes el umbral del dolor bajo | | | | | | | | | | |
| 5. Te hacen daño las luces muy fuertes y brillantes | | | | | | | | | | |
| 6. Eres sensible a luz artificial, como los fluorescentes | | | | | | | | | | |
| 7. Eres sensible a todo tipo de radiación como la de los teléfonos móviles | | | | | | | | | | |
| 8. Te asustas con facilidad | | | | | | | | | | |
| 9. Las sustancias estimulantes como la cafeína te ponen muy nervioso | | | | | | | | | | |

→

| | Nunca | | | De vez en cuando | | | | | | Siempre |
|---|---|---|---|---|---|---|---|---|---|---|
| | 1 | 2 | 3 | 4 | 5 | 6 | 7 | 8 | 9 | 10 |
| 10. Te cuesta relajarte en un ambiente que no es de tu gusto | | | | | | | | | | |
| 11. Notas si las personas están mal y empatizas con ellos, a veces, perdiendo fuerza | | | | | | | | | | |
| 12. Captas sutilidades en el ambiente y pueden llegar a afectarte | | | | | | | | | | |
| 13. Cuando percibes una necesidad, enseguida saltas a ayudar | | | | | | | | | | |
| 14. Ver sufrir a un ser indefenso te pone enfermo | | | | | | | | | | |
| 15. Si alguien te gusta, tienes la tendencia de fundirte con esa persona | | | | | | | | | | |
| 16. Si alguien te gusta, al principio solamente ves sus puntos positivos | | | | | | | | | | |
| 17. Si alguien te gusta, ya no piensas en ti mismo y vives para ese otro | | | | | | | | | | |
| 18. Si alguien no siente/piensa/actúa como tú, sientes un profundo rechazo | | | | | | | | | | |
| 19. Te piden ayuda y te cuesta decir que no | | | | | | | | | | |
| 20. Te estresas/agobias/saturas con facilidad | | | | | | | | | | |
| 21. Sabes escuchar señales/avisos de tu cuerpo | | | | | | | | | | |
| 22. Tienes la tendencia de aplazar tareas que no te gustan | | | | | | | | | | |
| 23. Te cuesta planificar y mantener tu plan | | | | | | | | | | |

| | Nunca | | | De vez en cuando | | | | Siempre | | |
|---|---|---|---|---|---|---|---|---|---|---|
| | 1 | 2 | 3 | 4 | 5 | 6 | 7 | 8 | 9 | 10 |
| 24. Cuando tienes hambre te pones de mal humor | | | | | | | | | | |
| 25. Te cuesta relajarte cuando alguien en tu entorno está mal | | | | | | | | | | |
| 26. Te cuesta relajarte cuando tienes tareas pendientes | | | | | | | | | | |
| 27. Te importa lo que piensen de ti | | | | | | | | | | |
| 28. Cuando tienes que competir funcionas por debajo de tus capacidades | | | | | | | | | | |
| 29. Necesitas la aprobación de los demás para saber que vales como persona | | | | | | | | | | |
| 30. A veces tienes la sensación de agobiar a la gente | | | | | | | | | | |
| 31. Tu piel es tan sensible que te duelen los tejidos bastos (etiquetas) | | | | | | | | | | |
| 32. Te hablan mal, levantan la voz o te insultan, y te paralizas | | | | | | | | | | |
| 33. Prefieres ignorar un conflicto | | | | | | | | | | |
| 34. Te cuesta defenderte | | | | | | | | | | |
| 35. Te cuesta dormirte después de un día muy completo, ajetreado | | | | | | | | | | |
| 36. Las escenas violentas te afectan de manera negativa | | | | | | | | | | |
| 37. No aguantas la injusticia | | | | | | | | | | |
| 38. En las reuniones te cuesta dar tu opinión | | | | | | | | | | |

→

| | Nunca | | | De vez en cuando | | | | | | Siempre |
|---|---|---|---|---|---|---|---|---|---|---|
| | 1 | 2 | 3 | 4 | 5 | 6 | 7 | 8 | 9 | 10 |
| 39. Te molestan las cosas mal hechas y el desorden | | | | | | | | | | |
| 40. Si tienes que trabajar bajo presión, te bloqueas | | | | | | | | | | |
| 41. Haces todo lo posible para evitar cometer errores | | | | | | | | | | |
| 42. Consideras que das muchas vueltas a las cosas, rumiando temas | | | | | | | | | | |
| 43. Tienes la tendencia de infravalorarte | | | | | | | | | | |
| 44. Te cuesta pedir ayuda | | | | | | | | | | |
| 45. En los días de mucho ajetreo, necesitas apartarte | | | | | | | | | | |
| 46. La obligación impuesta y las exigencias te hacen rebelarte y resistir | | | | | | | | | | |
| 47. Los cambios (de todo tipo) te producen nerviosismo y estrés | | | | | | | | | | |
| 48. Te duele no poder compartir con otros tu rico mundo interior | | | | | | | | | | |
| 49. Si pudieras, vivirías lejos del mundo duro y materialista | | | | | | | | | | |
| 50. Te sueles adaptar al entorno para caer bien | | | | | | | | | | |
| 51. Te dejas llevar por tu entusiasmo hasta olvidarte de tus obligaciones | | | | | | | | | | |
| 52. Te emocionas ante obras de arte o paisajes espectaculares | | | | | | | | | | |

| | Nunca | | | De vez en cuando | | | | Siempre | | |
|---|---|---|---|---|---|---|---|---|---|---|
| | 1 | 2 | 3 | 4 | 5 | 6 | 7 | 8 | 9 | 10 |
| 53. Si te falta el contacto con la naturaleza y los animales, te sientes vacío | | | | | | | | | | |
| 54. Sin espiritualidad tu vida sería un desierto | | | | | | | | | | |
| 55. Tienes tendencia a adaptarte a las expectativas de los otros | | | | | | | | | | |

Suma tus puntos...

**Entre 560 y 360:** te puedes considerar una persona altamente sensible. Cuanto más alta sea tu puntuación, más tendrás la sensibilidad a flor de piel. Si ser altamente sensible te complica la vida, te impide llevar la existencia que te gustaría llevar, te aconsejo estudiar con atención el rasgo, considerar participar en los encuentros de personas altamente sensibles y hacer unas sesiones de *coaching*.

**Entre 360 y 250:** hay una gran probabilidad de que seas una persona altamente sensible. Es posible que en el pasado hayas tenido algunos problemas, te los hayas trabajado y hayas conseguido ya encauzarlos. Si sigue habiendo aspectos de la personalidad que te gustaría trabajar, convirtiendo algo que te moleste en algo que te aporte, puede ser una muy buena idea la de participar en grupos PAS, o hacer unas sesiones de *coaching*. Estudiar diferentes publicaciones sobre el tema siempre es aconsejable.

**Menos de 250:** la probabilidad de que seas una persona altamente sensible no es muy grande. Aun así, si hay problemas en los que te ves reflejado y que te molestan, está claro que tienes una sensibilidad elevada, más bien selectiva. A veces es posible trabajarla, a veces no.

Independientemente de la puntuación que hayas sacado, no existe un test tan preciso como para que debas basar tu vida en él. Siempre es una simple orientación y conviene acudir a un profesional que entienda del tema.

# ANEXO 2

# RETRATO DEL NIÑO ALTAMENTE SENSIBLE

Es difícil incluir un test para determinar si un niño es altamente sensible o no. Hacerlo con los adultos ya es complicado, pero con niños más todavía, ya que nos tenemos que basar en la observación —que suele ser subjetiva— y también en un proceso de comparación, que siempre resulta arbitrario. Dándole vueltas a este tema me surgió la idea de elaborar una lista de aquellas características que pueden estar presentes en un niño PAS. Recalco la gran importancia de los «cuatro pilares» (pág. 36), evidentemente aplicados al área infantil.

El retrato que surge de la lista de características es una idea, no una imagen fija. Se trata más de una pincelada que de una garantía.

- Un niño PAS reaccionará fuertemente a todo tipo de *estímulos*: mucho ruido, mucha luz, olores molestos (suavizante de ropa, por ejemplo, que es mejor no utilizarlo), telas toscas o, cuando es un poco más mayor, cosas como la arena en sus zapatos. Aguantará un rato, pero luego se estresa y llorará.

- Un niño PAS no suele llorar mucho en principio, salvo si tiene hambre o se siente molesto por un exceso de información sensorial. Más que llorar lo que hace es *observar* mucho. Incluso podrías verle a menudo demasiado ensimismado, nada fácil para el contacto con el otro. Pero también hay niños PAS extrovertidos, que sí establecen contacto con facilidad.
- Por esa actitud de mantenerse un poco al margen y observar, se podría pensar que un niño PAS tiende a la *depresión*. Si crees que tu niño puede estar deprimido, no dudes en llevarle al pediatra.
- Un niño PAS puede llamar también la atención por sus *miedos* e *inseguridades*; por ejemplo, ese crío que siempre es el último en saltar un charco. Recuerda que le llega muchísima información para sopesar y valorar, y por eso necesita su tiempo. Si le riñes fuertemente por su comportamiento, se asustará y posiblemente llorará.
- Entre conocidos —en casa y en el cole—, un niño PAS demostrará su *comportamiento social*: querrá ayudar y hacerse útil. Es habitual que sufra cuando ve sufrir a un compañero y, posiblemente, sea de los primeros en tener un gesto de apoyo y de compañerismo. Esta característica también estará presente fuera del entorno conocido, pero en él posiblemente no se atreva a echar un cable.
- A un niño PAS no le suele gustar mucho participar en juegos bulliciosos o competitivos, de ahí que en los recreos del colegio busque *apartarse* para leer un libro o, simplemente, para observar. Un niño tímido querrá participar pero le ganará la inseguridad; si es PAS no buscará participar, preferirá mantenerse al margen porque no puede digerir una cantidad excesiva de información.

- No es raro que un niño PAS haga *preguntas profundas*. Le llamarán la atención muchas cosas que tú, su educador, posiblemente nunca hayas observado o pensado sobre ellas. De la misma manera, te puede asombrar su fuerte intuición.
- Y un apunte más: si se trata de un niño PAS *extrovertido*, le veremos como una criatura inquieta, alborotada, continuamente tensando los límites (no obedece, es muy travieso y activo, el «popular» de la clase), pero luego colapsará por agotamiento.

Con estas pinceladas tienes una primera idea sobre si tu hijo puede ser PAS. Repito: es necesario que sea alguien que piense sobre las cosas, que se sobreestimule con facilidad, que tenga una elevada emocionalidad y demuestre empatía, y que registre todo tipo de detalles tanto materiales como invisibles o intuitivos.

# ANEXO 3

# ESQUEMA DE CARACTERÍSTICAS, LUCES, SOMBRAS Y ESTRATEGIAS

| Característica | Luz | Sombra | Estrategia a desarrollar |
|---|---|---|---|
| Profundidad | Riqueza interior, espiritualidad, muchos intereses, compromiso, conexiones profundas | Peligro de perderte en un mar de información, desbordarte, confusión | Vigilar/observar pensamiento, meditar |
| Sobreestimulación | Acumular mucha información | Estrés, dolor de cabeza, taquicardias, nerviosismo, ataque de pánico | Conocer las propias necesidades y poner límites. Desconectar |
| Emocionalidad desarrollada | Intensa capacidad de disfrutar | Montar dramas y quedarse atrapado en ellos, tomarlo todo muy a pecho | Controlar expectativas, observar pensamientos y dependencias emocionales |

→

| Característica | Luz | Sombra | Estrategia a desarrollar |
|---|---|---|---|
| Empatía | Capacidad de ayudar, escuchar y acoger, ser un apoyo constructivo, llegar a establecer un contacto verdadero | Perderte en un problema ajeno y hundirte junto con la otra persona, no ser capaz de ofrecer ayuda constructiva | Escuchar sin querer solucionar/salvar. No juzgar. Humor |
| Sensibilidad sensorial y de cara a sutilezas, estados emocionales ajenos | Capacidad de disfrutar, de detectar «algo» antes de otros, «oler» peligro, captar estados emocionales de otros, intuición... | Experimentar cosas menos agradables con más intensidad, «chupar» emociones ajenas | Cerrar campo energético, cambio consciente de la dirección de antenas de fuera hacia dentro |
| Bajo umbral de dolor | Captar señales de tu cuerpo a tiempo si algo no funciona bien | Sentir más dolor físico que otras personas (no PAS) | Aceptación, explicar, proactividad |
| Sensibilidad a sustancias | Buscar soluciones creativas, llevar una vida más sana | No poder ingerir/comer/beber según qué cosa. Sentirse excluido | Autoconocimiento para saber a qué sustancias |
| Ser concienzudo | Hacer lo correcto en la medida correcta para (un mayor) bien, valores | Perfeccionismo exagerado, irritabilidad, intolerancia, quedarte en viejas creencias, victimismo | Evitar compararse, no juzgar, límites, aceptación |
| Asustarse con facilidad | Valorar técnicas de relajación | Estrés, sobreactivación, bloqueo, ataque de ansiedad | Evitar según qué lugares/circunstancias, hacerse responsable, proactividad |

| Característica | Luz | Sombra | Estrategia a desarrollar |
|---|---|---|---|
| Agobiarse | | Estrés, sobreactivación, bloqueo, ansiedad | Escuchar señales del cuerpo, aprender desconectar, relajarse |
| Ser amable, agradar, necesidad de caer bien | Empatía, conexión profunda, interés, ser sociable | Inseguridad, baja autoestima, miedos, suprimir emociones «negativas», victimismo, reactividad | Autoconocimiento, trabajar autoestima |
| Dificultad para poner límites | | Estrés, agobio, saturación, victimismo | Autoconocimiento, respeto personal, autoestima sana |
| Sensibilidad por imágenes violentas | | Estrés, sobreactivación, saturación, agobio, dolor, impotencia, ansiedad, ataque de pánico | Autoconocimiento, empatía, respeto personal, autoestima sana, límites |
| Afectado por ajetreo exterior | | Ansiedad, sobreactivación, saturación, | Aprender las señales de tu cuerpo y reconocer tus límites, aprender a desestresar |
| Introversión | Estar bien con uno mismo | Sobreactivación, estrés, bloqueo | Aceptación, evitar según qué situaciones, proactividad |
| Dificultad con la asimilación cambios | | Estrés, sobreestimulación, excesiva emocionalidad, apego, drama, control | Autoconocimiento, investigar miedos, herramientas de relajación, buscar ventajas, hacer un plan, pasitos pequeños |

→

| Característica | Luz | Sombra | Estrategia a desarrollar |
|---|---|---|---|
| Dificultad para tomar decisiones | | Saturación, miedo al error y al conflicto, inseguridad, drama, baja autoestima, estrés | Ser concienzudo, valores, intuición, visión para desarrollar estrategias, hacer un plan, pasitos pequeños |
| Bloqueo al ser observado | | Introversión, nervios, inseguridad, baja autoestima, confusión | Quedarte en tu centro, concentrarte en ti, empoderamiento, respiración |
| Meteosensibilidad | Disfrutar intensamente de lluvia, sol, etc. | Irritabilidad, dolor de cabeza y huesos, tristeza | Autoconocimiento |
| No sentirse comprendido | | Soledad, victimismo, desencanto, desconfianza | Abrazar las diferencias, aceptar que una no-PAS difícilmente puede entender a una PAS, contactar con otras PAS |
| Irritación, intolerancia, rabietas | | Saturación, sobreestimulación, estrés | Lista de prioridades, desconectar, límites, decir no, quitar tareas/ responsabilidades |
| Cambios de humor | | Irritabilidad, saturación | Vigilar niveles de glucosa en la sangre: comer algo. Desconectar |

# BIBLIOGRAFÍA


ARON, Elaine N., *Workbook*, Broadway Books, Portland, 1999.

—, *The Highly Sensitive Person in Love*, Broadway Books, Portland, 2000.

—, *The Highly Sensitive Child*, Broadway Books, Portland, 2002.

—, *El don de la sensibilidad*, Obelisco, Barcelona, 2006.

—, *Psychotherapy and the Highly Sensitive Person*, Routledge, Oxford, 2010.

—, *The Undervalued Self*, Little, Brown and Company, Londres, 2010.

BROWN, Brené, *Frágil. El poder de la vulnerabilidad*, Urano, Barcelona, 2013.

—, *Más fuerte que nunca*, Urano, Barcelona, 2016.

CAIN, Susan, *El poder de los introvertidos*, RBA, Barcelona, 2012.

DALGLIESH, Carolyn, *The Sensory Child Gets Organized*, Touchstone, Nueva York, 2013.

EDWARDS, Gill, *El triángulo de Karpman*, Gaia Ediciones, Madrid, 2011.

ELKIN, Allen, *Stress Management for Dummies*, Wiley Publishing Inc., Nueva York, 1999.

JUNG, C. G., *The Undiscovered Self*, Signet, Nueva York, 2006.

MARLETTA-HART, Susan, *Leven Met Hooggevoeligheid,* Ten Have, Ámsterdam, 2003.

MARSHALL, Bethany, *Deal Breakers*, Simon Spotlight Entertaiment, Nueva York, 2007.

MELÉ, Joan Antoni, *Dinero y conciencia. ¿A quién sirve mi dinero?*, Plataforma, Barcelona, 2009.

PAYNE, Kim John, *Simplicity Parenting*, Ballantine Books, Nueva York, 2010.

RISO, Walter, *¿Amar o depender?*, Granica, Barcelona, 2004.

—, *Amores altamente peligrosos*, Planeta, Barcelona, 2008.

ROBINSON, Ken , *El elemento*, Grijalbo, Barcelona, 2009.

ROSENBERG, Marshall, *Comunicación no violenta. Un lenguaje de vida*, Gran Aldea Editores, Buenos Aires, 2006.

STEINER, Rudolf, *Pedagogía Waldorf*, Rudolf Steiner, 1989.

— *et al.*, *Ejercicios preliminares en el sendero meditativo de Steiner*, Pau de Damasc, Barcelona, 1992.

—, *Teosofía*, Rudolf Steiner, 2008.

STONE, Hal, *Manual del dialogo de voces*, Eleftheria, Barcelona, 2014.

TOL, Annek, *Hoogsensitiviteit Professioneel Gezien*, Boom/Nelissen, Ámsterdam, 2014.

ZEFF, Ted, *The Highly Sensitive Person's Companion*, New Harbinger Publications Inc, Oakland, 2007.

—, *Raise an Emotionally Healthy Boy*, Prana Publishing, Queensland, 2013.

## Enlaces de interés

*www.asociacionPAS.org* (web de la Asociación Nacional de Personas Altamente Sensibles, España)

*www.colegioswaldorf.org/pedagogia-waldorf* (Escuelas Waldorf)
*www.comunicacionnoviolenta.com* (web de la Comunicación no Violenta, CNV, en España)
*www.hsperson.com* (web de Elaine Aron)
*www.personasaltamentesensibles.blogspot.com.es* (blog de Karina Zegers de Beijl con más de cien artículos)
*www.personasaltamentesensibles.com* (web de Karina Zegers de Beijl)
*www.rtve.es/alacarta/videos/cronicas/cronicas-sensibilidad-tras-luz/3017002/* (documental sobre la alta sensibilidad realizado por *Crónicas*, de TVE)
*www.sentitivethemovie.com* (documental sobre el trabajo de Elaine Aron)

ESTE LIBRO SE TERMINÓ DE IMPRIMIR
EN EL MES DE SEPTIEMBRE
DE 2016